HISTOIRE

DE L'AMOUR

OUVRAGES DU MÊME AUTEUR

HISTOIRE DES PEUPLES ET DES ETATS PYRÉNÉENS (France et Espagne) depuis l'époque celtibérienne jusqu'à nos jours. Deuxième édition, 5 forts volumes in-8°. Amyot, rue de la Paix, 8. 1861.
Mention *très-honorable* de l'Académie des inscriptions et belles-lettres, 1861.

ADÉLAÏDE DE MONTFORT OU LES ALBIGEOIS. 1 vol. in-18. Même éditeur.

MÉDELLA OU LA GAULE CHRÉTIENNE, III° SIÈCLE. Troisième édition. 1 vol. in-18. Même éditeur.

MARGUERITE, histoire du temps de saint Louis. 1 vol. in-18. Même éditeur.

JÉRÔME LAFRICHE, OU LE PAYSAN GENTILHOMME. 1 vol. in-18. Même éditeur.

L'EUROPE ET L'ORIENT, poëme en six chants. 1 vol. in-8°. Même éditeur.

L'ESPAGNE INCONNUE, voyage et guide du voyageur dans les Pyrénées espagnoles, avec une carte routière. 1 vol. in-18. Même éditeur.

HISTOIRE DE L'AMOUR DANS L'ANTIQUITÉ. 1 vol. in-18. Même éditeur.

CONTES POPULAIRES DE LA GASCOGNE. 1 vol. in-18.

DICTIONNAIRE GASCON-FRANÇAIS, avec un PRÉCIS DE GRAMMAIRE GASCONNE. 1 vol. in-8°.

PARIS. — DE SOYE ET BOUCHET, IMPRIMEURS, 2, PLACE DU PANTHÉON

HISTOIRE DE L'AMOUR

DANS

LES TEMPS MODERNES

CHEZ LES GAULOIS,
LES CHRÉTIENS, LES BARBARES ET DU MOYEN AGE
AU DIX-HUITIÈME SIÈCLE

PAR

CÉNAC MONCAUT

DANS LES FORÊTS. MADELEINE, LES VIERGES FOLLES.
L'AMOUR CHRÉTIEN. CHARITÉ ET VIRGINITÉ. LE POÈME DE SAINT GRÉGOIRE.
LES FEMMES DU BAS EMPIRE. LES VIERGES DE CARTHAGE.
LES SCANDINAVES, LES FAVORITES D'ATILA.
LES SERVANTES MÉROVINGIENNES. L'AMOUR CLOITRÉ.
SAINTE RADEGONDE ET HROSWITA.
RÉCALCITRANTES ET RÉSIGNÉES. SENORAS ET CHEVALIERS SAUVAGES.
COURS D'AMOUR ET TOURNOIS. LA GALANTERIE DÉVOTE.
RETOUR A L'AMOUR PAYEN AU SEIZIÈME SIÈCLE. LIBERTINAGE PHILOSOPHIQUE.
LES PRÉCIEUSES ET LES ALCOVISTES.
L'AMOUR FRANC, LOUIS XIV JEUNE. L'AMOUR D'ÉTIQUETTE, LOUIS XIV VIEUX.
LE LIBERTINAGE ET LA RÉVOLUTION.

PARIS
AMYOT, ÉDITEUR, 8, RUE DE LA PAIX

MDCCCLXIII

PREMIÈRE PARTIE

L'AMOUR CHEZ LES GAULOIS
ET CHEZ LES CHRÉTIENS

L'AMOUR CHEZ LES GAULOIS

ET CHEZ LES CHRÉTIENS

I

L'AMOUR GAULOIS

Dès l'époque la plus reculée, l'histoire sépare le monde en deux parties : En Orient, la femme est esclave, abrutie; un simple instrument de sensualisme.

En Occident, la femme est fière, indépendante; elle tient haut et ferme le drapeau de sa puissance et de sa dignité.

La Grèce appartenait à l'Orient par son origine; mais comme elle était sur les limites de l'Occident, elle servait de transition aux deux hémisphères; la femme commença d'y comprendre la liberté et d'en poser les principes.

Rome appartenait à l'Occident; aussi la femme nous y est elle apparue libre et fière de fait, bien qu'opprimée et soumise en droit.

Dans tout le reste de l'Occident, Gaule, Espagne, Germanie, Scandinavie, la femme résout le grand problème de l'indépendance de fait et de droit; son autorité, son égalité sociale, sont fondées sur la spontanéité de ses affections et la libre disposition de sa main.

N'espérons pas, cependant, que le despotisme sensuel de l'Orient soit complétement éteint ; nous le verrons faire des apparitions soudaines, des irruptions inquiétantes ; mais, après des succès passagers, il sera toujours vaincu... De cette lutte des deux principes sortira l'intérêt de ce livre.

Pendant que les femmes romaines s'ouvraient une large place dans la société politique et civile, par l'indépendance du cœur, la franchise des préférences que nous venons de faire connaître, les femmes gauloises et germaines se trouvaient, depuis bien des siècles, en possession d'une autorité et d'une influence beaucoup plus avancées. Cette puissance du sexe et par conséquent de l'amour chez des peuples qui furent nos aïeux, semblait être autochthone. Elle était sortie, tout armée, de cette terre fière et héroïque, comme en sortaient les chênes et les rochers des Druides. La liberté dans l'amour n'y avait pas eu d'enfance ; elle ne devait pas avoir d'agonie. Elle apparaît dans toute sa force dès les premiers siècles ; nous la trouvons également énergique aux derniers. La nationalité gauloise était morte que l'amour robuste et pur lui survivait sans avoir rien perdu de sa beauté.

L'origine de Marseille est gracieuse et poétique comme un chapitre de l'Odyssée. Son histoire débute par le récit d'un amour fier et spontané, qu'on pourrait considérer comme l'hymen symbolique de l'esprit grec et de l'esprit gaulois.

Six cents ans avant Jésus-Christ, un premier navire phocéen aborda près des Bouches-du-Rhône, sur le territoire des Ségobriges. Nann, roi de ce pays, accueillit les étrangers avec l'empressement de l'hospitalité antique. Une importante cérémonie avait lieu dans son palais ; il réunissait dans un repas les nombreux prétendants qui aspiraient à la main de sa fille, et parmi lesquels elle devait elle-même choisir son époux. Nann invita les Phocéens à s'asseoir à la table de famille ; ils se hâtèrent d'accepter... La jeune fille, nommée *Gyptis* ou *Petta*, n'assistait pas au festin. Les mœurs ligures l'astreignaient à ne se montrer qu'à la fin du repas, portant à la main la coupe d'hymen, qu'elle présentait à l'homme préféré.

Mais, femme, pouvait-elle se dispenser d'être indiscrète, curieuse ?... Nous devons supposer que Petta jeta plus d'un regard secret sur le réfectoire par quelque lucarne invisible, afin de décider, dans un dernier examen, quel était le plus aimable, le plus beau des convives, le plus digne de devenir son mari. Le dénouement des fiançailles justifie cette supposition. Lorsqu'elle parut tenant la coupe à la main, ce ne fut pas à un jeune Ségobrige de sa connaissance qu'elle l'offrit, mais au chef des étrangers, au Phocéen Euxène, qui se montrait pour la première fois dans ce pays... Cette préférence inattendue ne manqua pas de provoquer une assez violente rumeur parmi les soupirants d'ancienne date ; mais la jeune gauloise avait usé d'un droit protégé par les dieux, sanctionné par les lois. Le père respecta sa décision : les prétendants éconduits durent s'y soumettre. Petta devint l'épouse d'Euxène, qui lui donna le nom grec d'Aristoxène, c'est-à-dire *la plus gracieuse des hôtesses*. Le Phocéen s'installa définitivement dans le meilleur mouillage des états de son père, et *Massalie* dut sa fondation au choix d'une jeune fille un peu prompte à prendre son parti.

Trois siècles plus tard, une scène moins poétique, donnait un témoignage encore plus général et plus décisif de l'autorité des femmes gauloises, bien qu'il n'y fut pas question d'amour.

Annibal marchait vers l'Italie : il s'arrêta sur les bords de la Teht, à l'orient des Pyrénées, et fit avec les indigènes un traité d'alliance aussi étrange que célèbre : « On stipula que si les Gaulois avaient à se plaindre des Carthaginois, l'affaire serait portée devant Annibal ou devant ses lieutenants en Espagne, mais que les réclamations des Carthaginois contre les indigènes seraient jugées sans appel, par les femmes de ces derniers. »

Cette réserve des Ligures pyrénéens n'était pas une prétention de circonstance ; elle était basée sur les usages les plus antiques : leurs femmes, considérées comme bien supérieures aux hommes dans les questions de sentiment et d'équité, évoquaient fréquemment à leur tribunal les discussions politiques ou civiles de leurs compatriotes; elles se jetaient au milieu des combattants dans les guerres de tribus, et jugeaient tous les différends en dernier ressort. Elles reproduisaient donc, au bénéfice du sexe tout entier, les prérogatives de la juive Débora, qui jouait si glorieusement sur les bords du Jourdain le rôle de Grand-Juge.

La femme gauloise devait incontestablement la vénération dont elle était entourée à la dignité qui présidait à ses rapports avec les hommes. La fréquentation des sexes n'était jamais descendue chez les Celtes comme dans la Grèce et à Rome au rang de simple distraction, de passe-temps; on ne courtisait pas une Gauloise par désœuvrement ou galanterie. L'amour était une chose prise très au sérieux; il exigeait la maturité de l'âge; l'extrême jeunesse était déclarée indigne de s'en occuper : « Il était honteux pour un Gaulois, dit Aulugèle, de connaître une femme avant vingt ans (*Nuits att.*, liv. vi). » La continence présidait aux relations du mariage; on la considérait comme la garantie du courage et de la force, vertus fondamentales de toutes les races belliqueuses...

Placée dans cette position élevée, il était naturel que la femme eut une fortune personnelle ou qu'elle prit part à la communauté des biens de son époux : la loi consacra ce double principe. Les enfants eux-mêmes, ces trésors des peuples jeunes, furent en partage entre la femme et le mari; ils restaient sous la direction de la mère jusqu'à l'âge de puberté, avant d'être inscrits sur la liste des guerriers; après cette époque, dès qu'ils avaient le droit de porter les armes, ils passaient sous la direction du père.

La nature s'était chargée de justifier cet empire des femmes gauloises, par les faveurs dont elle les avait comblées; elles avaient la taille haute et élégante, leur corps était souple et robuste, leur teint d'une éclatante blancheur. Aussi, les plus fins connaisseurs en cette matière, les Romains et les Grecs, par exemple, les plaçaient-ils au rang des plus belles créatures du monde (1).

L'homme naît artiste. En toute chose, il est essentiellement accessible à la beauté visible, extérieure, la première qui le frappe et qu'il peut saisir. Le soleil, la

---

(1) Plutarque, *De virtut. mulier.*—Amédée Thierry, *Histoire des Gaulois*. t. I, p. 267; t. II, p. 18 et 19.

mer, les montagnes, les chênes, furent les objets primitivement adorés, parce qu'ils étaient les plus beaux, les plus imposants de la création. Par une suite du même principe, les Germaines et les Gauloises durent la majeure partie de leur autorité à la beauté de leur forme, à la puissance de leur regard, à la majesté de leur maintien. Les Grecques, qui commencèrent à délivrer leur sexe, furent les plus belles de leur nation et de leur temps (1). Les malheureuses femmes des peuples sauvages ne doivent peut-être le mépris et l'oppression qui les accablent qu'à leur repoussante laideur.

Chez les Gauloises, les qualités morales, le courage et l'énergie, complétaient ces avantages physiques. Plus étroitement unies à l'existence de leurs maris que les femmes romaines, elles ne se séparaient jamais d'eux, pas même dans les expéditions de guerre; elles partageaient leurs périls et leurs travaux, leur fortune et leurs revers... Ouvrière des champs, la Gauloise, dans un état de grossesse avancé, continuait sa tâche jusqu'au moment décisif. Elle mettait l'enfant au monde derrière un buisson, le déposait dans un lit de feuilles et reprenait son travail bientôt après, afin que le maître n'eut pas à défalquer du prix de la journée le temps employé à l'accouchement. (Thierry, t. II, p. 17.)

Femme de soldat ou de chef, on la voyait, pendant les batailles et les siéges, se placer derrière les combattants et les exciter à vaincre ou à mourir..........
Les premiers rangs venaient-ils à s'ébranler, elle se jettait sous leurs pas avec ses enfants, pour arrêter

---

(1) *Diodore de Sicile* l. V. — *Strabon* l. IV. — *Athénée* l. XIII.

leur fuite, elle invoquait sa maternité, son amour, mêlait des reproches amers aux plus douces promesses, et forçait les plus timorés à reprendre l'offensive. L'ennemi triomphait-il malgré ces énergiques efforts; se voyait-elle menacée de tomber dans l'esclavage, loin de supporter cette honte avec la résignation des femmes Grecques de l'Iliade, elle cherchait la mort qui seule pouvait la réunir à son époux, ou à son amant massacrés. Alors dans l'ivresse de l'amour et du patriotisme, elle jettait ses enfants sous les roues des chars, se poignardait, se précipitait du haut des rochers afin de s'arracher aux outrages des ennemis et de se réunir indissolublement à ceux qu'elle avait aimés.

Chez les peuples dégénérés, les sentiments qui paraissent les plus nobles sont rarement dégagés de tout égoïsme. L'homme et la femme s'aiment en raison des joies qu'ils se procurent réciproquement. Dans les pays à Gynécées, l'homme possède la femme esclave sans l'aimer, parce qu'elle ne partage ni ses travaux, ni ses dangers, et que les petits services de ménage qu'elle lui rend, sont imposés et non point volontaires.

Chez les peuples à femmes libres au contraire, l'amour est grand, le dévouement profond et souvent héroïque, par la raison que la femme s'est donnée volontairement à l'homme. Elle le seconde dans les combats, le console dans les revers, partage ses sueurs, sait souffrir et mourir pour lui; chaque acte de dévouement est un nouveau lien d'amour, une nouvelle dette de tendresse.

Ce concours de circonstances, qui se montre au moment où les peuples ont quitté l'état barbare et atteint le premier degré de civilisation, amène ordinairement la plus noble et la plus puissante expression de l'amour. Dans la véritable barbarie, pas plus qu'à l'époque sauvage, l'homme ne peut mettre en équilibre la sensation physique et le sentiment moral; la première emporte tellement le plateau de la balance, que le second est comme non avenu. Dans les siècles d'une civilisation très-avancée (nous n'en avons que trop d'exemples!) l'égalité des forces est également rompue bien que dans le sens contraire, et le résultat est le même comme perturbation des deux éléments. Une civilisation naissante, modérée, encore dans l'ardeur et l'illusion de sa jeunesse, constitue l'ère la plus favorable aux grands sentiments et principalement à l'amour. Le corps possède alors la vigueur naturelle indispensable au développement des grandes intelligences et à l'exercice des grandes vertus. L'amour profite de cet équilibre parfait des forces morales et physiques, il acquiert la puissance et l'autorité les plus complètes qu'il lui soit donné d'atteindre.

L'adultère est fort rare, quand la femme choisit librement son époux et marche de pair avec lui dans les rudes sentiers de la vie; le Gaulois n'exerçait pas moins la plus active vigilance sur la légitimité de ses enfants... La loi du sang n'est pas un vain mot chez les peuples héroïques; le père ne transige pas sur ce chapitre, il tient à faire disparaître tout ce qui lui semble compromettre cette pureté de race, cette authenticité de filiation, qu'il place au-dessus de tous les honneurs.

Dans le nord, le Gaulois, saisi de certains soupçons, chargeait le Rhin de découvrir et de punir le crime. Il exposait l'enfant nouveau-né sur une planche, qui lui servait de nacelle. La frêle créature se maintenaitelle sur l'eau, la mère était reconnue innocente et l'enfant accueilli avec tendresse. La planche s'enfonçait-elle, le père déclarait sa femme coupable... Mais ce n'était pas contre elle qu'il tournait sa colère ; c'était contre l'enfant ; il le laissait disparaître dans l'eau. (Thierry, t. II, p. 70.)

Ce double rôle civil et guerrier ne résume pas toute l'autorité, toute la puissance de la femme gauloise. Elle gravit un nouvel échelon dans la hiérarchie sociale, comme affiliée au culte druidique. Les druidesses jouent dans la religion un rôle mystérieux éminent, qui les rapproche des divinités à un degré que les Druides ne peuvent atteindre.

Il était naturel qu'un apparat mystérieux, propre à imposer le respect et la terreur entourât ces interprètes des volontés célestes. Les plus célèbres avaient établi leur sanctuaire dans les îles de l'Archipel armoricain, que des tempêtes presque constantes rendaient inabordables. Les navigateurs assez hardis pour en tenter l'accès étaient, disait-on, repoussés par des apparitions surnaturelles, par le bruit de la foudre et les rafales. Pouvait-il en être différemment! la nature entière passait pour leur obéir..... A leur voix, la mer s'apaisait ou soulevait ses vagues. Elles pouvaient prendre toute sorte de forme, même celles des animaux ; elles pénétraient l'avenir et guérissaient toutes les maladies. (Thierry, t. II, p. 93 à 97.)

Du reste, que les magiciennes gauloises soient astreintes au célibat, comme les vestales, ou qu'elles aient des maris, la chasteté, la continence, n'en sont pas moins les bases ordinaires de leur institut. Les neuf vierges du collége de Séna, à l'extrémité orientale de l'Armorique, n'étaient visibles que pour les hardis marins qui avaient traversé la mer au milieu des coups de vent, dans le but de parvenir jusqu'à elles et de consulter leur oracle.

Les Nannettes des îles de la Loire se montraient tout aussi rebelles aux tentatives curieuses des profanes ; elles n'étaient pas néanmoins aussi inaccessibles à tous les hommes ; elles avaient des maris ; maris peu gênants, il est vrai ; car, à l'exemple de ceux des Amazones, ils étaient réduits à la plus étroite limite des droits conjugaux. Retenus sur le continent, pendant que leurs femmes vivaient dans les îles ; ils mettaient leur ardeur aux ordres des rites sacrés : ils attendaient patiemment que les prêtresses vinssent les trouver, à certaines époques de la lune, la nuit, mystérieusement, en conduisant elles-mêmes leur barque. Elles leur donnaient à la hâte quelques baisers, et regagnaient bien vite la terre ferme, seules, à force de rames, sourdes à la voix des époux laissés seuls, et qui les rappelaient vainement. Ces voluptés passagères, ces amours tout symboliques, ont un caractère occidental, à la fois poétique et dévôt, qu'on ne peut méconnaître ; c'est le spiritualisme luttant contre la fermentation de la matière ; c'est le cœur essayant de se passer du corps ; mais il ne peut y réussir tout à fait ; alors il cède à ses sollicitations à la dernière extrémité, malgré lui, un seul instant, et recommence aussitôt cette lutte incessante.

Y a-t-il de l'amour dans ces rencontres mensuelles ?... Immensément peut-être ! Un amour qui éclate en transports irrésistibles, frénétiques, pareils à des coups de foudre, dans ces deux moitiés du même être longtemps séparées, longtemps sevrées de tout contact.

Ce régime de chasteté, interrompu par des

satisfactions périodiques, ne régnait pas dans tous les colléges de prêtresses ; le sensualisme oriental faisait aussi son irruption dans cette religion contemplative. Un souffle asiatique, tout brûlant encore des souvenirs de Samothrace et de Babylone, pénétrait secrètement dans les mystères des Druides, et y produisait des réveils de luxure et d'orgie........ Dans certaines communautés, les Druidesses passaient brusquement d'une continence excessive à une licence effrenée : les vierges devenaient brusquement bacchantes ; elles ne pouvaient dévoiler les mystères de l'avenir qu'à l'homme qui les avait profanées. D'autres, héritières des Ménades et des Mimalones du Citheron s'armaient de la bruyante cymbale des dionysiaques ; elles accomplissaient leurs rites nocturnes au bruit du tamtam, aux cris des initiées en fureur, et à la lueur des torches; elles avaient le corps nu, couvert d'un tatouage noir, et se livraient à toutes sortes de contorsions... Ces ivresses, ces provocations paraissent d'autant plus étranges que les hommes étaient exclus de ces cérémonies (1).

Les usages orientaux pénètrent, sous une autre forme, jusque dans la famille ; certaines peuplades du centre de la Gaule, dit Amédée Thierry, connaissent le Gynécée et tiennent la femme sous une dépendance conforme aux rigueurs des lois hébraïques. Le mari, quelque descendant des Tectosages de l'Asie-Mineure sans doute, a rapporté du côté d'Ancyre le dogme de l'esclavage féminin ; il s'arroge le droit de vie et de mort sur sa femme ; il fait revivre les habitudes des-

---

(1) Voir notre 1ᵉʳ volume, p. 170-174.

potiques d'Assuérus et de Balthasar. Quand il meurt, si sa maladie a offert certaines circonstances douteuses, on soumet toutes ses femmes à la torture et, sur le plus léger indice, elles périssent par le feu comme les veuves indiennes. Mais ces mœurs exotiques ne se montrent qu'à l'origine, dans quelques rares tribus : la liberté, l'autorité du sexe restent les lois générales de l'occident.

II

L'AMOUR GERMANIQUE

Les qualités qui distinguent la femme gauloise deviennent plus tranchées, acquièrent un nouveau degré d'élévation quand on pénètre dans la Germanie. La fidélité y est plus rude, la fierté plus hautaine ; vertus et passions ont quelque chose de plus primitif.

Les filles n'apportent point de dot en se mariant ; c'est le prétendant qui doit offrir des présents à sa famille : les parents s'assemblent, discutent ; l'acceptation des cadeaux assure la conclusion du mariage. Ces présents ne sont point des meubles de luxe ou de toilette, propres à flatter la vanité de la femme; mais des objets qui lui rappelleront les devoirs sérieux qu'elle doit remplir ; par exemple, des bœufs, un cheval harnaché, une lance, une épée, un bouclier. La fiancée fait à son époux des présents analogues, double témoignage de la solidarité parfaite qui résumera leur existence ;.... la femme germaine doit, ainsi que la gauloise, partager tous les périls de son mari : elle ne se bornera pas, comme la romaine, à prendre une part morale à ses expéditions ; elle le suivra en campagne, à pied ou assise dans des chariots attelés de grands bœufs, elle assistera à tous ses combats et lui portera secours dans la détresse (1).

---

(1) « Pendant la bataille, dit Tacite, les Germains entendent les hurlements de leurs femmes et les cris de leurs enfants. Ce sont là les témoins dont les regards les touchent le plus, les panégyristes dont ils ambitionnent les éloges ; s'ils sont blessés, ils vont trouver leurs femmes et leurs mères qui, sans s'effrayer, comptent les plaies et s'empressent de les sucer. Elles portent des vivres aux combattants et les exhortent à bien faire.

« Plus d'une fois les femmes ont arrêté les armées prêtes à se débander, elles ont rétabli le combat par leurs remontrances, leurs prières opiniâtres, présentant leur poitrine aux fuyards, leur peignant les horreurs de la captivité. Les Germains la redoutent bien plus pour leurs femmes que pour eux-mêmes. Aussi, le meilleur moyen de s'assurer de la fidélité d'un peuple, c'est d'exiger qu'il donne en otages quelques jeunes filles d'une naissance distinguée. » (*De moribus*, chap. VIII et XVIII.)

« Là, les femmes venant contre eux avec des épées et des haches, grinçant des dents de rage et de douleur, et jetant des cris horribles, frappent également sur ceux qui fuient et sur ceux qui poursuivent ; sur les premiers comme traîtres, sur les autres comme ennemis ; elles se jettent au milieu de la mêlée, saisissent avec les mains nues les épées des Romains, leur arrachent leurs boucliers, reçoivent des blessures, se voient mettre en pièces sans se rebuter et témoignent jusqu'à la mort un courage véritablement invincible. » (Plutarque, *Marius*, p. 118.)

Puis, racontant la bataille du Pô contre les Cimbres, Plutarque ajoute :

« Là, on vit les choses du monde les plus tragiques et les

— La guerre et ses périls furent toujours, et sont restés jusqu'à nous, la grande école des passions fortes ; le soldat loin de chez lui, ne rencontrant que peu de femmes, et toujours d'une façon passagère, ramène sa pensée vers celle qu'il a laissée dans son pays. La majeure partie du courage qu'il montre, c'est elle qui le lui inspire; la gloire qu'il cherche au prix de son sang c'est à elle qu'il veut l'offrir... Elle, à son tour, dévorée d'inquiétude et d'impatience, n'est-ce pas sur lui qu'elle attache incessamment sa pensée ? N'est-ce pas pour lui qu'elle travaille, pour lui seul qu'elle vit, qu'elle veut rester belle ? Si le calme, la solitude des pâturages, sont la source vive de la tendresse, la séparation et les douleurs de la guerre sont le foyer où s'allument les sublimes dévouements.

Si l'amour du soldat et de celle qu'il aime s'exalte sous l'influence des inquiétudes et des dangers lointains, que ne doit pas être cet amour chez les amants ou les époux qui assistent aux mêmes combats !... Quelle ivresse pour la Germaine de suivre du regard et de compter les rudes blessures que son bien aimé porte aux ennemis ! Quel déchirement pour elle de voir les flèches traverser ses chairs et faire

---

plus épouvantables. Les femmes, vêtues de robes noires, étaient sur leurs chariots et tuaient les fuyards; les unes leurs maris, les autres leurs frères ; celles-là leurs pères, celles-ci leurs fils, et, prenant les petits enfants, elles les étouffaient de leurs propres mains, les jetaient sous les roues des chariots, sous les pieds des chevaux et se tuaient ensuite elles-mêmes. On dit qu'une d'elles se pendit au bout de son timon, après avoir attaché par le cou à ses talons deux de ses enfants, l'un deçà, l'autre delà. (Plutarque, *Marius*, pp. 118, 133).

couler son sang ! Quelle consolation pour tous les deux de se retrouver à la fin du combat !... Orgueil, douleur, émotions de toutes sortes, concourent à l'exaltation de leur sentiment (1)... C'est dans cette intime solidarité des souffrances et des joies éprouvées sur le champ de bataille que la Germaine trouve un degré d'amour supérieur à celui que la Romaine ressentait au retour de son mari vainqueur ; car alors le péril était passé, les blessures ne saignaient plus, elle ne connaissait ses exploits que par ouï-dire.

Les Germaines ne se contentent pas d'être grandes par le courage, elles surpassent l'homme par l'inspiration d'un souffle divin : leur âme est dit-on particulièrement éclairée de la sagesse éternelle ; aussi sont-elles consultées, comme les Gauloises, dans les circonstances graves, et admises à prendre part aux assemblées politiques. (Tacite, *De moribus*, ch. VII ; *Histoire*, liv. IV, ch. LXI, LXIII.)

Dans la Mythologie scandinave et germanique, la femme primitive, *freya*, n'est nullement le symbole oriental de l'esclavage et de la soumission ; mais celui de l'amour viril et de la fécondité.

Placée par la religion et par les mœurs à ce degré

---

(1) Quand le Batave Civilis marchait contre les légions, sa mère, ses sœurs, toutes les femmes, portant leurs enfants, suivaient le corps de bataille et servaient d'arrière-garde. A l'approche des Romains, les hurlements de ces femmes donnent le signal du combat, ils se mêlent aux chants des guerriers, et les Romains sont culbutés et vaincus. (Tacite, *Hist.*, liv. IV, ch. XVIII.) Le lieutenant Mummius Lupercus tombe prisonnier ; à qui Civilis offre-t-il ce trophée vivant de sa victoire ? à une femme, la célèbre Velléda.

d'autorité et de prépondérance, la Germaine s'élève quelquefois jusqu'à la royauté. Tacite nous montre un peuple de l'extrémité nord, les *Sitones*, qui obéissent à une reine (1).

L'énergie de la femme, son dévouement et sa fidélité, formèrent, bien autrement que la profondeur des forêts, l'invincibilité de la Germanie. L'amour pur sauve les peuples tout aussi bien que le libertinage et la licence les perdent ; les Romains franchirent aisément le Rhin, mais ils ne purent installer au-delà des établissements sérieux.

Les conquérants civilisés ont une tactique uniforme qu'ils estiment infaillible, et qui l'est effectivement, lorsqu'ils trouvent le moyen de l'appliquer : ils dirigent leurs efforts vers la corruption des femmes. Ils savent à merveille que c'est par de futiles intrigues de ruelles que se préparent les événements les plus graves ; que c'est par d'obscures conspirations de boudoir que les rois tombent, et que les peuples suivent les rois.

Les Romains ont fort habilement expérimenté cette diplomatie érotique dans la Grèce et en Orient, à la cour de Cléopâtre et à celle de Mithridate. Si Lucullus et Sylla, Antoine et César, Crassus et Pompée y rencontrèrent quelques femmes chastes et coura-

---

(1) L'historien philosophe, oubliant même à cet endroit son admiration pour les mœurs naïves de ces barbares, et se rappelant beaucoup trop la dépravation des Romaines, qu'il avait sous les yeux, considère cette royauté comme le comble de l'abaissement de l'homme, et déclare « les Sitones tombés au-dessous de la servitude, puisqu'ils se laissent commander par une femme. » (*De moribus Germ.*, XLIV-XLV.)

geuses qui défendirent leur nation, en restant fidèles à leurs maris, la fortune en mit sur leur route un bien plus grand nombre qui placèrent l'assouvissement de la passion et de l'orgueil au-dessus de l'honneur, qu'elles avaient oublié, du patriotisme, qu'elles méprisaient.

Les Romains voudraient bien pénétrer aussi dans la Germanie en familiarisant les femmes avec l'inconstance et l'adultère ; ils ne manquent pas d'habiles proxenètes et d'astucieux intrigants rompus à cet enrôlement du sexe ; mais par quel point ébranler la fierté des courageuses Germaines, par quel défaut conjugal pénétrer dans la vie privée ? Leur offrir de riches vêtements ? La Germaine ne porte qu'une sorte de *sagum* et une robe de lin à liseré rouge ; elle a les jambes nues, les bras nus et sans bracelets ; le plus léger changement imposé à la simplicité du costume national la rendrait la risée de sa peuplade.

Cherchera-t-on à corrompre une jeune fille en lui présentant des trésors assez grands pour qu'elle prétende à la main d'un prince ? Que ferait-elle de ces richesses ? elle ne peut avoir d'autre dot que des chevaux, une paire de bœufs et des armes ; aussitôt qu'elle est mariée, elle ne connaît qu'un genre de richesse : le grand nombre de ses enfants, leur florissante santé dès le premier âge, la bravoure unie à la force lorsqu'ils peuvent porter les armes. La plus profonde détresse ne saurait ébranler son amour maternel ; l'infanticide, si commun à Rome, depuis qu'elle est gorgée de richesses, est inconnu dans les pauvres forêts de la Germanie. (Tacite, *De moribus*, l. XIX.)

Le séducteur ne pourrait d'ailleurs trouver l'occasion de pénétrer dans la maison du Germain pour séduire sa femme ou violenter sa fille en son absence ; les personnes du sexe ne se trouvent jamais seules ; nous avons vu qu'elles suivent leur père, leur mari, dans toutes leurs expéditions. Si l'une d'elles parvenait à détester sa famille ou son époux, au point de vouloir les abandonner clandestinement, il lui faudrait une audace peu commune pour affronter les conséquences de cette faute... Séduite quand elle est fille, même par un Germain, elle tombe dans le déshonneur, et il n'est pas de fortune ou de protection qui puisse lui faire trouver un mari, tant la pudeur est estimée, tant le libertinage est couvert de honte. Adultère après son mariage, elle est désignée au mépris public, par son mari lui-même ; il lui coupe les cheveux et la chasse toute nue dans les rues du village ; là, chacun la frappe de verges et la couvre de boue... Cette punition, approuvée par le peuple entier, met de sérieux obstacles aux désordres conjugaux. L'appât des bijoux, le désir du changement, sont impuissants à faire braver de telles ignominies. L'inconstance et la coquetterie, sont des passions très-superficielles ; elles ne donnent à la femme le courage de violer ses serments, que chez les peuples où la trahison est devenue une espièglerie jugée de très-bon goût par un grand nombre, et une pécadille très-pardonnable par les plus exigeants ; mais, quand la nation les condamne, quand chacun refuse sa porte aux coupables et les honnit, la femme aime trop à être convenablement posée dans l'esprit public, à rester estimée, admirée surtout, pour consentir à devenir un objet de dérision et de ridicule.

On dira peut-être : la Germaine, tout aussi rusée que la Romaine, car elle est femme, après tout, ne peut-elle entourer ses amours de mystère et d'ombre; faire tomber le mari qui la gêne dans quelque guet-à-pens, s'en débarrasser par le poison, et jouir ensuite des bénéfices de son crime avec son complice qu'elle épousera?... La loi germaine est prévoyante; elle enlève à l'adultère cette espérance, principal stimulant de l'assassinat; elle a interdit les secondes noces; elle veut que la jeune fille en prenant un mari « soit obligée de concentrer en lui toutes ses affections comme s'il n'existait que lui dans le monde. » (Tacite, *De moribus*, ch. XIX.)

Il est vrai, qu'elle trouve de solides garanties de bonheur et de considération dans le mariage. Le mari ne partage ses affections avec aucune favorite : « Les Germains n'épousent qu'une femme, nous dit Tacite, et si quelques nobles, en très-petit nombre, s'écartent de l'usage national, la passion n'est pas leur mobile; ils cèdent à l'empressement des familles influentes, qui tiennent à s'allier avec eux. »

La différence entre la Gauloise et la Germaine est donc à peu près imperceptible, et nous pouvons, au point de vue moral que nous examinons, confondre déjà tous les peuples de l'Europe occidentale sous la dénomination générique de Gallo-Germains.

En quelque lieu qu'éclate la guerre, en effet, sur le vaste théâtre qui s'étend de l'Ebre au Danube, des Alpes à la Baltique, la femme y prend une part immense, et se montre en tout l'égale de l'homme, auquel l'ont unie le mariage et l'amour...

Ce caractère de la femme gallo-germaine, tour à tour grand juge, compagne des guerriers, magicienne et prêtresse, loin de s'amoindrir avec le cours des siècles, semble se développer à mesure que grandissent les malheurs publics. Il prend un nouvel éclat, et se résume à la fin de l'empire gaulois, vers l'an 70 de notre ère, dans deux admirables personnifications : Eponine et Velléda.

Velléda, tient à la fois de la Juive Débora et de la Grecque Calypso ; elle est le type de la prêtresse nationale, qui met la patrie de la terre en relation avec la patrie du ciel : elle appartient à la religion par son initiation aux mystères druidiques, à la politique par ses relations avec Civilis, qui la consulte comme Numa consultait Egérie.

Placée au-dessus de la sphère terrestre, elle a pénétré l'avenir et annoncé aux Gaulois la victoire, aux Romains la défaite ; et les Gaulois ont été vainqueurs et les Romains ont été dispersés. Dès lors Civilis et Velléda se complètent mutuellement, l'un comme chef des guerriers, l'autre comme interprète des dieux. Ils forment une sorte de royauté mystérieuse qui menace d'embrasser la Gaule et la Germanie, et d'écraser la puissance romaine sous le poids d'un empire militaire et sacerdotal.

Velléda ne se prodigue pas ; elle se dérobe aux regards afin d'augmenter le respect des peuples : elle se tient cachée au sommet d'une tour, et n'a de relations avec ceux qui la consultent que par l'intermédiaire d'une de ses parentes. Elle n'est pas, d'ailleurs, une exception dans la famille des magiciennes, elle en est seulement la plus illustre. Aurinia l'avait précédée, Ganna lui succéda du temps de Domitien.

Tacite nous a-t-il fait connaître Velléda tout entière? Nous ne le pensons pas ; car il a négligé ou ignoré le côté le plus poétique de ce grand caractère... Il ne l'a pas examinée au point de vue de l'amour. Châteaubriand, mieux inspiré, a comblé cette lacune ; il nous a montré Velléda amoureuse... Sa passion est si fière, si profonde, si contenue, si véritablement germanique en un mot, que l'historien lui-même est saisi de cette fiction du poëte, et qu'il l'accepte comme réelle.

Cet amour fait plus que compléter la prêtresse prise individuellement, il complète l'amour gallo-germain lui-même... Toute passion a un apogée idéal qui la place au-dessus du fait positif, terrestre, et lui fait toucher un coin du ciel. L'émancipation de l'amour grec a commencé par la passion d'une magicienne envers Ulysse; les prêtresses gauloises de l'île de Sena, celles des Nannètes, toutes ces *fatidicæ*, ces *fatæ*, ces *fadæ*, comme les appellent les Romains, jettent sur les fières et fortes passions de leurs compatriotes un reflet éthéré, mystérieux, impénétrable, qui les élève, les anoblit, car il semble les éclairer d'en haut. Leurs descendantes, les fées du moyen âge, continueront ce rôle; elles apporteront aux passions naïves et chevaleresques de nos ancêtres cette teinte de rêverie, d'illusion, qui donne à l'amour le pouvoir d'être plus qu'il n'est, de se nourrir d'espérances qu'on n'atteint jamais, de félicités qui ne sont pas réalisables. Velléda, type de la prêtresse gauloise, ajoute donc une dernière image à la collection des héroïnes gallo-germaines. Nous avons vu les autres aimer en filles libres dans leurs choix, en femmes de guerriers, en juges des hommes. La prêtresse aime en inspirée, en femme condamnée au célibat par les lois, et poussée à l'amour par une force supérieure. Châteaubriand a bien compris l'emportement de son héroïne; il ne l'a pas fait aimer comme une jeune fille qui cesse d'avoir la force d'être chaste; mais comme une prêtresse qui sacrifie ses serments, et son Dieu lui-même, à l'amour. Dans le monde la chasteté, réduite à ses seules forces, peut résister quelque temps aux séductions ; l'espoir d'un amour prochain et légitime calme d'ailleurs les impatiences, et la capitulation arrive toujours avant qu'on ait épuisé toutes les ressources de la résistance.

Chez la prêtresse, la lutte est bien autrement longue, le combat bien autrement acharné. Quelles terreurs intérieures avant de rompre avec Dieu, et d'affronter sa vigilance, qui voit tout, sa colère qui ne pardonne pas...! Pour triompher de ces angoisses de l'âme, il faut que l'amour soit élevé à une puissance rare, et dix fois plus forte que celle dont il a besoin pour triompher d'une jeune fille, libre, à tout prendre, de se donner un peu plus tôt, un peu plus tard. La passion de la prêtresse, comprimée pendant plusieurs années, ne cédait qu'à la dernière extrémité, après avoir combattu de toutes ses forces.

Quand elle était vaincue par la fermentation des sens, les frémissements du cœur, il lui fallait traverser une période d'hallucination, de folie ; elle oubliait qu'il y avait un Dieu, que ce Dieu lançait la foudre, que ses adorateurs mettaient la prêtresse infidèle à mort. Il y avait dans tout son être comme un orage, une tempête qui éclatait. Aveugle, égarée, elle donnait sa vie pour un instant de plaisir, pour une curiosité satisfaite.

Ce combat de la nature contre des lois exagérées, cette intervention de la foi dans les choses d'amour, sont trop importants pour que nous pussions négliger de les signaler chez les Gaulois, au moment où le christianisme va paraître et pénétrer dans les Gaules.

Eponine et Sabinus, contemporains de Velléda et de Civilis, ne se bornent pas à combattre les Romains avec héroïsme, ils réalisent ce que le dévouement d'amour pouvait montrer de plus sublime dans la donnée antique. Caché dans les bois et les cavernes pour échapper à la vengeance des Romains, Sabinus avait fait répandre, par deux affranchis, la nouvelle de sa mort. Eponine, trompée par leur récit, tomba dans la plus profonde douleur. Elle se roulait sur le sol, sanglottait, s'arrachait les cheveux. Pendant trois jours elle refusa toute nourriture, dit Plutarque ; elle se serait laissée mourir de faim, si Sabinus instruit de son désespoir, ne l'avait rassurée en lui faisant dire qu'il vivait encore..... mais il la suppliait d'étouffer, devant les hommes, toute expression de joie, d'aggraver au contraire les signes de sa douleur, afin de rendre les Gaulois et les Romains plus convaincus de sa mort. Il est plus facile de comprendre que d'exprimer la situation étrange d'Eponine, et le contraste que ses larmes de convention faisaient avec la joie réelle de son cœur ; elle joua si bien, « la comédie de sa douleur, que nul ne douta de la mort du proscrit. »

Sa dissimulation ne put constamment triompher des impatiences de l'amour ; elle voulut revoir Sabinus, se fit conduire une nuit dans sa retraite et revint chez elle avant le jour..... Mais le premier entretien avait été si doux ! comment résister au désir de s'en procurer un second, un troisième, un quatrième... Le succès l'enhardit si bien qu'elle s'établit dans le souterrain et ne voulut plus le quitter... Après sept mois de crainte et de félicité, Eponine projette d'aller demander la grâce de Sabinus à Vespasien dont on vantait la clémence. Elle se rend à Rome ; Sabinus l'accompagne déguisé en esclave ; cette démarche est sans résultat. Ils rentrent en Gaule, se plongent dans un refuge nouveau, et oubliés du monde entier pendant neuf ans, ils vivent exclusivement l'un pour l'autre. Durant cette longue existence dans les cavernes, « Eponine mit deux fils au monde, et comme la lionne au fond de sa tannière allaita ses deux lionceaux. »

Les proscrits furent enfin découverts et conduits enchaînés à Rome. Eponine se jeta aux pieds de Vespasien : « César, dit-elle, en lui montrant ses deux fils, » je les ai enfantés et nourris dans les tombeaux afin que plus de suppliants pussent embrasser tes genoux et te demander grâce. » Les assistants fondaient en larmes, Vespasien resta implacable ; il fit conduire Sabinus au supplice. L'excès du malheur n'abattit pas Eponine. La perte de sa dernière espérance parut au contraire exalter son courage : « Fais-moi, du moins, dit-elle à Vespasien, mourir avec Sabinus, ton aspect et tes lois me sont mille fois plus odieux que le repos dans les ténèbres et sous la terre. »

Le dévouement d'Eponine peut être considéré comme l'amour gaulois élevé à sa plus haute expression, amour à la fois tendre et fougueux, viril, dévoué et le plus complet que l'histoire mentionne. Bien supérieur à celui d'Arthémise et de tant d'autres amoureuses célèbres qui n'avaient qu'à se développer dans le calme et la sécurité, celui-ci dut grandir dans la lutte, et se fortifier dans le malheur... Heureux les peuples qui ont de pareils titres de gloire à conserver, et de si beaux exemples à suivre !

Même à l'époque de la décadence gauloise, lorsque Rome a tout courbé sous le joug, la Gaule retrouve de nobles élans de fierté nationale, et c'est dans le cœur de ses femmes qu'ils éclatent. Qui ne se rappele la célèbre Victoria surnommée *Mère des camps* (fin du IIIe siècle) ? Vêtue dans les médailles en Diane céleste, avec un fanal sur le front, ou bien en costume de chasse, elle est le type de la prêtresse et de la reine mêlées ensemble. C'est Velléda sortie de sa tour de refuge, descendue parmi les soldats qu'elle exalte, qu'elle fascine. Ils veulent la proclamer impératrice, et frappent par anticipation des monnaies portant les mots : *Victoria empereur*. Elle refuse ce titre, et n'en exerce pas moins les prérogatives, car, arbitre des destinées de la Gaule, elle fait et défait les Césars. et quels hommes a-t-elle le pouvoir de créer empereurs ? Des armuriers comme *Marius*; celui-là tombe bientôt il est vrai ; mais Tétricus est plus sérieux : il relève l'empire Gaulois et donne de graves inquiétudes à Rome.

Dans la sauvage Bretagne, les femmes ne se contentent pas de désigner des empereurs ou de suivre les armées, elles les commandent (1). Une de leurs

---

(1) Il est d'usage que les Bretons combattent sous les ordres des femmes, dit Tacite. Ils ne s'inquiètent jamais du sexe de ceux qui les commandent (Annal., t. XIV).

reines, il est vrai, Cartismandua, a fait servir son pouvoir à perdre son pays, à le livrer aux Romains. Licencieuse comme Sémiramis, elle a prêté l'oreille aux séductions, elle a répudié son mari Vénuse pour livrer son trône et ses faveurs à son écuyer Vellocat. La Bretagne se soulève d'indignation contre les deux adultères, et les Romains eux-mêmes, arrivant au secours de la reine leur complice, ne peuvent arrêter la victoire et la vengeance de Vénuse.

Cartismandua détrônée n'a d'autre consolation que celle de voir les Romains renverser les autels des Druides, et livrer les prêtresses aux derniers outrages. Mais Baudicea se met à la tête des Bretons et ne tarde pas à punir les cruautés des Romains et la trahison de Cartismandua.

La Gaule et la Germanie apportent donc à la civilisation qui s'ouvre en occident un élément qu'il ne faudra pas oublier dans le cours de cette étude. Cet élément c'est la liberté, la dignité de la femme, son égalité avec l'homme, et toutes les qualités d'énergie, de courage, de continence relative qui caractérisaient les Amazones et la femme forte de la Bible.

Prenons acte de ces points fondamentaux : les Germains sont nos ancêtres ; de leur sein sortirent les Franks ; les Gaulois le sont aussi ; du mélange de ces deux peuples, naquit la nation qui marche à la tête de l'Europe.

On n'a pas manqué d'accuser Tacite et les historiens philosophes d'avoir exagéré la pureté des mœurs germaniques dans le but de faire ressortir plus énergiquement la corruption des Romains. Ce reproche est une erreur, l'histoire entière la combat.

Les nations de toutes les époques rentrent dans

deux grandes divisions politiques et morales. D'un côté, sont les peuples corrompus, livrés au libertinage et à la gloutonnerie ; ceux-là sont les peuples qui tombent.

De l'autre, sont les peuples forts qui fondent leur virilité sur la pureté de l'amour et le courage, sur le dévouement et la sobriété ; ces peuples sont ceux qui prospèrent et triomphent.

Or, le monde romain s'écroulait et le monde germain allait le remplacer par l'invasion des Barbares : donc les Gallo-Germains avaient bien les mœurs des peuples jeunes, comme les Romains avaient les vices des peuples décrépits. Ne nous lassons pas de le répéter ; peut-être sommes-nous à une époque où ces vérités ont besoin d'être remises en mémoire.

Partout où la femme est aimée et respectée, comme le symbole de l'honneur et de la dignité de la famille, soyons sûrs que l'homme possède le courage, la fierté, et cet esprit d'indépendance qui constituent les grandes nations. Partout où la femme est un meuble de luxe et de vanité, un jouet de passe-temps qu'on vend et qu'on achète, un moyen de briller ou de réussir, soyons sûrs que le libertinage prépare le despotisme, que la bassesse des instincts dispose à la lâcheté des sentiments.

Mais la femme forte ne suffisait pas aux nécessités de la civilisation nouvelle. Elever de robustes enfants, combattre et mourir à côté de son époux, ne remplissait plus toutes les destinées du sexe. Un élément nouveau et non moins fondamental devait se joindre à la fierté germanique, pour compléter la femme appelée

2.

à réaliser les desseins progressifs de la création. Cet élément, c'était la charité !... inconnue à l'ancien monde, elle venait d'être révélée à l'Orient par un dieu ; les chrétiens allaient la répandre sur la surface de la terre.

Nous voici donc amenés à remonter à l'origine de cette grande vertu sociale, et à nous occuper de l'Evangile.

III

L'AMOUR DANS L'ÉVANGILE

Il s'en faut de beaucoup que le sujet soit nouveau. Des milliers de pages ont été écrites sur cette matière ; mais elles sont conçues à des points de vue si opposés, si exclusifs, qu'il est utile d'ajouter quelques lignes pour les ramener à la simple vérité.

Nul n'oserait contester qu'il existe un juste milieu entre l'ascétisme de certains hommes et les paradoxes sensualistes des autres. Or, c'est ce juste milieu que nous cherchons à découvrir.

Nous tenant donc également éloignés des deux écueils, nous suivrons la route de la vie réelle, de la sagesse pratique, laissant loin de nous les partisans de toutes les exagérations.

La Judée avait eu, trente ans avant Eponine et Velléda, une héroïne d'espèce toute différente. Cette héroïne n'avait jamais porté les armes et versé le sang ;

elle n'avait jamais arrêté les guerriers dans leur fuite, écrasé des enfants pour les soustraire à l'esclavage ; ce n'était pas une femme de la rude société barbare, en un mot ; mais la fille d'une société extrêmement civilisée. Douée, d'ailleurs, d'un caractère fort indépendant, elle avait suivi toutes ses inspirations, sans s'inquiéter du blâme ou des éloges de ses contemporains, elle s'appelait Marie-Madeleine.

Qui ne connaît cet épisode de l'Evangile, plein de mystères et de surprises ?... Mystères scabreux pour ceux qui envisagent les faits en eux-mêmes, sans tenir compte des circonstances atténuantes ; fertiles en enseignements graves, quand on en sonde les profondeurs. Ceci doit attirer un instant toute notre attention.

Les relations des sexes sont un point trop capital dans la marche de l'humanité pour que le Christ n'apportât pas de réformes à ce grave sujet. Ses doctrines sur cette matière sont aussi simples que nettement exprimées. Le fameux Discours sur la montagne les fixe avec une clarté sans réplique, et l'on se demande comment il s'est trouvé des visionnaires assez malades d'esprit pour les bouleverser par des interprétations contre nature et à contre sens.

« Vous avez entendu qu'il a été dit aux anciens : Tu ne commettras point l'adultère.

« Mais moi je vous dis que quiconque regarde une femme pour la convoiter, il a déjà commis l'adultère avec elle dans son cœur. »

Ce qui revient à dire qu'il ne saurait suffire de ne point dérober le bien d'autrui, qu'il est encore mal de le désirer.

« Il a été dit aussi : Si quelqu'un répudie sa femme, qu'il lui donne la lettre de divorce.

« Mais moi je vous dis que quiconque répudie sa femme, si ce n'est pour cause d'adultère, il l'expose à devenir adultère, et que quiconque se mariera à la femme qui aura été répudiée commet un adultère. »

« Est-il permis à un homme de répudier sa femme pour quelque sujet que ce soit, » lui demandaient un jour les Pharisiens.

« Jésus leur répondit : N'avez-vous pas lu que celui qui créa l'homme au commencement du monde fit un homme et une femme.

« Et qu'il leur dit : C'est à cause de cela que l'homme quittera son père et sa mère, et qu'il s'attachera à sa femme, et les deux ne seront qu'une seule chair.

« Ainsi ils ne sont plus deux, mais ils sont une seule chair. Que l'homme ne sépare donc point ce que Dieu a uni. »

« Ses disciples lui dirent : Si telle est la condition de l'homme avec la femme, il ne convient pas de se marier.

« Mais il leur dit : Tous ne sont pas capables de cela ; mais ceux-là seulement à qui il a été donné.

« Car il y a des eunuques qui sont nés tels dès le ventre de leur mère ; il y en a qui ont été faits eunuques par les hommes, et il y en a qui se sont faits eunuques eux-mêmes, pour le royaume des cieux... »

Voilà qui est nettement formulé, l'homme ne doit avoir qu'une femme, la femme qu'un homme ; ils demeureront éternellement attachés l'un à l'autre.

« Que chacun ait sa femme et que chaque femme ait son mari, » dit saint Paul, en développant la législation du Christ :

« Que le mari rende à sa femme ce qu'il lui doit, et que la femme en use de même envers son mari.

« La femme n'est point maîtresse de son propre corps, mais c'est le mari; de même aussi, le mari n'est point maître de son propre corps; mais c'est la femme. »

Paroles remarquables pour le temps où elles furent prononcées! à l'avenir l'homme ne devait plus dominer la femme comme dans le passé : il ne la possédait plus comme un esclave dont on se sert, et auquel on ne doit rien ; le mariage devenait un contrat entre deux êtres égaux; en vertu duquel ils appartenaient l'un à l'autre, et s'associaient pour l'accomplissement de l'œuvre de création.

Cette égalité de la femme n'empêche pas que l'homme n'occupe le premier rang dans la famille : Car, dit saint Paul,

« L'homme n'a pas été pris de la femme, mais la femme a été prise de l'homme.

« L'homme n'a pas été créé pour la femme, mais la femme a été créée pour l'homme.

« Toutefois, l'homme n'est point sans la femme, ni la femme sans l'homme en Notre-Seigneur.

« Car, comme la femme a été prise de l'homme, aussi l'homme naît de la femme, et tout vient de Dieu...

« Femmes, soyez-donc soumises à vos maris comme au Seigneur.

« Parce que le mari est le chef de la femme, comme Christ aussi est le chef de l'Eglise, qui est son corps, dont il est le Sauveur...

« Vous, maris, aimez vos femmes, comme Christ a aussi aimé l'Eglise, et s'est livré lui-même pour elle... »

Pour résumer enfin cette réciprocité de droits et de devoirs, parmi lesquels on ne découvre guère en faveur du mari qu'une simple préséance, il finit par cette conclusion :

« Ainsi, que chacun de vous aime sa femme comme lui-même, et que la femme respecte son mari. »

Cette union des deux moitiés du couple est tellement parfaite que la différence de religion elle-même ne peut l'ébranler. La foi semble s'incliner devant la loi de la nature.

« Si quelque frère a une femme qui ne soit pas du nombre des fidèles, ajoute saint Paul, et qu'elle consente à demeurer avec lui, qu'il ne la quitte point.

« Et si quelque femme a un mari qui ne soit pas du nombre des fidèles, et qu'il consente à demeurer avec elle, qu'elle ne le quitte point.

« Car le mari infidèle est sanctifié par la femme fidèle, et la femme infidèle est sanctifiée par le mari fidèle ; autrement vos enfants seraient impurs, au lieu qu'ils sont saints...

« Que sais-tu, femme, si tu ne sauveras pas ton mari ; ou que sais-tu, mari, si tu ne sauveras point ta femme (1) ? »

Que de chemin fait dans la voie du pardon et de la concorde !..... Les prophètes anathématisaient les Israélites pour avoir épousé des étrangères, des filles

---

(1) Dans sa lettre à Læta, saint Jérôme développé la pensée de saint Paul avec une touchante éloquence.

« La maison sainte et fidèle, dit-il, sanctifie l'homme infidèle, il est déjà appelé, prédestiné à la foi; celui qu'entoure dans son foyer la foule croyante de ses fils et de ses neveux. Jupiter lui-même, j'en suis convaincu, pourrait croire au Christ, s'il était environné d'une semblable famille. Vous prendrez ces paroles pour celles d'un insensé..... Les hommes né

de Moab notamment! Maintenant que la femme est libre, que le mariage ne sanctionne pas le despotisme de l'un des époux sur l'autre, mais l'union de deux cœurs égaux, les chrétiens ont toute confiance en l'amour; ils croient que l'impie ne pourra résister à de douces paroles, à de tendres regards, à l'intimité du lit nuptial. Cette opinion prendra bientôt des proportions plus grandes. Les femmes deviendront l'agent principal de la conversion.

La proclamation de la monogamie, de l'indissolubilité du lien conjugal, était plus que la sanctification du mariage; c'était la plus formelle glorification de l'amour que Dieu put promulguer.

La monogamie, avec toutes ses conditions de fidélité, de constance, de solidarité dans les traverses de la vie n'est possible qu'à la condition que les époux se connaîtront parfaitement, s'uniront de cœur et de corps dans une homogénéité parfaite de désirs et de penchants.... En cherchant ce résultat, le Christ condamne donc, par avance, cette erreur de l'ascétisme qui prétend que le mariage n'est qu'une expiation et un sacrifice offert à Dieu ; que les époux ne doivent pas chercher le plaisir en même temps que la paternité,

---

naissent pas chrétiens, ils le deviennent (*fiunt, non nascuntur christiani*)... Si ce n'est pas la prudence qui force l'homme à le devenir, c'est du moins le respect humain, la honte... Que cela soit dit, ô très-pieuse Læta, ma fille dans le Christ, afin que tu ne désespères pas du salut de ton parent, et, qu'à l'aide de cette même foi, qui fait ta gloire, tu sauves et ta fille et ton père, sachant bien que ce qui est impossible à l'homme est possible à Dieu. » (Lettre VII.)

mais, au contraire, ne s'approcher que couverts d'un cilice, et racheter par des macérations l'accomplissement du plus saint des devoirs.

Le Christ condamne aussi les usages de l'ancienne civilisation : la polygamie, qui prépare la satiété, par l'abus, et conduit à la profanation de l'être qu'on doit respecter ; le mariage par avarice, calcul d'argent ou d'ambition, qui dessèche le cœur et mène à l'adultère ; le despotisme paternel, qui unit les jeunes gens sans consulter leurs penchants ; enfin, la tyrannie conjugale, également incompatible avec la sympathie et la tendresse... Dans la loi nouvelle, les fiancés sont libres de disposer de leur cœur, les époux sont égaux dans le mariage.

On voit que cette doctrine n'est pas fort éloignée de celle que les Gallo-Germains mettaient en pratique. Ces barbares, avec les simples notions de la science naturelle et du bon sens, avaient découvert du premier coup la véritable loi d'amour, que le Christ était obligé de révéler à l'Orient corrompu, comme on révèle un problème jusqu'alors inconnu.

Le Christ parlait à cet égard comme parlaient Éponine ou les soldats d'Arminius.

Cette digression sur la liberté et l'égalité dans le mariage nous ramène justement à l'histoire de Marie-Madeleine et de quelques autres femmes de l'Evangile.

D'où vient, en effet, que le Christ, mis en présence de ceux qui ont le plus méconnu cette sublime loi d'unité dans la tendresse, ne les foudroye pas, et leur accorde, au contraire, toutes les douceurs du pardon ? D'où vient qu'il a causé, près du puits de Jacob, avec la Samaritaine, la femme aux cinq maris, ou plutôt aux cinq amants, sans lui rien dire de sa conduite, et acceptant, au contraire, l'eau de son urne avec reconnaissance (1) ?

D'où vient qu'il arrache la femme adultère à ceux qui veulent la lapider; qu'il la renvoie *en paix*, se bornant à lui recommander de ne plus pécher (2).

D'où vient qu'il raconte l'épisode des vierges sages

---

(1) « Une femme samaritaine étant venue pour puiser de l'eau, Jésus lui dit : Donne-moi à boire...

« Cette femme samaritaine lui répondit : Comment, toi qui es Juif, me demandes-tu à boire, à moi qui suis une femme samaritaine ? car les Juifs n'ont point de communication avec les Samaritains.

« Jésus lui répondit : Si tu connaissais la grâce que Dieu te fait, et qui est celui qui te dit : Donne-moi à boire, tu lui en aurais demandé toi-même, et il t'aurait donné une eau vive... Va, appelle ton mari, et viens ici.

« La femme répondit : Je n'ai point de mari. Jésus lui dit : Tu as fort bien dit : Je n'ai point de mari ;

« Car tu as eu cinq maris ; et celui que tu as maintenant n'est pas ton mari ; tu as dit vrai en cela.

« La femme lui dit : Seigneur, je vois que tu es prophète. »

(2) « Les scribes et les pharisiens lui amenèrent une femme qui avait été surprise en adultère, et l'ayant mise au milieu,

« Ils lui dirent : Maître, cette femme a été surprise sur le fait commettant l'adultère.

« Or, Moïse nous a ordonné, dans la loi, de lapider ces sortes de personnes ; toi donc, qu'en dis-tu ?

« Mais Jésus, s'étant baissé, écrivait avec le doigt sur la terre.

« Et comme ils continuaient à l'interroger, s'étant redressé, il leur dit : Que celui de vous qui est sans péché jette la première pierre contre elle.

« Et s'étant encore baissé, il écrivait sur la terre.

« Quand ils entendirent cela, se sentant repris par leur conscience, ils sortirent l'un après l'autre, commençant deet des vierges folles avec tant de dégagement et de simplicité (1)?

D'où vient, enfin, que lorsque Marie-Madeleine, la femme *de mauvaise vie*, repoussée par les pharisiens eux-mêmes, se présente à lui, il ne la rejette pas du pied, qu'il l'accueille avec bonté, qu'il l'encourage et

---

puis le plus vieux jusqu'au dernier, et Jésus demeura seul avec la femme qui était là au milieu.

« Alors Jésus s'étant redressé, et ne voyant personne que la femme, il lui dit : Femme, où sont ceux qui t'accusaient? Personne ne t'a-t-il condamnée?

« Elle lui dit : Personne, Seigneur. Et Jésus lui dit : Je ne te condamne point non plus; va-t-en, et ne pêche plus à l'avenir. »

(1) Ce passage de l'Evangile est assez scabreux ; il nous introduit dans une chambre de harem où règne une volupté fort licencieuse. Les mœurs n'ont guère changé depuis l'époque de David et de Salomon, et l'on croirait lire un chapitre complémentaire du Cantique des Cantiques. Voilà dix jeunes filles, dix esclaves du même homme, qui attendent l'époux, c'est-à-dire le royal amant ; dix Esther qui préparent une belle nuit d'amour à leur Assuérus. Quelle différence y a-t-il entre les folles et les sages? C'est que les sages ont garni leur lampe d'huile, et que les folles ont oublié de prendre cette précaution ; elles attendent leur maître, il s'attarde, elles s'endorment.

« Sur le minuit on entendit crier : Voici l'époux qui vient ; sortez au-devant de lui.

« Alors les vierges se levèrent toutes et préparèrent leurs lampes.

« Et les folles dirent aux sages : Donnez-nous de votre huile, car nos lampes s'éteignent.

« Mais les sages répondirent : Nous ne le pouvons, de peur que nous n'en ayons pas assez pour nous et pour vous ; allez plutôt vers ceux qui en vendent, et en achetez pour vous.

« Mais pendant qu'elles en allaient acheter, l'époux vint ;

la place bientôt au nombre de ses disciples préférés (1) ?

C'est que les fautes de toutes ces vierges folles sont les conséquences inévitables des anciennes constitutions, de cette loi d'esclavage surtout qui pèse sur la femme, détruit son libre arbitre, et l'oblige à marcher au hasard dans la mauvaise voie.

La femme, vendue plutôt que cédée par son père à

---

et celles qui étaient prêtes entrèrent avec lui aux noces; et la porte fut fermée.

« Après cela, les autres vierges vinrent aussi et dirent : Seigneur, Seigneur, ouvrez-nous.

« Mais il leur répondit : Je vous dis en vérité que je ne vous connais point. »

Donc il resta aux noces avec les cinq vierges *dites sages*, au grand déplaisir des vierges folles, qui n'eurent pas leurs noces de ce soir-là.

(1) « Et une femme de la ville, qui avait été de mauvaise vie, ayant su qu'il était à table dans la maison du pharisien, elle y apporta un vase d'albâtre, plein d'une huile odoriférante.

« Et se tenant derrière, aux pieds de Jésus, elle se mit à pleurer; elle lui arrosait les pieds de ses larmes, et les essuyait avec ses cheveux; elle lui baisait les pieds et les oignait avec cette huile.

« Le pharisien qui l'avait convié voyant cela, dit en lui-même : Si cet homme était prophète, il saurait sans doute qui est cette femme qui le touche, et qu'elle est de mauvaise vie...

« Alors Jésus répond à Simon :

« Vois-tu cette femme ? Je suis entré dans ta maison, et tu ne m'as point donné d'eau pour *me laver* les pieds; mais elle a arrosé mes pieds de larmes, et les a essuyés avec ses cheveux;

« Tu ne m'as point donné de baiser; mais elle, depuis qu'elle est entrée, n'a cessé de me baiser les pieds;

l'homme qui la lui demandait, n'avait ni le temps ni la faculté de choisir celui qu'elle aurait pu aimer, celui qui l'aurait comprise, et avec lequel il lui eut été doux de partager la vie ; aussi que faisait-elle chez les Juifs, en Grèce et bien souvent à Rome ? Cet époux qu'elle prenait sans le connaître elle le détestait aussitôt qu'elle l'avait connu ; l'adultère s'installait dans sa pensée alors même que les verroux du Gynécée ne lui permettaient pas de le mettre en pratique.

L'homme, blasé par la facilité du concubinage, par toutes les excitations du sensualisme, méprisait la femme dont il abusait sans l'aimer... de là séparation complète des cœurs dans le mariage, guerre morale entre ceux à qui Dieu avait ordonné de se confondre en un même esprit et une même chair.

Ce fut de cette situation, avons-nous déjà dit, que naquirent les femmes libres ou *éthaires ;* elles brillèrent dans la Judée, dans la Grèce, et se donnèrent à Rome une sanguinaire célébrité. Quand le Christ pardonne à la femme adultère, à Marie-Madeleine « parce qu'elle a beaucoup aimé » il tient compte de la rigueur des vieilles lois qui porte toute femme un peu fière à

« Tu n'as pas oint ma tête d'huile, mais elle a oint mes pieds d'une huile odoriférante.

« C'est pourquoi je te dis que ses péchés, qui sont en grand nombre, lui sont pardonnés, et c'est à cause de cela qu'elle a beaucoup aimé ; mais celui à qui on pardonne moins aime moins.

« Puis il dit à la femme : Tes péchés te sont pardonnés.

« Et ceux qui étaient à table avec lui se prirent à dire entre eux : Qui est celui-ci, qui pardonne même les péchés ?

» Mais il dit à la femme : Ta foi t'a sauvée ; va-t-en en paix.

la révolte et lui inspire un désir d'indépendance rapproché de la dissolution. Le Christ prend la société corps à corps sans s'effrayer de ses vices. Loin de détourner les yeux de la plaie, il la considère fixement pour y porter la main qui doit la guérir. L'amour vrai est si rare dans le vieux monde, corrompu jusqu'à la moelle des os, qu'on ne le rencontre nulle part ; on bronche partout à la volupté sans amour, à la lubricité sans tendresse. Le Christ, voyant tout avec la clairvoyance d'un Dieu, apprécie les choses à leur juste valeur, et pose les principes de la vraie sagesse, sans exagération, sans pruderie. Il aime la sobriété, l'amour qui se modère; il ne parle jamais de mortification exagérée, de macération, d'abstinence..... vivant dans le monde sans affectation d'aucune sorte, il prend volontiers part au festin des noces, et quand le vin manque aux convives, il fait des miracles tout exprès pour leur en procurer. Mis en présence de Madeleine, il voit en elle, une *éthaire*, une *amica* en révolte contre des lois surannées ; comme il est venu pour les abroger, il lui pardonne, car ces lois rendaient difficile l'expansion d'un amour légitime. Il pardonne encore à Madeleine parce qu'elle n'a été, même en ses égarements, ni avide, ni corruptrice des autres, ni complètement dépravée pour elle-même : et que, tout en se trompant, *elle a beaucoup aimé*..... Son cœur n'a pas fait comme son corps; il ne s'est pas entièrement flétri ; elle a conservé ce don précieux de regrets qui rachète tant de fautes et qui se manifeste d'une manière si touchante lorsqu'elle baigne les pieds du Christ de larmes, et qu'elle les essuye de ses beaux cheveux.

C'est en vain que ces mots du Christ : « Elle a

beaucoup aimé, » ont été traduits par les interprétateurs, dans une intention très-louable, assurément, par ceux « elle m'a beaucoup aimé. » Ce subterfuge d'une piété qui s'effarouche ne saurait être sérieusement admise. La femme voluptueuse était de conversion trop récente, pour que le Christ appliquât cette phrase à l'affection respectueuse qu'elle commençait à ressentir pour lui. Madeleine appartenait encore à sa vie de dérèglement lorsqu'elle entra chez Simon, si bien que les convives exprimèrent toute leur surprise de voir cette *femme de mauvaise vie* oser s'approcher du Christ, et de voir le Christ lui faire bon accueil. Ce n'était donc pas le Christ qu'elle avait beaucoup aimé (le temps lui avait manqué pour cela), mais les complices de ses dérèglements.

On se demandera peut-être si une femme de mauvaise vie pouvait sérieusement avoir aimé, dans le sens estimable que le Christ donnait à ce verbe... posons nettement la question... Dans sa vie de femme libre, et beaucoup trop libre, Madeleine, changeant souvent d'affections, avait mis toutes les apparences contre elle : mais cette succession rapide d'amours avait une cause sérieuse et avouable. Madeleine avait le cœur ambitieux. Elle ne voulait pas se contenter de liaisons passagères et agréables. Elle aspirait à l'amour d'un homme capable de la comprendre. Elle rêvait une double existence, cimentée par une profonde sympathie, telle que le Christ la recommandait aux hommes.

Dans cette recherche du grand, du beau, du digne, de nombreuses déceptions lui étaient réservées... Impatiente d'aimer, et trop pressée de le dire, elle se laissait prendre aux premières apparences et croyait trouver à chaque pas l'homme au cœur noble et fort qu'elle cherchait. Elle l'aimait sincèrement, ardemment, comme la femme aime celui qui présente le type de la perfection terrestre........, après quelque mois d'expérience, le beau préféré laissait découvrir, sous l'écorce, toute la sécheresse de la réalité.... Madeleine, désabusée, abandonnait cet être imparfait et reprenait le cours de sa chasse aux chimères. De tentative en tentative, de désenchantement en désenchantement, elle était arrivée à cette habitude de changements rapides qui constitue *la femme de mauvaise vie.* Mais ceux qui donnaient ce titre à Marie-Madeleine ne connaissaient pas les motifs de cette inconstance et les douleurs qui en étaient la suite ; ils ne savaient pas que ses coquetteries, loin d'avoir pour cause le dévergondage de la volupté, venaient au contraire des exigences d'une âme difficile, qui ne se trouvait jamais légitimement satisfaite.

Voilà comment Marie-Madeleine *avait beaucoup aimé*, avant de se présenter chez Simon ; et le Christ, qui n'ignorait pas ses combats et ses douleurs, lui pardonna...

À toutes les époques, les hommes ont éprouvé de grandes difficultés à rencontrer le bien et le beau qu'ils ont rêvés. Ceux qui veulent réaliser des liaisons homogènes, des harmonies morales, doivent chercher longtemps et beaucoup. Cette nécessité n'a pas disparu avec l'arrivée du christianisme. Le moyen seul de chercher a reçu des modifications. Dans le monde païen, l'homme et la femme, en quête d'un conjoint, se livraient à des investigations auxquelles le sensualisme n'était pas étranger ; ils se prenaient généralement à l'essai : le double amour du cœur et des sens servait d'introduction au mariage (1). Dans le christianisme, les époux se cherchent aussi, mais avec le seul examen de l'esprit et du cœur : on étudie l'âme d'abord, on fait son choix moral lentement, attentivement... Madeleine n'était pas chrétienne ; son malheur fut de chercher un conjoint à la manière antique, avec l'âme et le corps tout à la fois...

Mais bientôt une révélation lui dit qu'il existe un homme particulièrement digne d'être aimé, servi, adoré : c'est le Christ, dont on vante la sagesse et la puissance ; elle s'attache à ses pas et lui prodigue les plus touchants témoignages de vénération : elle couvre sa tête de parfums par un souvenir de ses habitudes de sensualisme ; elle arrose ses pieds de larmes. Quand il vient en sa maison, elle laisse sa sœur Marthe vaquer aux soins matériels du ménage, et prend pour elle la meilleure part des choses de ce monde, c'est-à-dire la conversation du Christ, l'âme du Christ. Au rayonnement de cette lumière surhumaine, l'existence de Madeleine éprouve une entière rénovation. Au lieu d'ambitionner désormais l'amour sentimental et physique qu'elle avait cherché près des hommes, elle laisse au passé les sensations qui l'ont conduite à tant de fautes ; elle ne garde pour l'avenir que l'adoration, l'extase qu'il lui est permis d'éprouver pour l'Homme-Dieu.

Mais abandonnons cette exaltation mystique, elle nous éloignerait de l'amour proprement dit... Laissons

---

(1) Témoin le mariage par l'*usus* chez les Romains ; la répudiation de la servante juive, qui ne satisfait plus, et généralement la facilité du divorce.

Madeleine réparer l'erreur de ses sens par les transports d'un sentiment immatériel, éthéré ; revenons sur la terre, au milieu d'attractions et de préférences plus conformes aux lois générales de l'humanité. Nous connaissons les principes nouveaux qui doivent régir l'amour dans le mariage, voyons comment les préceptes de l'Evangile sont acceptés par les mœurs : nous avions la théorie, arrivons à la pratique.

IV

L'AMOUR CHEZ LES PREMIERS CHRÉTIENS

Voyez-vous cette maison isolée dans les champs ou dans le faubourg d'une grande ville ? Là vit une famille nouvellement initiée... Les femmes, vêtues de simple laine ou de lin, ne connaissent ni riches étoffes, ni fard, ni bijoux, ni cosmétiques, ni aucun de ces procédés de toilette frauduleux destinés à tromper les yeux, comme certains sourires le sont à tromper les cœurs (1).

---

(1) Le vêtement des chrétiens est le manteau des philosophes : c'était celui de Tertullien et de saint Héracléas... Un martyr veut-il convaincre un faux chrétien d'imposture, il l'accuse devant son juge d'aimer les barbiers et les étuvistes, de se friser les cheveux, de regarder les femmes avec indiscrétion, de manger beaucoup et de sentir le vin. (FLEURY, *Mœurs des chrétiens*, ch. XI.)

3.

Leur existence est plus simple encore que leur costume : elles évitent les compagnies agitées et joyeuses, les spectacles, les jeux du Cirque, les grands éclats de rire, les bouffonneries, les discours provoquants ; en un mot, tout ce qui rentre dans la galanterie et *l'art d'aimer.* Les hommes restent à leur travail ; les femmes vivent dans leur maison ; elles prennent soin du ménage, filent, préparent les étoffes à la manière des Israélites ; elles instruisent les enfants, soignent les vieillards, ne quittent le foyer que pour visiter les pauvres en leurs chaumières, ou Dieu en ses oratoires (1). Privé de tous les divertissements inventés par la dissipation et l'oisiveté païenne, le chrétien a plus de forces à consacrer à l'activité morale, plus de

---

(1) La femme chrétienne, dit Tertullien, va visiter ses frères dans les réduits les plus pauvres, elle se lève la nuit pour prier et assister aux solennités de l'Eglise ; elle se rend à la Table du Seigneur, ou pénètre dans les prisons pour baiser les chaînes des martyrs, répandre l'eau sur les pieds des saints... S'il vient un frère étranger, elle prépare sa maison pour lui donner l'hospitalité... Dans les festins, elle évite les hymnes profanes et les chants de volupté. Bien différente de ces espèces de bacchantes, qui, gorgées de viandes et de vins, ne peuvent digérer qu'à force de neige, ou qui vont vomir leur repas, pour en recommencer un autre, elle invoque Jésus-Christ, et se prépare à la tempérance par la salutation divine. On ne la voit pas aux spectacles et aux fêtes des gentils ; elle reste chez elle, et ne se montre au dehors que pour des motifs graves : visiter ses frères malades, assister au Saint-Sacrifice, écouter la parole de Dieu. Point de bracelets pour des mains qui doivent porter le poids des chaînes, point de perles et d'émeraudes pour orner une tête que menace l'épée de la persécution ! (TERTULLIEN, *Ad uxor.*, liv. II. — *De cultu feminarum*, liv. II.)

temps et d'ardeur à donner aux luttes utiles. Trois occupations vont l'absorber tout entier : le culte de Dieu, la charité et l'amour terrestre.

L'amour, la plus humaine, la plus puissante des passions, prendra naturellement un développement immense sous l'influence d'une religion qui semble se résumer dans le verbe *aimer* : aimer Dieu, aimer ses semblables. Il aura des résultats tout opposés à l'amour païen : celui-là s'arrangeait parfaitement de l'absence de tendresse ; avec lui, la facilité du libertinage arrêtait à la fois le mariage et la création des enfants ; aussi la société païenne allait-elle s'affaiblissant, se disloquant chaque jour davantage. Chez les chrétiens au contraire, le frein de la continence, combinée avec l'amour du cœur, forme un encouragement irrésistible au mariage et à la multiplication des petits êtres qui en sont la conséquence. Le christianisme hérite donc, dès l'origine, des deux conditions de puissance et de prospérité que la vieille société abandonne : la forte constitution de la famille et l'augmentation rapide de la population.

Quelle facilité l'organisation de la société chrétienne n'offre-t-elle pas à la naissance de la tendresse dès l'âge où le cœur bat au premier regard, s'exalte au moindre signe ?

Chez les gentils, le jeune homme vivait complètement séparé des femmes honnêtes. S'il n'était pas toujours mis sous clef comme Télémaque, il ne rencontrait du moins dans la rue que bien peu de jeunes filles étrangères à sa famille. Elles étaient retenues dans le Gynécée ; lui, s'occupait de jeux, de luttes, d'exercices militaires, d'étude de philosophie. Bien qu'un peu moins séquestré dans les époques de décadence, il ne songeait guère davantage à épouser, dès l'adolescence, la jeune fille que le hasard plaçait sous ses pas; les calculs de l'avarice et de l'ambition lui défendaient de prendre femme avant trente ans. Toutefois il n'était pas assez sot pour dire à l'amour des sens de se taire jusqu'à cette époque, il savait par cœur son art d'aimer; et cet art lui apprenait à corrompre la jeune fille... S'il ne pouvait y parvenir, il allait se dédommager de cet échec dans la société des consolatrices de profession, que tous les rangs de la société mettaient à l'affût sur son passage.

Le jeune chrétien au contraire, mêlé dès l'enfance avec les femmes qui vaquent aux travaux du ménage, ou se rendent aux assemblées religieuses, rencontre infailliblement, et de bonne heure, une jeune fille au maintien sympathique dont le regard, si modeste qu'il soit, lui a bien vite pris le cœur. Dans la vivacité de son ardeur, il ne songera pas à la tromper pour la posséder plus vite; il connaît les préceptes de la loi (1) et les punitions exemplaires rapportées dans la Bible; il songe tout aussi peu à s'aller distraire auprès des courtisanes païennes, leur fréquentation serait plus qu'un acte d'impureté, elle serait une apostasie.

Arrêtés de tous côtés sur la pente de l'ancienne galanterie, les deux jeunes gens n'auront qu'une pensée, une ambition : l'union conjugale : délicieuse obligation! Adorable extrémité, à la réalisation de laquelle ils consacreront tous leurs efforts!

---

(1) Saint Justin a dit : « Nous ne nous marions que pour avoir des enfants ; hors du mariage nous gardons la continence parfaite. » Saint Clément d'Alexandrie ajoute: « Il faut se marier ou s'abstenir complètement. »

Le désir du mariage est tellement inhérent au véritable amour, qu'il est impossible de séparer l'un de l'autre. L'amant sincère ne peut comprendre la vie sans la possession entière et pour toujours de celle qu'il aime ? Mais cette possession sans limite, c'est le mariage! qu'importent les formalités de l'union légale, si son essence est respectée, si le lien se forme sans arrière-pensée de changement. Celui qui refuse de s'unir par des engagements éternels n'aime pas ; car il semble prévoir le désenchantement, la satiété, et prévoir la fin de l'amour, n'est-ce-pas nier son existence ?

Loin de contrarier les jeunes chrétiens dans cet ardent et pieux désir, les parents les encouragent : ils redoutent l'excitation des sens et les imprudences. La religion nouvelle leur apprend d'ailleurs à ne s'arrêter à aucun des obstacles soulevés par l'inégalité de condition, de fortune ou de naissance. Les Pères de l'Église recommandent les mariages précoces, ils font aux tuteurs un devoir de marier les orphelins et leurs pupilles, aussitôt qu'ils sont nubiles et avec leurs propres enfants de préférence à tous autres. (*Fleury*, chap. XII.) Ils craignent que, dès neuf ans, ils n'aient formé des liaisons, conçu des amitiés plus que fraternelles. Consacrées par le mariage, ces amitiés seront un gage de tendresse et de bonheur ; rompues pour des considérations de famille, elles pourraient provoquer des regrets, entretenir des souvenirs qui troubleraient les ménages et conduiraient à l'infidélité.

Le mariage des deux amants est arrêté!.... Les cérémonies ne ressembleront guère à celles du paganisme. Le jour venu, les fiancés se rendront publiquement à l'église, ils se donneront la main devant l'autel, la femme recevra du mari un anneau timbré d'une croix, d'une colombe, d'un ange ou d'un poisson ; ils assisteront au Saint-Sacrifice et recevront la bénédiction du prêtre..... après cet acte religieux, pas de divertissements, pas de festins bruyants, pas de chants et de danses désordonnés.... les prières, les souhaits des convives, et non point les cris et la musique tumultueuse, accompagnent les époux jusqu'à leur chambre ; dès ce moment le couple heureux n'aura d'autre occupation, d'autre pensée que celle de s'aimer *utilement* et en paix, de marcher dans les voies que le ciel lui a tracées : il est uni devant Dieu et devant les hommes ; que ses enfants se multiplient comme se multiplièrent ceux d'Isaac et de Jacob (1) !

Quelles que fussent les garanties de durée offertes au mariage par la liberté qui présidait à sa forma-

---

(1) Les principes de la noce chrétienne sont tellement conformes à ceux de la nature que les hommes primitifs les plus étrangers aux traditions bibliques, les avaient découverts et appliqués dès les premiers siècles : témoin le mariage israélite et le mariage lacédémonien dont nous avons parlé, t. Ier, p. 45 et 183 à 188.

— « Deux fidèles portent ensemble le même joug, ils ne font qu'une chair et un esprit, dit Tertullien, ils prient ensemble, ils se prosternent ensemble, ils jeûnent ensemble, ils s'instruisent et s'exhortent l'un l'autre ; ils sont ensemble à l'église, et à la table de Dieu. Dans les persécutions et dans le soulagement, ils ne se cachent de rien et visitent librement les malades, font l'aumône sans contrainte, assistent au Sacrifice sans inquiétude ; ils chantent ensemble les psaumes et les hymnes, ils s'excitent à louer Dieu.

tion, une loi redoutable, celle de l'inconstance et de l'insatiabilité humaine, ne permettait pas d'espérer que pas un nuage n'assombrît une lune de miel éternelle..... La félicité conjugale a la constitution délicate; elle est exposée à bien des indispositions; les caprices et les exigences, les déceptions et les bouderies, sont autant d'intempéries morales qui ébranlent son équilibre.... Le Christ tenait en réserve un remède efficace contre ce genre de maladies; ce remède était celui dont nous parlions en terminant le chapitre de l'amour gallo-germain; c'est-à-dire *la charité*.

Jusqu'ici en effet l'Évangile nous a montré l'amour se fondant sur la continence et la fidélité, sur la liberté et la sympathie; Dieu réservait *la charité* pour le couronnement de son œuvre.

Avant d'offrir le remède il fallait le créer, avant d'en recommander l'usage il fallait en révéler les conditions à un monde qui l'avait jusqu'alors à peu près inconnu. La charité était un jour descendue sur la terre au temps de Ruth et de Tobie; mais elle avait aussitôt disparu, laissant à peine un souvenir dans la mémoire des hommes.

Le Christ vint et dit :

« Heureux les miséricordieux, car ils obtiendront miséricorde.

« Vous avez entendu qu'il a été dit : Tu aimeras ton prochain et tu haïras ton ennemi.

« Mais moi je vous dis : Aimez vos ennemis, bénissez ceux qui vous maudissent, faites du bien à ceux qui vous haïssent, et priez pour ceux qui vous outragent et vous persécutent. »

Saint Paul avait complété le précepte en ces termes :

« La charité est patiente; elle est pleine de bonté;

la charité n'est point envieuse ; la charité n'est point insolente, elle ne s'enfle point d'orgueil.

« Elle n'est point malhonnête, elle ne cherche point son intérêt, elle ne s'aigrit point, elle ne soupçonne pas le mal.

« Elle ne se réjouit point de l'injustice; mais elle se réjouit de la vérité.

« Elle excuse tout, elle croit tout, elle espère tout, elle supporte tout. »

La nouveauté fondamentale du christianisme, le côté moral par lequel il ne ressemblait à aucune religion antérieure, était ce dogme de la fraternité et de la charité. Il apparaissait comme un météore, au milieu d'un monde qui n'avait connu d'autre levier que celui de l'intérêt ou de la crainte, c'est-à-dire de l'égoïsme insolent ou de l'égoïsme trembleur... La femme suivait son mari par la terreur qu'il lui inspirait, elle suivait son amant pour le plaisir qu'elle trouvait près de lui ; le prince gouvernait les peuples pour satisfaire son orgueil, les hommes se liguaient entre eux pour retirer un plus grand bénéfice de l'union de leurs forces.

Le christianisme professa une doctrine toute différente, et l'axe de la société fut déplacé.

Jusqu'alors la société avait roulé sur cette maxime : « Le monde, c'est moi ; moi, le maître, moi, le despote. » Peuples, esclaves, familles, l'acceptaient avec fanatisme, et, courbés aux pieds de celui qui la prononçait, ils répétaient : « Oui, le monde c'est vous, puisque vous êtes le maître. »

L'homme osait dire enfin : « Le monde, c'est lui, c'est vous, c'est nous tous, égaux en toutes choses par le cœur et par l'âme, si ce n'est par la tête... Nous n'avons d'autre supérieur que le Maître du ciel ; prêtons-nous secours, amitié, dans toutes les tribulations d'ici bas... » D'homme à homme, ce principe devint solidarité fraternelle (1) de sexe à sexe, elle devint tout naturellement l'amour : amour formé de dévouement et d'abnégation; fusion complète des deux moitiés du même être.

Ce fut dans le mariage surtout que la charité prit un caractère réparateur et sublime !... Dans l'ancienne société, quand le mari devenait méchant, emporté, jaloux ; quand la femme se montrait acariâtre, capricieuse, la loi avait un moyen bien simple de prévenir le désordre ; elle séparait les conjoints qui commençaient à se bouder; le divorce rompait tous les liens, et chacun d'eux, complètement étranger à l'autre, courait à de nouvelles amours.

Le Christ supprima ce procédé brutal : Epoux, disait-il, vous avez perdu l'amour, pratiquez la charité, Vous ne vous aimez plus comme amants, aimez-vous du moins comme frères. Que le bon fasse au méchant l'aumône d'un peu de douceur et de tolérance.

---

(1) Cette partie du dogme fut exprimée avec une naïveté charmante dans la légende des deux martyrs Julien et Féréol. Le tribun Féréol avait été converti par Julien, un de ses soldats. Mis tous les deux à mort, dans la persécution de Dioclétien, ils furent enterrés l'un à Vienne, en Dauphiné, l'autre à Brioude. Mais telle était la confiance des chrétiens en l'éternité de leur amitié, en la puissance indissoluble de leur attachement, que pendant bien des siècles ils allaient demander au tombeau de Féréol ce qu'ils voulaient obtenir de Julien, et au tombeau de Julien ce qu'ils attendaient de l'intercession de Féréol. (Eucher, *Acta sancti Martini ap. Ruin.* — Tillemont, *Hist. ecclés.*)

Dans les plus beaux temps de l'amour gaulois ou germain, un petit brin d'égoïsme se glissait toujours dans les cœurs les plus étroitement unis. On n'aimait guère qu'à la condition d'être aimé; on ne donnait pas gratis son dévouement et sa tendresse, on en faisait échange. Le chrétien, plus généreux, prodiguera tout cela à son conjoint, sans condition de réciprocité, même sans espoir de rentrer dans ses avances; tant pis pour l'avare ou pour l'infidèle qui rompra le contrat; il ne restera pas moins servi malgré lui, respecté malgré lui, aimé malgré lui.

Mais pourquoi prévoir des bouderies, des discordes, en présence des conditions de bonheur et de fidélité que la religion nouvelle assure à l'amour... Grâces à la liberté, chacun va nécessairement s'unir à l'être sympathique créé tout exprès pour lui. La source des anciens désordres sera tarie, il n'y aura plus à l'avenir que bien peu d'Aspasie ou de Laïs, de Phrynée ou de Madeleine.

Tel était le principe, tel eut été peut-être le résultat si le christianisme était apparu d'abord dans un état social jeune, viril, point corrompu; dans le monde gaulois ou germanique, par exemple?... La simplicité des mœurs, la force des caractères, la fière indépendance de la femme, secondant les intentions de la loi chrétienne, le dogme du mariage dans l'amour aurait pu trouver une application générale...

Il en fut, hélas! tout autrement. L'amour selon le Christ tombait au milieu de la société la plus profondément corrompue qui eut jusqu'alors existé; de là survinrent des obstacles, de là naquit une lutte acharnée, cruelle au-dessus de toutes les luttes humaines; car elle aboutit à la persécution des martyrs.

Des milliers de chrétiens, qui ne demandaient qu'à se nourrir du bonheur de croire et d'aimer, payèrent de leur sang l'acharnement du libertinage romain à combattre cette expansion de dévouement et de tendresse.

V

LUTTE DE L'AMOUR PAÏEN CONTRE L'AMOUR CHRÉTIEN

Toute l'histoire est là pour l'attester ! ce ne furent, ni les questions politiques, ni les questions religieuses qui inspirèrent au vieux monde sceptique et blasé les fureurs bestiales qui couvrirent les arènes de tant de lambeaux humains. Ce fut l'amour chaste et vrai qui attira la haine du paganisme, et alluma toutes les colères des hommes voluptueux.

Dans l'indifférence religieuse où les gentils étaient tombés, alors que les temples romains offraient un excellent accueil aux divinités de toute provenance, le Christ aurait facilement trouvé sa place au Panthéon dès le début, comme il l'y trouva sous Alexandre Sévère (1). La majeure partie des principes du christia-

---

(1) Ce pieux empereur, s'égarant un peu au milieu du doute éclectique qui saisissait les esprits, résolut d'admettre le Christ dans la société de tous les dieux païens, dont Rome s'était faite la bienveillante hôtesse ; n'osant le placer publiquement au rang des dieux, il le mit, en attendant mieux, dans son laraire particulier consacré *aux âmes saintes,* à côté d'Abraham, d'Apollon et d'Orphée. (Lamprid. Alex. Sever. 123-129.)

nisme, le mépris de la douleur, la tempérance, l'immortalité de l'âme, les récompenses éternelles, avaient été librement professés par certains philosophes ; l'évangile aurait donc pu ouvrir ses écoles et y recruter des disciples en sécurité ; mais quand une population corrompue entendit les apôtres publier des dogmes qui renversaient les priviléges du vieux sensualisme ; et la polygamie, et le divorce, et la galanterie, et l'adultère, toutes les classes, depuis le bas peuple jusqu'à l'aristocratie, coururent aux armes. On eut dit que les Barbares du nord venaient leur enlever la terre et le feu. Nous n'oserions pas croire aux horribles supplices qui furent inventés, si l'histoire ne nous avait appris déjà que la cruauté est inséparable de la corruption ; que le despotisme se sent perdu quand on lui enlève la prostitution et l'infidélité, que les peuples dégénérés se croient ruinés quand on les prive des immenses bénéfices de la promiscuité et de l'adultère.

A l'arrivée du christianisme, le culte du plaisir avait tellement éteint le sens moral que les plus honteux métiers étaient devenus des gentillesses parfaitement acceptées et tenaient le haut bout dans le monde... Tertullien ne voit nulle différence entre les habits des femmes d'honneur et ceux des femmes diffamées... on ne connaît plus ces salutaires habitudes des temps antérieurs qui astreignaient le sexe à une étude particulière de la modestie et de la tempérance. A cette époque l'épouse ne portait d'autre objet d'or que l'anneau nuptial, et telle était sa sobriété qu'elle ne connaissait pas l'usage du vin (1).

---

(1) Les chefs de familles se faisaient embrasser fréquem-

Que les temps étaient changés ! « les femmes allaient couvertes de bijoux depuis les pieds jusqu'à la tête ; à leur approche on sentait l'odeur du vin... l'orgie des deux sexes était permanente sur les places publiques; l'air y était corrompu par les exhalaisons qui sortaient de la bouche de tout ce peuple qui rendait gorge dans les rues. » (Tertull. *Apolog.*; ch. XXXIX.) Les Romaines prenaient encore d'autres licences : Tertullien les accuse « d'adorer une courtisane nommée *Larentine*, tellement dissolue qu'il la place bien au dessous de Laïs et de Phrynée. Elles dressent des autels à un Dieu qu'on avait nourri dans une cour impudique pour servir au plaisir le plus infâme de tous, et que la nature condamne... » L'exalté défenseur des chrétiens a vu représenter sur les théâtres les licences *d'Anubis l'impudique*, ceux d'une lune du sexe masculin, d'une Diane fouettée devant la foule, d'un Pâris jugeant les différends des trois déesses ; et l'on sait dans quel costume l'art nouveau les représentait. Il a vu pour tout dire enfin *mutiler* un misérable sur la scène en souvenir du dieu Attis de la ville de Possème (1). (*Apolog.*, ch. XIII et XV.)

---

ment par leurs filles et leurs femmes, pour reconnaître à leur haleine si elles en avaient bu, et l'on vit des parents, des maris, condamner à mort celles qui osaient pénétrer dans les caves et percer les foudres. (Tertullien, *Apologétique*, chap. VI.)

(1) Saint Cyprien, complète le tableau ; il dénonce « les manéges des personnages, les stratagèmes mis en œuvre par des intrigues adultères, les coupables faiblesses du sexe, les plaisanteries indécentes, l'autorité des pères de famille, tantôt avilie par le ridicule, tantôt dégradée par le scandale

Les jeunes débauchés poursuivent leurs complices d'adultère jusque dans les temples et quand ils ont arrêté les conditions du rendez-vous, ils trouvent les gardiens des sanctuaires et les pontifes, empressés à mettre des appartements discrets à leur disposition.

Pourquoi s'en étonner ? l'adultère est devenu général ; la communauté des femmes est un fait accepté par les mœurs et sanctionné par la tolérance des juges.... pour mieux faciliter cette promiscuité sans bornes et la délivrer de certains embarras, l'art des avortements est appliqué sur la plus grande échelle. « On se permet de défaire ce que la mère a conçu dans ses entrailles, lorsque la nature délibère encore si c'est un homme qu'elle va former. » (Tertull., ch. IX.) Si l'enfant résiste à cette première tentative, on le tue plus sûrement, après sa naissance, en le jettant à l'eau, en l'exposant à la faim et au froid, en le livrant à la rage des chiens. (Tertull., chap. IX.) La loi n'a pas un mot à objecter à ces crimes abominables.... aussi quand les idolâtres veulent rendre les chrétiens odieux à

---

de leurs propres mœurs, immolée à la risée publique, sous des qualifications devenues proverbiales..... Sur la scène on voit un acteur efféminé suppléer à la parole par l'expression étudiée d'une pantomime qui met tous ses membres en convulsion : il s'annonce ; la ville entière s'émeut; c'est à qui dévorera de ses regards cet être, ni homme ni femme qui vient retracer quelques scènes de la fabuleuse antiquité..... tel pauvre misérable se fait battre, et prête son visage aux coups qui lui sont assénés comme dédommagement à son estomac à jeun » tel autre « met sa bravoure à soutenir la faim par delà les forces humaines pour gagner après cela la palme de la gloutonnerie... en voilà un qui danse nu..... » (Saint Cyprien, *Des spectacles.*)

l'humanité, ils ne les accusent pas de ces actes de dépravation vulgaire, qui ont perdu le nom de crime, ils leur reprochent de porter le libertinage jusqu'à l'inceste, de ne pas se contenter de tuer les enfants, mais de les manger (1).

Le chrétien répond à ces accusations sauvages en cherchant à populariser les principes de la tendresse paternelle et de l'amour chaste. Mais on ne lui laisse pas la liberté d'être charitable et d'aimer; on punit ses vertus par la proscription et le martyre.

Toutefois, la menace a beau gronder autour des fiancés et des époux qui s'aiment; les supplices les plus atroces loin d'affaiblir leur amour le fortifient; la mort elle-même ne peut entièrement le rompre.

Quand les femmes sont conduites devant les proconsuls et sommées de choisir entre la volupté dans les palais et l'agonie dans le cirque, il n'en est guère qui ne réclament cette dernière.

Les tortures s'embelliront pour elles d'inexprimables voluptés morales, quand elles les endureront pour ceux qu'elles aiment; car elles les considèrent comme le présage des amours éternelles de l'autre vie.

Voyez le chrétien et la chrétienne mordus, déchirés

---

(1) « Au sacrifice d'un enfant immolé à leurs mystères, et dont ils se disputent les chairs palpitantes, succède un festin digne de cette horrible scène : l'intempérance excite la débauche la plus révoltante. Au moment désigné, les lumières sont tout à coup éteintes, la honte est bannie, la nature est oubliée, et, selon les effets du hasard, les ténèbres de la nuit sont souillées par le commerce incestueux des frères et des sœurs, des mères et de leur fils. » (Saint Justin, martyr, *Apolog.*, I, 35 et 14.)

par les lions et les tigres ; ils trouvent, au milieu des tourments, des regards d'autant plus tendres, des cris d'adieux d'autant plus ineffables, qu'ils ne doivent plus les renouveler ici-bas. Ces regards, ces adieux, absorbent à tel point tout ce qui leur reste de forces, que la douleur physique semble s'éteindre devant les transports de joie qu'éprouve l'âme exaltée.... Les bêtes féroces ne mordent qu'une chair inerte, insensible.

Les Pères de l'Eglise, dans leurs élans religieux attribuent exclusivement ce phénomène aux ardeurs de la foi soupirant vers l'époux mystique.... qu'il nous soit permis d'en revendiquer une partie au bénéfice de l'amour proprement dit.

Un illuminisme contre nature n'avait pas encore prétendu qu'après la mort il ne survivait aucun souvenir des affections d'ici-bas ; que mères et filles, amants et époux, ne se reconnaissent pas dans le séjour éternel où Dieu les appelle : les chrétiens d'alors croyaient à l'éternité de toutes les tendresses, au mélange dans le ciel des âmes et des cœurs qui s'étaient aimés autrefois. Une révélation intérieure le leur disait, et l'Évangile ne combattait pas cette pensée... Eh quoi ! époux et fiancés, jetés pêle-mêle sous la dent des bêtes féroces auraient vu couler le sang, tomber les entrailles, entendu les cris d'agonie d'un conjoint bien aimé, et rien ne se serait ébranlé en eux ; ils seraient devenus de pierre afin de rester sourds à sa voix et ne songer qu'au Christ et à leur propre gloire.... le Christ aurait condamné cette ingratitude.... soyez un peu à moi, leur eût-il dit ; mais soyez beaucoup l'un à l'autre, tant qu'il vous restera un souffle de vie ! ne vous êtes-vous pas juré de vous aimer jusqu'à la mort ?

En dépit des persécutions, les chrétiens, encore peu nombreux, parviennent à pénétrer dans la société romaine, à l'ébranler sans emportement ni violence : la lutte eut un aspect particulièrement dramatique dans Antioche et fut sur ce point une sorte de résumé de l'expédition du christianisme contre le vieux monde tout entier.

Les rives enchantées de l'Oronte, aux portes de cette ville immense, étaient célèbres dans l'antiquité : on les nommait *le Jardin de Daphné*. Un temple remarquable, construit au milieu des orangers et des lauriers roses, possédait une statue d'Apollon, but d'un pèlerinage renommé. Là, se rendait incessamment tout ce que l'Orient renfermait de joyeux coureurs d'aventures des deux sexes ; les amants malheureux venaient s'y guérir de leurs soupirs inutiles auprès de consolateurs et de consolatrices qui leur prodiguaient mille dédommagements.

Nulle puissance humaine ne résistait à l'influence érotique de cette seconde patrie de Vénus et d'Adonis. La légion romaine qui tenait garnison près du bosquet *de Daphné*, et dont elle avait pris le nom, oubliait la discipline, les mœurs guerrières, et vivait dans la mollesse et les fêtes dissolues..... Lorsque Alexandre Sévère voulut conduire ces soldats efféminés à la guerre de Perse, il rencontra une résistance sérieuse, et le restaurateur de la sévérité militaire dut recourir aux lois les plus rigides, pour dompter cette insurrection de l'esprit libertin..... Placé sur son tribunal, il prononça la sentence ignominieuse : « Bourgeois, déposez vos armes, et retirez-vous. » Il ne fallut rien moins que cet arrêt déshonorant, pour faire rougir les légionnaires *de Daphné* et les décider à reprendre les armes et à le suivre. (Lampridius, *Alex. Sév.*, 133.)

Tel était le redoutable boulevard de la volupté que le christianisme dut attaquer dès le temps des premiers apôtres. L'entreprise était difficile. La Vénus *Vulgivaga*, escortée de son armée de divinités faciles, opposait une vigoureuse résistance ; saint Babylas perdit la vie dans le combat.

L'atmosphère était si énervante, l'air embaumé de parfums si malsains, que plus d'un chrétien, même en habit sacerdotal, accouru pour convertir les amants au culte de l'amour sérieux, se trouva converti lui-même à celui du plaisir facile ; à leur tête marcha le patriarche Paul de Samozate.

Opulent, fastueux, véritable satrape en chasuble et en mître, il habitait de riches palais, donnait des festins splendides, adressait des harangues emphatiques au peuple, à la façon d'un consul romain, et se laissait complaisamment décerner les honneurs du triomphe..... L'exemple partait de haut ! Il séduisit une partie du clergé, et l'on vit des diacres prêcher et mettre en pratique un christianisme très-sensualiste à l'imitation de l'évêque. Paul était généreux ; il mêlait les plaisirs de la table à ceux qui les complètent d'ordinaire. Deux jeunes femmes d'une grande beauté habitaient près de lui, nous dit Eusèbe (livre VII, ch. xxx) ; *elles lui servaient de compagnes dans ses moments de loisir.....*

Un prélat de ce caractère devait faire assez bonne figure dans le pays de Salomon et d'Assuérus ; il convint fort aux indigènes, mais il ne réussit pas aussi bien auprès des successeurs des apôtres. Ses distractions mondaines le conduisirent devant le tribunal des évêques, qui le dégradèrent et le déposèrent l'an 270, (Gibbon, t. III, p. 478, 480.)

Quelques années plus tard, Antioche, légèrement épurée, et peuplée d'un assez grand nombre de chrétiens orthodoxes, voyait les bois de Daphné subir une profonde métamorphose. L'autel d'Apollon était délaissé ; le prêtre qui le servait, réduit à la misère, ne sacrifiait plus à l'amant de Daphné les magnifiques taureaux, les superbes boucs d'autrefois ; il n'avait, dans les écuries du temple, que de simples oies dont Julien l'Apostat se moque très-agréablement dans la satyre du *Misopogon*. L'oracle, jadis émule de celui de Delphes, ne voyait plus accourir d'amants avides de connaître le sort réservé à leurs soupirs. Les habitants d'Antioche ne venaient au bois sacré que pour prier sur le tombeau de saint Babylas. Ils célébraient la messe dans l'église construite à côté du temple et entretenue avec les revenus des anciennes propriétés d'Apollon, confisquées au nom du Christ.

Julien, le fougueux restaurateur du paganisme, essaya de restituer ses richesses au temple, et leur antique réputation aux jardins de Daphné. Il leur donna des décorations nouvelles ; des prêtres nombreux firent une concurrence sérieuse à ceux de l'église chrétienne ; mais un soir le temple prit feu, Apollon fut réduit en cendres (1). Les amants effrayés n'osèrent plus invoquer un dieu déchu qui ne savait pas se défendre lui-même ; un bon nombre se rapprocha prudemment du sanctuaire du dieu nouveau.

La lutte des deux amours s'étendit des bords de l'O-

---

(1) Gibbon, t. V, p. 366 à 377.

ronte à tous les points de l'empire romain, avec des péripéties analogues : partout un oratoire chrétien, le tombeau d'un martyr s'élevaient à côté d'un temple de Vénus, ou de tout autre divinité complaisante. Les amants, d'abord incertains, adressaient leurs vœux à l'un ou à l'autre sanctuaire, selon les dispositions de leur cœur ou de leur sens ; le temple finissait par s'écrouler, l'église prenait possession de la faveur publique, et la *Regina virginum* détrônait les nymphes et les satyres.

Sous Constantin et ses successeurs, la victoire du christianisme devint générale, officielle... et cependant l'amour païen tenait encore ferme, et se défendait vigoureusement. Chassé des temples publics, il se réfugie dans quelques foyers domestiques, il se retranche derrière la coquetterie féminine, comme dans son dernier boulevard : la plupart des femmes cultivent, à leur fenêtre ou sur le seuil de leur porte, ces semis de plantes éphémères qu'elles appellent *des jardins d'Adonis* : le réséda, le basilic, le muguet et la giroflée sont mis en pots au commencement du printemps, en souvenir de l'amant de Vénus ; ils fournissent des parfums à la toilette des paysanes et des ouvrières qui veulent se rendre belles les jours de fête (1), *s'adoniser* comme dit un vieux mot français.

Dans les hautes classes, la pureté du mariage chrétien, dégagée de toute ambition, de toute avarice, est assez froidement accueillie... L'abdication de l'in-

---

(1) Julien, *les Césars*, p. 43.

térêt au bénéfice du sentiment dérange les habitudes et les calculs des pères de famille; ils se montrent peu séduits par cette union pastorale des cœurs qui ne produit aucun revenu; ils mettent toute leur habileté en campagne pour trouver un moyen ingénieux de marier leurs filles un peu plus avantageusement que les apôtres ne l'ont recommandé... Quand ils n'ont pas de dot à leur offrir, ils leur composent un magnifique horoscope et les déclarent appelées, par les astres, aux destinées les plus séduisantes : or, comme les femmes, qui savent monter très-haut, entraînent avec elles les maris qui ont eu le bon esprit de s'attacher à elles, mille prétendants, désireux de grandir de cette façon, s'empressent de demander la main des jeunes filles qui sont en possession de ces faveurs du destin.

Un certain prêtre du temple d'Emèse en Phénicie, le prévoyant Basianus, fut un de ceux qui exploita le mieux ce genre de succès. Il avait une fille fort belle, suffisamment intelligente ; mais dont il ne savait que faire n'ayant pas de grosse dot à lui donner... il lui prit fantaisie de la doter d'un horoscope merveilleux. Tous les astres, publia-t-il par le monde, s'étaient donnés le mot pour prédire qu'elle deviendrait reine ; le *bonus eventus* n'attendait que son mariage pour lui donner un trône en cadeau de noce..... A ces brillantes promesses, les prétendants accourent !... Sévère, alors simple gouverneur dans la Gaule lyonnaise, est du nombre, il l'épouse...., *Julia Donna* le suit à Rome, se forme une cour de poëtes et de littérateurs, d'hommes politiques et de philosophes, et prépare ainsi à son mari le chemin de l'Empire.... La fière syrienne lui fait atteindre assez rapidement ce but : plus tard veuve et par conséquent précipitée du trône avec celui qu'elle y avait élevé, elle se retire à Antioche, et reprend pour son compte personnel l'ambition qu'elle avait jusqu'alors partagée avec Sévère ; elle s'entoure d'intrigants habiles, résolus, et tente de rétablir le royaume de Sémiramis. Pourquoi ne réussirait-elle pas? L'Orient est si disposé à croire à la prédestination des femmes !

Le destin ne fut pas de son avis ; elle échoua : mais Bassianus n'avait pas moins bien exploité les horoscopes. Sa famille fournit trois autres reines assez dignes de figurer à côté de Julia Donna.

Ces grands succès politiques, antés sur la galanterie d'autrefois, ne sont pas une exception, mais la règle générale : malgré les progrès du christianisme, les mœurs, dans le Bas-Empire, restent ce qu'elles étaient auparavant. Antioche, bien que devenue un des plus glorieux centres du christianisme, célèbre encore dans les carrefours et les maisons particulières plus d'une cérémonie de l'Erotisme antique. Elle conserve ses harems, ses innombrables eunuques, et l'on sait quel est l'état moral qu'entraine l'usage de cette sorte de serviteurs.

Les Pères de l'Eglise devaient donc rester constamment sur la brèche, et comme le dogme d'amour et d'hymen était particulièrement en péril, c'était sur lui que s'étendait leur plus active vigilance.

Saint Grégoire de Nazianze fut son éloquent défenseur ; il rajeunit les préceptes de l'Evangile, et entoura la femme d'une auréole ineffable de candeur et de tendresse, de constance et de charité, afin de l'abriter contre les pièges d'une société restée aux trois quarts idolâtre. C'est principalement dans le délicieux poëme adressé à Olympias, fille de Théodose et pupille de Procope, qu'il cherche à combattre l'avarice et la galanterie, le luxe et l'égoïsme, tous les vices en un mot qui s'opposent au triomphe de l'amour vrai (1).

---

(1) « L'or mêlé aux diamants n'est pas une parure pour la femme, ô Olympias! le fard appliqué sur le visage, l'est encore moins; c'est s'enlaidir à plaisir et cacher sous un masque honteux l'ouvrage du créateur; il n'appartient de revêtir la pourpre, l'or, le luxe et sa pompe, qu'à celle qui n'a pas pour vêtement la gloire d'une vie pure.

« Prend soin, ô Olympias! de cette merveilleuse beauté dont les yeux ne sont point juges; vois la fleur debout sur sa tige, ornée de sa corolle brillante et parfumée; semblable est la vertu....

« Après Dieu, honore ton époux comme l'œil de ta conduite, la règle de ta volonté; à lui seul ton amour, à lui seul ton cœur : à ses désirs les plus tendres réponds avec une vertueuse réserve, les seules joies de l'âme sont inépuisables.

« Femme, ne te donnes pas les airs d'un homme : ne sois fière ni de ta naissance, ni de tes habits, ni de ta vertu..: la vertu de la femme c'est de se plier aux lois du mariage, le lien qui unit vos deux vies vous a rendu toutes choses communes.

« Cède à ton époux dans sa colère; soulage-le dans ses peines; donne-lui de douces paroles et de sages conseils: le gardien prudent ne calme pas avec la violence la rage du lion qui pousse des rugissements entrecoupés : il le dompte d'une main caressante et d'un son de voix flatteur.

« Ne va pas lui reprocher, quelle que soit ton émotion, une perte d'argent; il est pour toi le plus précieux des trésors : une entreprise sans succès; le démon se plaît à déjouer les projets les mieux conçus : ni un manque de courage, il a dans son épée l'emblème de la force.

« Évite de louer l'homme qu'il n'aime pas : tes éloges ca-

Nulle femme ne saurait lire cet éloquent plaidoyer sans être fière de son sexe et de la mission qu'il remplit ici-bas. Ce poëme est un véritable art d'aimer sans trouble et sans fin, contrairement à l'art d'aimer légèrement et à bref délai, publié par Ovide ; il indique

---

cheraient une censure indirecte, dont il serait blessé : la candeur sied bien au mari mais surtout à la femme.

« Que tes doigts, s'occupent à filer et à tisser ; laisse à ton mari les affaires extérieures ; ne dépasse guère le seuil de ta maison ; ne cours pas à ces divertissements populaires où se presse la foule tumultueuse ; la modestie s'y trouve en péril ; les regards y provoquent les regards ; la pudeur une fois mise en fuite, l'âme reste ouverte à tous les vices.

« Fréquente avec de sages amies les assemblées saintes, tu en rapporteras quelque parole pieuse, qui, gravée dans ton cœur, y détruira le mal, y raffermira le bien.

« Ta maison doit être pour toi la ville entière ; je loue la femme qui vit ignorée des hommes. Jamais on ne la voit courir à ces festins de naissance et de mariage, où l'on boit, où l'on danse, où l'on rit, où tout respire une gaîté folle : ces accès convulsifs d'une joie bouffonne, comme ceux d'une colère violente, sont une honte pour la femme, *dont ils décomposent les traits gracieux.*

Mets un sceau sur tes lèvres : la femme qui ne modère pas sa langue devient odieuse à son mari, car souvent la langue prête à l'innocence les couleurs du vice ! mieux vaut retenir la parole provoquée et attendue, que de la jeter importune et indiscrète ; fais désirer la tienne.

« Tes oreilles ornées de la discrétion, plus belles que la pierre brillante, doivent admettre les bonnes paroles, exclure les mauvaises, s'ouvrir et se fermer à propos.

« Répands sur ton époux comme un reflet de ta pudeur par tes doux regards de vierge... Ceux qui arrêtent la vue sur toi, fais-les rougir en leur opposant un front baissé vers la terre, et des yeux voilés comme d'un nuage... aie la dignité sans hauteur...

« Enfin, ma fille, souviens-toi dans quel dessein Dieu

les moyens infaillibles de fonder le bonheur sur l'amour, et l'amour sur une sorte de culte de l'objet qu'on aime.

Rien de funeste à l'amour, avons-nous dit déjà, comme le tumulte, les distractions des grandes villes; ils empêchent l'âme de concentrer son action, de grouper ses forces, et par conséquent d'allumer le foyer que Dieu a mis en elle... La lentille agitée devant le soleil demeure froide et sans effet; fixée devant ses rayons, elle les fait converger sur un seul point, et de ce point sortent des flammes.

Saint Grégoire cherche à obtenir ce foyer de la tendresse en combattant la mobilité de l'esprit et la rapidité des préoccupations. Le Christ avait dit à la femme : N'aimez qu'un homme; saint Grégoire ajoute : Pour n'aimer qu'un homme, n'en rencontrez qu'un.

En retirant la femme des agitations de la société, en soustrayant ses regards et ses oreilles au miroitement des objets qui passent, se renouvellent sans cesse, et multiplient ses désirs et ses projets, ses regrets et ses espérances, il forme autour d'elle une solitude artificielle, qui lui procure le calme des champs, et nous avons établi que le silence et l'isolement sont particulièrement favorables à la tendresse (tome I, p. 175 et

---

institua le rit sacré du mariage; il voulait réparer les brèches que le temps a faites à l'ouvrage de ses mains : il voulait que la vie humaine, qui se renouvelle à flots pressés, passât moins vite; vie éphémère dont le cours meurt dans la tombe pour renaître au berceau.

« Mais j'oublie qu'auprès de toi est l'aimable Théodisia; lis dans sa conduite, comme dans une vivante image, et tes paroles et tes actions; elle t'a reçue des mains de ton père, ton éducation est son ouvrage. »

suiv.). L'amour vrai ne professe pas le polythéisme, mais le déisme; il ne veut avoir qu'un objet à aimer, qu'un autel à servir. Il sait que la discorde et l'anarchie amènent la dissolution de tout ce qu'elles touchent; témoin la pluralité des femmes dans le mahométisme et chez les peuples en décadence. L'unité au contraire constitue la force, et la force constitue la durée.

Les préceptes de saint Grégoire obtiennent d'admirables résultats. Cette Olympias, qu'il a si bien instruite, donne l'exemple de la plus ferme passion; elle est si intimement unie à son époux, Nebridius, qu'elle ne peut concevoir la pensée d'en aimer jamais un autre; devenue veuve, après vingt mois de mariage, elle reste éternellement liée par le cœur à celui dont la mort l'a séparée.

C'est en vain que son père, Théodose, conduit dans la retraite où elle s'est enfermée un jeune seigneur espagnol, dont le monde juge la fortune et la beauté capables de faire oublier Nebridius; Olympias refuse de le regarder, et déclare que « si Dieu avait voulu lui conserver la compagnie d'un homme, il lui aurait conservé Nebridius, sachant bien que c'était le seul qu'il lui fut possible d'aimer..... » Théodose s'irrite de ce refus, il emprisonne sa fille dans le palais, il lui enlève jusqu'à la liberté d'aller prier avec les chrétiens; il espère dompter par les rigueurs la constance de cet amour; Olympias parvient à s'échapper; elle se réfugie parmi les solitaires qui se vouent aux œuvres de charité et aux mortifications.

Rappelons-nous bien ce dénouement du veuvage d'Olympias, il marque la pente naturelle que suivront les veuves et les vierges chrétiennes affligées dans l'expansion d'un amour légitime et profond.

VI

L'AMOUR ET LA VIRGINITÉ

Mais quelle doctrine humaine est assez ferme en ses principes pour ne pas s'irriter dans la chaleur de la lutte, et s'abandonner à certaine exagération ? Aux cris des martyrs du cirque, aux imprécations de leurs persécuteurs, quelques chrétiens se sont exaltés ; un spiritualisme sans freint a oublié les lois de la nature ; l'ascétisme renverse les préceptes posés par le Christ et par saint Paul, il veut imposer à l'homme des règles nouvelles, règles insensées ; car en se généralisant elles aboutiraient à la destruction.

Nous admettons parfaitement que saint Paul ait dit : « Mariez-vous, vous ferez bien, ne vous mariez pas, vous ferez mieux, » parce qu'il se hâte d'ajouter « que ceux qui peuvent comprendre cela me comprennent. » Il y a là évidemment un sous-entendu, un mystère qu'il est peut-être facile de pénétrer.

On se rappelle que le Christ a dit : « il y a des eunuques qui sont nés tels, dès le ventre de leur mère, il y en a qui ont été faits eunuques par les hommes ; et il y en a qui se sont faits eunuques eux-mêmes, pour le royaume des cieux. » Saint Paul, tenant compte de ces faits tout exceptionnels, veut dire évidemment que ceux qui sentent leur constitution physique, leurs dispositions morales les pousser à l'amour, feront très-bien de se marier ; mais que ceux, à qui la nature a refusé les aptitudes conjugales, feront bien de rester célibataires... Former de simples liens religieux et civils, à leur corps défendant, serait faire le malheur d'un conjoint qui rêverait une union beaucoup plus complète (1).

Nous admettons que le culte de la pureté ait porté les chrétiens à s'abstenir des joies matérielles du mariage, les jours de fête, de jeûne, et à ne pas célébrer les noces à certaines époques de l'année ; ces obstacles momentanés, opposés à l'amour légitime, n'étaient qu'un moyen de rendre plus fructueuses des ardeurs longtemps contenues (2).

Nous irons même jusqu'à comprendre l'éloignement des chrétiens pour les secondes noces, si quelques Pères les admettent avec l'appui de saint Paul (3) de grandes autorités les combattent ; saint Jérôme, saint Grégoire de Nazianze, sont à leur tête. L'amour leur paraît une chose si sainte, l'union des sexes un acte si solennel, qu'ils ne croient pas la mort elle-même ca-

---

(1) Le texte de saint Paul ne laisse pas de doutes à cet égard. « Que chacun se conduise selon le don particulier qu'il a reçu du Seigneur, dit-il, et selon l'état dans lequel Dieu l'a appelé ; et c'est ce que j'ordonne dans toutes les Églises. » (*Epitre aux Corinthiens*, VII.)

(2) Ces continences ne furent pas spéciales aux chrétiens ; nous avons cité celles que s'imposaient, non-seulement les prêtres et les prêtresses grecques, mais les femmes qui devaient prendre part à certaines cérémonies.
Les Hébreux et les Spartiates astreignaient aussi les jeunes mariés à des séparations analogues, afin de prévenir certains abus et de prendre les intérêts d'une population qu'ils voulaient conserver robuste, t. 1ᵉʳ, p. 180).

(3) « Une femme mariée est liée à son mari, tant qu'il est vivant, par la loi du mariage ; mais lorsqu'il est mort, elle est dégagée de la loi qui la liait à son mari et elle peut en épouser un autre sans être adultère. » (*Epitre aux Romains*, VII.)

pable de les dissoudre. A leurs yeux l'homme et la femme sont unifiés par des liens indestructibles ; ils ne peuvent comprendre le passage du survivant en des bras autres que ceux qui l'ont pressé pour la première fois... Ne crions pas à l'exagération ! Si la loi civile n'a pas à se préoccuper de ces délicatesses de l'âme ; l'âme du moins est bien libre de les adopter et de s'y montrer fidèle. Or, cette opinion des Pères fut, à toutes les époques, celle des héros de l'amour profane, de l'amour païen lui-même : témoin les suicides de Héro, de Pyrame, le veuvage sans terme d'Arthémise, de Camma, de Portia, de Cornélie, d'Eponine et de tant d'autres (1).

Mais quelques théologiens ne s'en tinrent pas là..... l'excès a des charmes irrésistibles pour l'esprit humain. L'homme aime à dépasser le but en toute chose. Dès les premiers siècles du christianisme, on

---

(1) Le concile d'Arles, tenu en 314, se borne à conseiller aux jeunes maris, qui auront répudié leur femme pour cause d'adultère, de ne pas en épouser d'autres ; mais il ne leur en fait pas une loi absolue. Saint Augustin est fort embarrassé pour décider si l'époux qui se remarie dans ces circonstances est répréhensible ou ne l'est pas ; il déclare, dans tous les cas, que sa faute est très-légère *venialiter fallitur.* (Saint Augustin. *De fide in operibus*, c. XIX.) Quant à saint Ambroise, il ne conserve pas le moindre doute. Les prérogatives de l'amour naturel lui paraissent tellement inaliénables, qu'il déclare l'homme, séparé de sa femme pour cause d'adultère, parfaitement en droit d'en épouser une autre. La défense faite à la femme de se remarier après sa séparation pour le même motif, n'est pas applicable à l'homme, celui-ci ayant toujours le droit de posséder une moitié ; le texte est formel :

Quia non ista lege astringitur vir sicut mulier, capax enim mulieris vir est. (*Epistola I, ad Corinth.*)

vit des dévots prendre l'amour en aversion, et tomber dans la plus absurde des hérésies ; « ils condamnèrent le mariage en général, dit Fleury, et regardèrent toute union des sexes comme un crime. » Quelques-uns ne se bornèrent pas à prêcher ces principes, ils voulurent les imposer par la force à ceux qui étaient le moins disposés à s'en accommoder : le célèbre Origène alla jusqu'à pratiquer la mutilation..... Cette déplorable erreur fit de tels progrès que l'on craignit de voir finir le monde faute d'hommes disposés à renouveler la race humaine. L'église s'émut : elle promulgua des canons contre ces hérésiarques ; saint Clément d'Alexandrie les représenta comme ces hommes de la fin des temps que saint Paul avait annoncés devoir interdire le mariage; il rappela les exemples de saint Pierre et de saint Philippe, qui s'honoraient d'être époux et d'être pères. Les évêques rassurèrent les consciences en déclarant le mariage, un union sainte, en représentant l'homme comme le ministre de Dieu, dans l'œuvre de la création des êtres. Et cependant bon nombre de Pères de l'Eglise conservèrent un reste d'exagération à l'endroit de la virginité ; ils ne se contentèrent pas de l'honorer chez les filles naturellement disposées à ce genre de quiétisme ; ils cherchèrent à l'imposer à celles que leur tempérament poussait le plus vivement dans la voie contraire ; ils leur firent un devoir de livrer à la nature des combats à outrance.

La doctrine était peu facile à généraliser ; certains docteurs trop zélés emploient une éloquence fougueuse et presque menaçante à dompter les récalcitrants (1).

---

(1) Saint Jérome, voulant encourager *Demetria* à ce pénible

D'autres conseillent la virginité d'un ton plus suppliant et plus doux ; mais leur opinion n'est pas moins inébranlable : tel fut Hilaire le célèbre évêque de Poitiers. Hilaire était marié ; mais, séparé de sa famille ; la persécution l'avait exilé des Gaules et poussé en Orient. Il apprit un jour, par une lettre de sa femme, qu'elle avait choisi, pour leur fille Abra, un jeune homme riche, de noble naissance et de grande vertu. Abra, dans un billet, joint à celui de sa mère, exprimait, avec la naïveté de la seizième année, toute la joie que lui causaient les belles robes, les riches bijoux qu'elle avait reçus. On n'attendait que le consentement du père pour procéder à l'union des fiancés..... Cet amour humain contrariait les rêves ascétiques du trop saint évêque ; il écrivit à sa fille et essaya de la

---

sacrifice, lui rappelle les noms d'une foule de jeunes filles qui l'ont victorieusement offert à Dieu. « Et toi, poursuit-il, Demétria, pourquoi défends-tu ta pudeur avec tant de mollesse ? n'es-tu donc pas libre, et n'as-tu pas le courage de le rester ? si tu te montres si faible dans la sécurité, que ferais-tu donc en présence du martyre ? si tu ne peux supporter le visage de tes parents, (il est probable qu'ils lui donnaient des conseils tout opposés à ceux du solitaire) comment soutiendrais-tu la présence du tribunal des persécuteurs..... puise des forces dans le souvenir de la bienheureuse Agnès ; elle vainquit à la fois son âge, le tyran et consacra au martyre son titre de vierge ; tu ne sais pas, malheureuse, tu ne sais pas à qui tu dois ta virginité ? naguère tu as tremblé entre des mains barbares ; tu t'es vue captive, dépouillée de tes vêtements, tu as eu horreur des visages repoussants des ennemis ; tu as gémi en toi-même de voir les vierges de Dieu enlevées....... Ta ville natale, autrefois maîtresse du monde, n'est plus que le sépulcre du peuple romain et toi, exilée sur les bords de la Lybie, tu épouserais un homme exilé ! » (Lettre VIII, *ad Demetriadem*.)

ramener à des sentiments purement spiritualistes. Certes, le père chrétien n'abuse pas de son autorité pour dicter sa volonté; il respecte en sa fille la liberté de l'âme. Le prêtre s'adresse à la raison, à la foi de la chrétienne : il lui représente son mariage mystique avec le Christ comme bien supérieur à celui qu'on lui prépare avec un simple mortel. Son langage a toute la douceur de celui des premiers apôtres (1).

Mais ses désirs sont des ordres pour la mère et pour la fille : quand Hilaire rentra dans sa maison de

---

(1) « Ayant entendu parler d'un jeune homme d'une merveilleuse beauté, lui dit-il, dans le langage métaphorique de l'époque, jeune homme riche au-dessus de toutes les richesses de la terre et qui possède une robe et une pierre d'un prix inestimable, je suis allé le trouver par un chemin long et pénible afin de lui demander ces deux trésors pour ma fille. Ce vêtement d'une laine incorruptible était plus blanc que la neige, plus fin que la soie. Toutes les beautés de la terre et du ciel s'effaçaient devant l'éclat de la pierre précieuse, celui qui la possédera ne connaîtra ni les maladies, ni la vieillesse, ni la mort. Le jeune homme a bien voulu me les promettre pour toi, ô ma fille, à condition que tu t'en montreras digne; mais il veut d'abord que je sache quelle est ta pensée, et ce que tu désires... O ma fille ! poursuit le saint évêque, songe à ma sollicitude pour toi : lis et relis ces lignes, et réponds-moi de ta propre main, pour que je sache ce que je dois répondre à ce jeune homme; si tu acceptes son présent, je te dirai qui il est, ce qu'il veut, ce qu'il promet, ce qu'il peut. En attendant, je t'envoie une hymne que j'ai composée pour le matin et une autre pour le soir, afin que ma pensée te soit toujours présente. S'il se trouvait dans ma lettre quelque chose que tu ne pusses comprendre, à cause de ton âge, interroge ta mère, qui cherche à te former selon ses propres mœurs; que Dieu qui t'engendra te garde maintenant et toujours, ô fille bien-aimée ! »

Poitiers, Abra portait la robe blanche à liseré de pourpre des vierges chrétiennes de noble race.... Hilaire et Abra elle-même, avaient trop compté sur la puissance de la foi ; l'amour a le grand défaut d'être très-opiniâtre ; l'image du beau jeune homme avait tellement pris possession de cette âme toute à l'amour qu'elle ne put en être expulsée. Abra mourut quelques mois après avoir promis à Dieu de rester vierge.... Hilaire, désolé, l'ensevelit de ses propres mains, et l'Eglise plaça parmi les saintes cette victime du respect filial et de l'imprudence paternelle. (Hilarius, *epist. Abr.* 5. — Hieronimus *epist.*, 22.)

Ces luttes de l'ascétisme contre l'amour avaient aussi des résultats d'une autre nature : en voulant trop obtenir des pauvres jeunes filles, on les poussait au désespoir.... l'amour se vengeait de la virginité qu'on leur imposait en conduisant au libertinage.

Macrinia, sœur de Basile, avait fait vœu de virginité à la suite de la mort d'un homme qu'elle aimait. Quelques femmes cédant à la même pensée se placèrent auprès d'elle pour se vouer à la prière et aux œuvres de charité. On remarquait dans le nombre une mère et ses trois filles : la plus jeune, entrée dans cette sorte de cloître avant l'âge de puberté, se sentit bientôt assaillie par des pensées nouvelles, des rêveries inconnues : l'amour s'était révélé et lui avait imposé toute sa puissance. Le moment était grave, un amant ne manqua pas de se présenter ; la jeune fille quitta la société des vierges pour le suivre et goûter les délices tant désirées.

Mais la réalité ne tient jamais les promesses qu'a données l'espérance... bientôt la pauvre abusée sentit un tel désenchantement qu'elle abandonna son séducteur pour revenir parmi les solitaires (1). Hâtons-nous de le dire ! aucune violente semonce n'attendait la vierge folle à sa rentrée ; elle fut accueillie avec les transports que provoqua jadis le retour de l'enfant prodigue. Une belle allocution de saint Basile, sur les douceurs de l'innocence, fut la seule pénitence qu'elle eut à subir. Les chrétiens ne connaissaient encore ni l'anathème, ni les punitions corporelles ; les pères conseillaient la virginité, mais ils ne l'imposaient pas ; et s'il y avait faute à la violer, ils laissaient à Dieu le soin de la punir.

En examinant le monde de près, on peut découvrir le motif de cet éloignement des Pères de l'Eglise pour le mariage : ils redoutent à l'égard des filles les piéges de l'impiété, les séductions d'un mari riche et corrompu..... quelle que soit leur confiance dans l'empire des femmes, ils savent que toutes ne sont pas de taille à triompher de certaines fascinations ; dans l'incertitude ils voudraient sauvegarder la foi de la jeune fille, en ne lui donnant d'autre époux que le Christ.

« Ce sont les vierges qui font la joie et le triomphe de l'Eglise notre mère, dont elles attestent la fécondité, dit saint Cyprien, et plus nous voyons accroître leur nombre, plus notre sainte Mère sent redoubler son allégresse... »

---

(1) Un fait analogue est raconté dans le théâtre de Hrosvita, dont nous nous occuperons plus tard. La nièce de l'hermite Abraham, est retenue dans une cellule très-étroite ; l'amour y pénètre cependant, la jeune fille prend la fuite avec un séducteur ; quand elle est abandonnée elle n'ose plus revenir près de l'hermite, elle finit par se réfugier dans une maison plus que suspecte où elle sert *au divertissement des étrangers.*

Sans doute, mais il y a vierge et vierge, et toutes ne sont pas propres à augmenter la joie de l'évêque de Carthage... Pour quelques femmes qui acceptent franchement les dures obligations de cet état, un bien grand nombre n'en prennent que les apparences. La société est remplie de prétendues vierges qui ressemblent beaucoup aux femmes libres d'autrefois; saint Cyprien s'en effraye, et fait une peinture assez colorée de leur galant célibat..... « Elles vantent leur naissance et leurs richesses, dit-il; des bandelettes somptueuses, des bracelets opulents, de lourdes guirlandes de diamants s'entrelacent sur leur tête, alentour de leur cou... Le créateur a-t-il destiné ces objets à masquer votre visage, poursuit-il, à faire apercevoir ce que le démon revendique comme lui appartenant... A-t-il introduit l'usage de déguiser les yeux en teignant en noir les paupières; de charger les joues de vermillon pour en dissimuler la pâleur, de donner aux cheveux une couleur mensongère; veut-il qu'on transforme toute sa personne en substituant l'œuvre de l'artifice à l'œuvre de la nature ?... »

Loin de compter ces belles coquettes au nombre des vierges, saint Cyprien voudrait « les écarter soigneusement du troupeau comme des brebis malades propres à gâter les autres... »

Il en connaît « qui ne se font pas scrupule de s'associer à la licence des convives, de se mêler à d'indécentes conversations, écoutant et répondant des choses que la bienséance ne permet ni d'exprimer, ni d'entendre : elles se mettent en spectacle, tiennent tête à des propos immodestes, à des orgies où l'on fait assaut de libertinage, où l'on donne carrière aux passions, où l'épouse apprend à devenir infidèle, et l'époux à être entreprenant! que vient faire à ces assemblées cette vierge, qui sans doute n'y cherche pas un mari....? elle y est entrée pure, peut-être en sortira-t-elle coupable. »

Ces vierges carthaginoises nous semblent mêler beaucoup de fleurs aux petites épines du célibat ! « Que penser de celles qui se rendent aux bains et s'y rencontrent pêle et mêle avec des hommes? elles s'exposent à voir et à montrer des nudités dont s'offensent la bienséance et la pudeur. Objet d'une curiosité licencieuse, peuvent-elles se défendre des coupables impressions qu'elles y produisent..... ce bain loin de les laver les souille, loin de les purifier il les corrompt..... Elles en font une occasion de rendez-vous plus obscène encore que le théâtre même : là, on dépouille toute honte, on quitte à la fois, son vêtement, les derniers restes de la pudeur, et la virginité est soumise à un examen inquisiteur. Pourront-elles répondre de leur innocence dans la compagnie des hommes lorsqu'elles seront habillées; elles qui osent se montrer nues à des yeux qui ne demandent qu'à se repaître d'aspect impurs ? » (Saint Cyprien, *de Habitu virginum.*)

Voilà la singulière classe de filles libres qui continuait à se propager, à la faveur du célibat recommandé par certains Pères; on cherchait des saintes on trouvait des vierges folles, proches parentes des *hétaires* et des *amicæ* des temps antérieurs.

Laissons le point de vue moral, ne considérons que le côté social et politique..... N'oubliait-on pas dans ce recrutement forcé de vierges les nécessités des circonstances? ne sacrifiait-on pas à la pureté individuelle de quelques jeunes filles timorées les intérêts généraux du christianisme ? « La virginité n'appartient à aucun sexe; lit-on dans un écrit attribué à saint Cyprien. C'est une enfance prolongée ; la virginité n'a point de fils ; elle fait mieux, elle les méprise ; point de fécondité, mais aussi point de veuvage... »

Le troisième siècle, époque de lutte s'il en fût, était-il un temps bien choisi pour conseiller au chrétien cette *enfance prolongée* et cette privation de progéniture ? prêcher l'observation d'une perfection stérile, n'était-ce pas priver la société, la famille, encore en péril, du concours des femmes les plus dévouées et les plus dignes ? n'était-ce pas abandonner le monde à la direction des courtisanes et des femmes déréglées.

Les apôtres appréciaient mieux l'amour pur et sa puissance. Loin de le proscrire, ils l'avaient régularisé, fortifié, afin d'employer son influence au service de la foi; ils l'avaient traité comme un soldat vaillant et robuste qu'on arme en guerre avant de le mettre en campagne. Ils se gardaient bien de pousser le sexe vers la clostration et les déserts. Il savaient que tout conquérant est près de triompher dès qu'il a pénétré dans les familles; ils recrutaient des femmes fortes, des femmes de lutte, capable de dominer les hommes, de les arracher au sensualisme païen à l'aide d'une tendresse légitime; ils les convoquaient à la grande campagne évangélique, et leur conféraient le sacerdoce de la conversion par l'amour (1).

---

(1) Saint Paul, saint Matthieu, saint Jérôme avaient déclaré la femme égale à l'homme en dignité morale, (saint Paul, *ad Corinth.*, c. VII; saint Matthieu, c. XIX; saint Jérome, lettre LXXXIV) saint Matthieu ajoutait que si elle lui était inférieure en force, elle le surpassait en foi et en amour, (cha-

C'est à la femme surtout qu'appartient, grâces à son impressionnabilité, à son intuition morale, le don de révélation : rien n'égale sa promptitude à dire : j'aperçois le Dieu nouveau ; je crois (1).

Son devoir est de consacrer cette intuition à prophétiser le triomphe de la foi nouvelle, à soustraire l'homme aux faux dieux, à lui donner l'éloquence de l'apostolat, le courage du martyre (2).

Aussi l'Eglise ne cesse-t-elle de se féliciter des services que les femmes lui rendent. Tertullien leur adresse ses pages les plus éloquentes ; saint Jérôme discute

---

pitre IX, v. 22 ; xv, 28, xxvi ; v. 7 à 12 ;) aussi saint Paul déclarait-il qu'elle devait travailler tout comme l'homme au service du Seigneur.

(1) La samaritaine a reconnu le Christ à un mot, à un regard ; elle a couru publier son arrivée dans le village... Madeleine a été la première d'entre les disciples à connaître et à comprendre sa résurrection.

Quand saint Paul arrive à Philippes, avec Timothée, il est reconnu tout d'abord par une simple servante bien qu'elle ne l'eut jamais vu avant ce jour, (*Actes des apôtres*, XVI).

Lorsque Hilaire, évêque de Poitiers, parcourait la Phrygie, une jeune paysanne, appelée *Florentia*, le voyant entrer dans son village se sentit avertie par une voix intérieure, et courut vers l'église en s'écriant :

« Voici le serviteur de Dieu ! » Puis se jetant à ses pieds elle le pria de faire sur son front le signe de la croix qui consacrait les chrétiens : l'évêque céda à ses désirs, Florentia alla chercher son père, sa mère, toute sa famille et leur fit recevoir le catéchuménat. »

(2) Nonna fut une des premières héroïnes de cette expédition du sexe à l'époque de saint Grégoire de Naziance ; mariée à un jeune homme, membre d'une secte de déistes payens, elle parvint, à force de tendresse et d'amour, à le ramener au Christ.

avec elles sur le sens des passages obscurs de l'Ecriture ; les plus zélées sont officiellement attachées au culte public, sous le titre de *diaconesses* ; elles sont chargées de prêcher aux personnes de leur sexe et de les instruire. Saint Augustin dégage les filles majeures de la puissance maternelle dans les résolutions les plus importantes de la vie, et les déclare entièrement libres de choisir elles-mêmes leurs époux (1).

La femme ne cesse de se montrer digne de la confiance qu'on lui témoigne. Dans les persécutions, elle marche à la tête des martyrs. Les Gauloises particulièrement mettent au service du christianisme l'étonnante énergie que leurs aïeules avaient consacrée au patriotisme et à l'amour (2).

Les sectaires, tout en repoussant ce que la morale des chrétiens a de gênant, ne manquent pas d'imiter leur politique. Les femmes sont aussi leurs ministres ; mais ils les recrutent par des moyens beaucoup plus énergiques, et se les attachent par des liens maté-

---

(1) « Les chrétiens, dit M. Troplong, récompensent dans la femme des auxiliaires influents ; il ont voulu qu'elle participat aux bienfaits politiques de la religion chrétienne celle qui avait contribué à en préparer les progrès et qui pouvait encore en agrandir les développements. » *Influence du Christianisme*, p. 293.

(2) Dans la première persécution Lyonnaise on remarqua Julia, Albina, Grata, Rogala, Émilia, Posthumiana, Alpis, ou Agnelette, Gamnite, Rhodana, Pompéia, Quarta, Materna, Antonia, Justa, Alumna, Ausonia, mais surtout Bibliade et la célèbre Blandine qui devaient étonner les persécuteurs par leur mépris des tortures, — à Rome une dame eut seule le courage de rendre les derniers honneurs à saint Paul ; à Toulouse deux femmes remplirent le même devoir envers le cadavre de Saturnin.

riels. Le chef de secte, Marcus, avait enlevé la femme d'un diacre, son ami; ses disciples, les *Marcosiens*, montraient une telle habileté à séduire les femmes les plus respectables, qu'on les accusa d'employer les philtres et la magie. Leur langage doucereux était rempli d'allusions amoureuses; tout leur dogme roulait sur *l'union mystique*. Ils initiaient les converties, en les faisant monter sur un lit nuptial : « Pare-toi comme une fiancée qui attend son époux, leur disaient-ils, afin *que je sois ce que tu es, et que tu sois ce qu'il est.* »

Dès qu'un de ces missionnaires avait expérimenté l'initiation du lit sur quelque dame de haute condition, raconte saint Irénée, il se hâtait d'en faire une prêtresse, une prophétesse. « Allons, lui disait-il, la *pensée* vient de descendre en toi; ouvre ta bouche et prophétise. » Et si la pauvre femme, peu préparée à ce rôle, montrait de l'hésitation, le Marcosien lançait des imprécations à épouvanter l'assistance : « Ouvre toujours la bouche, poursuivait-il avec un ton de menace, dis ce que te suggérera l'esprit, et tu auras prophétisé. » La femme, séduite enfin par l'espoir flatteur de compter parmi les prophètes, s'exécutait et prononçait les arrêts qu'on attendait d'elle. Alors, complice du Marcosien qui lui ouvrait la carrière des honneurs, elle échangeait avec lui cadeaux, bons procédés, et arrivait assez naturellement à *une union très-complète*. « N'est-ce pas à l'aide de l'union qu'on réalise l'unité, » dit malicieusement saint Irénée, qui ne dédaigne pas, en cette circonstance, de jouer sur les mots!

Frappés de l'influence que la femme exerçait sur la civilisation, les législateurs voulurent, à l'exemple des moralistes, la rattacher à leurs intérêts, en améliorant sa situation civile.

Ce rôle de réparateur revenait de droit à Constantin; il essaya de mettre le Code romain en rapport avec l'Evangile.

Le Christ condamnait le divorce; lui, n'osant l'interdire d'une manière absolue, essaya du moins d'en restreindre considérablement les cas (1).

Le concubinat fut attaqué de la même manière; Constantin commença par légitimer tous les enfants nés de cette sorte d'union; à condition que les parents procéderaient aux justes noces; (2), il défendit aux pères et aux mères de rien transmettre par testament ou par donation aux enfants illégitimes, et à tous les fonctionnaires de donner le mauvais exemple du concubinat.

Cet empereur ne mit pas moins de zèle à émanciper les femmes. En 321 il abolit la tutelle qui pesait sur elles et les rendait incapables de tout acte judiciaire; il les déclara majeures, égales aux hommes dans toutes sortes de contrats (3), et reconnut aux mères le droit

---

(1) « Que la femme ne vienne plus rompre le plus saint des contrats parce que son mari s'est livré au vin, au jeu, aux femmes; que le mari ne se croie plus en droit de renvoyer sa femme, pour quelque motif que ce soit. Il n'existe plus que trois causes admissibles de divorce : contre le mari s'il est homicide, magicien ou s'il viole les tombeaux; contre la femme si elle est adultère, adonnée aux maléfices, ou proxénète. (Troplong, *De l'Influence du christianisme*, p. 222.)

(2) Légitimer les enfants, nés dans le concubinat, c'était se légitimer lui-même, car sa mère Hélène n'était unie à son père Constance que par cette sorte de mariage de second ordre.

(3) *In omnibus contractibus jus tale habeant quale viros.*

de prendre part à la succession de leurs enfants. Justinien donnant plus d'extension à cette loi réparatrice effaça des codes tout ce qui rappelait leur ancienne soumission et leur infériorité. (Troplong, p. 289, 290.)

Les conséquences de cette régénération du sexe ne tardent pas à réagir sur la politique. La direction de l'Etat tombe fréquemment entre les mains des femmes; lorsqu'elles n'ont pas le titre de Reines, elles n'exercent pas moins la royauté de fait par le moyen de l'intrigue ou de l'amour.

Nous avons rapporté l'histoire de la Syrienne Julia Donna, femme de Septime Sévère : après elle paraissent les ambitieuses *Mœsa* et *Sœnias*, l'une aieule, l'autre mère d'Héliogabale... *Manée*, mère d'Alexandre Sévère; *Fausta* femme de Constantin; l'impératrice *Zénobie*, *Justine* mère de Valentinien, agitent ou gouvernent l'empire par leur habileté ou leur génie (1).

---

(1) *Mœsa* parvient à placer sur le trône ses deux petits-fils Héliogabale et Alexandre Sévère; elle inspire une telle audace à *Sœnias*, mère d'Héliogabale qu'elle entre fièrement en plein sénat et s'assied à côté des consuls. (Gibbon, t. 1ᵉʳ p. 335, 346.)

Manée, mère d'Alexandre Sévère, imite son exemple ; elle choisit les ministres de son fils, et lui donne notamment le célèbre jurisconsulte Ulpien.

Fausta, fille de Maximien, joint la gravité ferme des matrones romaines aux vives passions de l'Orient auquel elle appartenait par sa mère : elle aima Constantin éperduement, et toute sa vie ; mais elle l'aima trop à la manière orientale, en joignant à son amour une ambition qui ne reculait pas devant le crime. Jalouse des enfants de la première femme de Constantin, elle accusa l'un d'eux, Crispus, d'avoir voulu la séduire, et Constantin, plus furieux que Thésée, eut

C'était donc en vain que les adversaires des chrétiens leur reprochaient de s'appuyer sur des femmes crédules, de marcher entourés de femmes inexpé-

---

la cruauté de le laisser condamner à mort. Licinianus son neveu, enfant de douze ans, éprouva le même sort. L'ambitieuse Fausta semblait régner en despote sur l'esprit de son mari. Quand Hélène rentra d'un voyage en Syrie où elle avait été chercher le bois de la vraie croix et la pierre du Saint-Sépulcre. Furieuse contre l'auteur de ces crimes, elle déclara la guerre à Fausta, et bientôt la marâtre, accusée d'avoir des relations avec un palefrenier, fut étouffée dans son bain. (Gibbon, t. IV, p. 180 à 182.)

Justine, mère et tutrice de Valentinien, tient longtemps d'une main ferme les destinées de cet empire romain déjà si profondément ébranlé ; elle est arienne et persécute le célèbre archevêque de Milan, saint Ambroise ; mais elle n'en est pas moins une des grandes figures de cette époque, et une des âmes les plus fortes et les plus vertueuses.

En Orient, *Zénobie* entreprend de relever l'empire de Sémiramis, et elle y réussit un instant : elle est encore plus célèbre par son génie et ses connaissances que par sa beauté ; elle parle les langues grecque, latine, égyptienne, syrienne, reçoit les leçons de Longin, et écrit un abrégé de l'histoire d'Orient... L'amour ne contribue pas peu à développer en elle les grandes qualités de la reine. Passionnément attachée à son mari Odenat, elle l'accompagne à la chasse, à la guerre, partageant ses dangers, ses fatigues, domptant les chevaux, faisant de longues courses à pied. Elle prend une part active à ses expéditions contre les Goths..... elle mêlait, à cet esprit belliqueux, la chasteté des amazones, car elle observait la plus grande modération même envers le mari qu'elle aimait. Privée de son appui par un assassinat, elle n'en montra que plus d'énergie et pour le venger et pour consolider ses conquêtes. Aurélien finit toutefois par s'emparer de Palmyre et Zénobie transportée à Rome y mourut tranquille, honorée de la protection de son vainqueur, qui ne cessa de respecter en elle un des plus grands *princes* de son siècle. (Gibb., t. II, p. 35 à 744.)

rimentées (*mulier credula, muliercula imperitas*). Le monde romain, en dépit de son mauvais vouloir, était lui-même entraîné par le courant : il délivrait la femme des anciennes entraves de la loi civile, il la laissait gouverner les empereurs et les empires.

Cette influence grandissante du sexe dans la politique faisait un devoir aux chrétiens de l'enrôler plus que jamais au service de la religion et des mœurs. Ce n'était donc pas vers la solitude du cloître ou vers les rêveries stériles de la virginité qu'il fallait le pousser, mais vers la vie active, militante du mariage et du monde ; les Gentils ne cessaient de combattre, et les efforts de la lutte redoublaient.

Déjà les empereurs revenaient sur les innovations décrétées par Constantin. Ils supprimaient peu à peu les dispositions portées contre le divorce et le concubinat (1).

Pulchérie, impératrice d'Orient, réunit les plus belles qualités du monarque aux vertus de l'épouse chrétienne (de 414 à 458).

Eudoxie, fille de Beauton et femme d'Arcadius aurait égalé la gloire de la première si elle n'avait persécuté saint Jean Chrysostôme (de 380 à 404).

Athénaïs-Eudoxie, femme de Théodose le jeune, mêla au génie du souverain le culte de la poésie, celui des arts et la charité d'un apôtre. Accablée par le malheur, elle se montra plus grande dans sa chute qu'elle ne l'avait été dans la prospérité (de 421 à 444).

Licinia-Eudoxia, sa fille, impératrice comme elle, n'eut été inférieure ni à l'une ni à l'autre, si, dans les difficultés et les dangers qui la pressaient de toutes parts, elle n'avait commis la faute d'appeler à son secours les Vandales qui ravagèrent Rome et l'emmenèrent elle-même captive en Afrique (de 422 à 463).

(1) Honorius admit le divorce envers la femme pour des

Dans un état de choses aussi grave pour la morale évangélique, on a de la peine à comprendre l'engouement de certains Pères du troisième et du quatrième siècle pour la vie claustrale, qui menaçait de priver le christianisme du concours des femmes les plus dévouées et les plus dignes.

Heureusement, leurs prédications n'eurent qu'un demi-succès ! Les femmes d'une valeur réelle surent allier l'ardeur de la foi avec celle de l'amour dans le mariage.

L'histoire du Bas-Empire appartient presque tout entière au sexe. Dans l'abaissement politique et moral

---

infractions infiniment plus légères que celles que Constantin avait prévues. Le mari put se contenter de lui rendre la dot, tout en retenant sa donation, et fut libre de se remarier deux ans après.

De plus grandes facilités ne tardèrent pas à être données aux époux divorcés. La femme put se remarier un an après sa répudiation ; le mari, abandonné par sa femme eut toute latitude pour convoler incontinent en secondes noces; de concession en concession la loi civile perdit toutes les réserves stipulées par Constantin; elle revint sous Théodose et Justinien au divorce par consentement mutuel (Troplong, p. 223-24). Quant au concubinat, Valentinien rendit en 371, aux enfants naturels et à leur mère, la faculté de recueillir des biens par le testament du père. Le philosophe Libanius, païen et conseiller de Valens, fit ratifier cette loi par cet empereur. Valentinien III et Placidie entreprirent de rétablir la constitution de Constantin ; mais Théodose le jeune la repoussa et Justinien rendit au concubinat toutes les prérogatives de l'ancienne législation. Si Léon le philosophe l'abolit en Orient, grâce à la prépondérance des idées chrétiennes, il reprit une audace nouvelle dans l'empire d'Occident et s'y conserva pendant plusieurs siècles (Troplong, p. 243 à 246).

de cette triste époque, toutes les qualités gouvernementales semblent avoir abandonné les hommes : les femmes n'ayant rien perdu de leur valeur, se trouvent naturellement placées à la tête de l'Etat. Elles retardent, quelquefois par l'habileté de leurs séductions, le plus souvent par leur génie et leurs vertus, la chûte de cet immense empire, que les races germaniques envahissent de toutes parts.

Ce serait un beau livre à écrire que celui des impératrices de cette période : livre plus dramatique, plus réellement grand que la biographie des empereurs leurs contemporains... Avec ceux-ci l'historien est obligé de se traîner à travers les trahisons et les faiblesses des généraux et des rhéteurs, tandis que l'historiographe des impératrices prendrait la partie véritablement brillante et virile de ce dénouement du drame de l'antiquité ; il raccommoderait peut-être l'humanité avec une période de trois siècles qui passe pour la plus triste de l'histoire.

DEUXIÈME PARTIE

L'AMOUR SOUS L'INVASION DES BARBARES

L'AMOUR SOUS L'INVASION DES BARBARES

I

LES VAINQUEURS CONQUIS

Au moment où la femme semble tenir dans sa main les destinées du monde, au moment où elle atteint une puissance, exerce un prestige jusqu'alors inconnus, voici venir du nord un grand trouble fête ; voici l'invasion des Barbares. Tout va disparaître, au dire des historiens qui nous ont raconté les terreurs du cinquième siècle, Etats et populations, civilisation et monuments.

Le sexe, aux mains délicates, au corps gracieux, et frêle, sera nécessairement broyé sous les pieds des chevaux, après avoir été livré aux derniers outrages, selon les prophéties de la destruction de Jérusalem !

Mais non ! on est à une époque de miracles ! Par un des prodiges les plus étranges de l'histoire, l'empire romain tombe, et celui des femmes reste debout : Goths et Francs, Vandales et Huns renversent les empereurs, ravagent les provinces, bien souvent massacrent les prêtres, démolissent les églises ; un seul pouvoir les modère et les arrête : la femme ; ils n'écoutent qu'une voix, la sienne... Représentés comme des bêtes féroces quand ils étaient loin, ils se montrent excellents appréciateurs quand ils peuvent la contempler, très-soumis quand il faut lui obéir, et passent facilement de l'idolâtrie au christianisme, pour obtenir son amour et sa main.

Ce contraste, entre la terreur causée par les Barbares tant qu'ils sont à distance et la douceur relative qu'on trouve en eux quand on les approche, est résumé d'une façon très-naïve dans un épisode de l'invasion d'Attila.

« Pendant la marche des Huns sur Troyes et tout près de cette ville, raconte M. Thierry, sur la foi de deux biographes, Callimach et Olahus, Attila aperçut une pauvre veuve qui fuyait à travers la campagne, avec dix filles ; les aînées, déjà grandes et belles, marchaient à ses côtés, les plus jeunes trottaient sur un âne ; il y en avait même une, nouvellement née, qui pendait, dans un linge, au cou de sa mère. Où courrait ce troupeau effaré ? Il allait se jeter à la rivière, pour échapper aux brutalités des Huns. Attila ordonne aussitôt qu'on les lui amène, et comme la malheureuse veuve restait prosternée la face contre terre, sans oser proférer un mot, il lui demande si toutes ces filles sont à elles et si elle les a eues en légitime mariage. Oh ! oui, dit-elle, à demi morte de frayeur ; elles sont dix, et je les laisserai orphelines. Attila la relève, la rassure et lui fait compter assez d'or pour qu'elle puisse bien vivre et marier honnêtement cette nombreuse progéniture. (*Histoire d'Attila*, t. II, p. 261.)

Bien qu'assez inattendu, ce spectacle de Barbares compatissants envers les respectables matrones et les jeunes filles n'en était pas moins dans la nature des choses ; il pouvait être prévu par ceux qui se donnaient la peine de réfléchir.

Malgré la diversité de leurs noms, les envahisseurs de l'empire appartenaient tous, à l'exception des Huns, à cette race germanique dont nous avons appris à connaître les lois sévères à l'endroit de la pureté des mœurs. A ce point de vue, ce n'était pas la barbarie qu'ils apportaient au monde romain, mais la lumière ; ce n'était point la licence, mais la vertu... Pour eux, la femme n'était pas un simple instrument de plaisir, mais un être supérieur, protégé des dieux, et profondément honorée des hommes. Leurs forêts ne fournissaient pas des courtisanes, mais des Velléda, des Eponine et des Baudicée. Chez eux, les rapports des sexes étaient bien autrement chastes et réguliers que chez les Romains ; ceux-ci accablaient les barbares de mépris justement à cause de leur sincérité dans l'amour, de leur sévérité dans le mariage. Le clergé de l'époque, assez compétent en cette matière, n'oubliait pas de faire ressortir ce contraste ; il offrait les mœurs des Goths et des Vandales en exemple aux Romains du cinquième siècle, comme Tacite avait offert celles des Germains, leurs ancêtres, aux Romains de son temps (1).

L'analyse des codes barbares nous donne des preuves concluantes de la protection accordée à la chasteté des jeunes filles, à la pudeur des femmes et à la sécurité des époux.

---

(1) « Nous sommes impudiques au milieu des Barbares qui ne le sont pas, écrivait Salvien de Marseille ; je dis plus : au milieu des Barbares choqués de notre dissolution. Il n'est pas permis à un Goth d'être débauché ; les Romains seuls peuvent se montrer effrontément impudiques ; chez nous, le libertinage est un titre de gloire. Chez les Goths, il est un crime et un péril (*de Gubern. Dei*, VII, ch. VI).

La loi des Burgondes prenait des précautions égales contre l'adultère de la femme et contre l'infidélité du mari (1).

Les Wisigoths plaçaient la morale sous la protection de lois entièrement conformes aux principes du christianisme. Ce peuple pratique par excellence, qui avait le bon esprit de ne payer les médecins que lorsqu'ils guérissaient les malades, et de les mettre à l'amende dans le cas contraire, portait les précautions jusqu'à leur défendre de saigner les femmes en l'absence de leur mari, de leurs parents ou de voisins estimables ; il prétendait qu'en semblable occurrence, il était facile de se permettre d'inconvenantes privautés sur les sujets affaiblis par la perte du sang (2).

---

(1) D'après cette loi, le mari n'avait que trois raisons légitimes de répudier sa femme : si elle était adultère, si elle employait les maléfices ou violait les tombeaux. Lorsqu'il voulait rompre son mariage hors de ces trois cas, il devait s'expatrier et laisser sa femme en possession de sa maison et de ses biens. S'il revenait plus tard auprès d'elle, il devait payer une seconde fois le *morgan-gabé* ou don du matin. Ces sortes de fantaisies étaient plus chèrement payées par la femme. Celle qui abandonnait son mari pouvait être étouffée dans un bain de boue, conformément à l'ancien usage germanique (*Lex burgund.*, XXIV, t. 1er, l. 4.)

(2) Les Visigoths entachés de vices contre nature étaient punis de mort ; le ravisseur d'une femme ou d'une fille était puni de la perte de la moitié de ses biens au profit de sa victime, s'il n'avait pas attenté à sa pudeur ; mais s'il avait abusé d'elle, il recevait deux cents coups de fouet et devenait l'esclave de la femme outragée, sans préjudice de la perte de tous ses biens qui étaient donnés à la femme en dédommagement de l'outrage. Que celle-ci ne s'avisât pas de se laisser toucher par les regrets ou les périls du ravisseur : la loi gothi-

Les Lombards, bien que moins soupçonneux envers les médecins, prenaient, à l'égard des galants audacieux, des précautions analogues à celles de la loi visigothe : ils portaient même la délicatesse jusqu'à condamner à quatorze écus d'amende l'homme assez grossier pour insulter une femme ou commettre la simple impolitesse de passer devant elle (1).

La loi Salique ne se montrait pas moins attentive à protéger le sexe ; elle spécifiait les divers degrés d'insulte ou d'inconvenance qu'on pouvait commettre à son égard avec une attention qui indique une courtoisie très-avancée (2).

---

que, bien plus sévère que celle des juifs, lui interdisait de l'épouser sous peine d'être punie de mort comme lui. Tout homme pouvait l'arrêter, le tuer, au moment où il commettait le rapt. Le frère de la femme qui aurait favorisé le crime recevait la punition appliquée au ravisseur lui-même. Le viol était assimilé au rapt avec violence ; quant à l'adultère, le fiancé ou l'époux avait le droit de tuer les deux coupables ; le père, le frère, l'oncle de la femme pouvaient retenir son complice comme esclave s'ils l'avaient surpris chez eux (*Codex Wis.*, lib. III, titre IV, c. II, l. 4).

(1) Les Lombardes conservaient les prérogatives judiciaires des anciennes Germaines, elles assistaient aux combats singuliers, ou duels. (*Leg. longobard.*, l. I, t, XII, c. 6, pars. XVII, c. 8).

La loi les considérait comme supérieures à l'homme en tout ce qui concernait le respect des sexes. Ainsi la mutilation de la virilité, chez un homme, n'était passible que de 45 écus d'amende. Un simple coup porté à une femme nue était puni de 80 (*Leg. longobard.*, l. 1er, t. XIV).

(2) Elle expulsait des assemblées publiques tout homme qui manquait de respect aux femmes. Se permettait-on de leur serrer la main ou seulement le doigt, on payait 15 sols d'or ; leur pressait-on le bras ou le coude, 30 sols d'or ; le bras au-dessus du coude, 35 sols ; le sein, 45 sols.

Les attentats graves étaient assimilés au meurtre. Un Frank enlevait-il une femme à son mari, arrêtait-il une fiancée qu'on amenait à son conjoint et lui faisait-il violence, il payait 200 sols d'or sans préjudice du droit qu'avait la femme de tuer l'assaillant pour défendre son honneur (Grégoire de Tours).

Dans le cas d'assassinat, la femme franke était estimée diversement selon les chances qu'elle offrait de donner une nombreuse progéniture à son mari ; était-elle enceinte, son meurtrier devait payer 700 sols ; était-elle déjà mère et susceptible de le redevenir, 600 sols. Avant l'âge de puberté ou après celui de retour, sa vie ne valait plus que 200 sols (1).

Si l'on tient compte de ces témoignages de déférence et de protection accordés au sexe, on n'est pas surpris de voir Clovis, revenant de son expédition contre Alaric, écrire aux évêques qu'il a ordonné à ses soldats de respecter les prêtres, les enfants et les femmes.

La loi des Allemands suivait les mêmes principes ; plusieurs articles y consacrent très-nettement la supériorité morale de la femme sur l'homme, conformément à l'évangile de saint Mathieu (2).

---

(1) La femme avait également une valeur intrinsèque, comme objet précieux appartenant au mari et composant une partie notable de sa fortune. L'homme qui recherchait une veuve devait l'acheter aux héritiers de son mari pour le prix de 3 sols et un denier au moins, prix assez fictif, il est vrai, mais qui n'en consacrait pas moins le droit de propriété conjugale dont la mort du mari elle-même n'avait pu délivrer sa veuve.

(2) L'esclavage était considéré comme infligeant à la femme une flétrissure beaucoup plus forte qu'à l'homme ; aussi la composition pour la vente d'une fille libre à titre d'esclave

L'union officielle d'un être aussi estimé, avec un maître aussi jaloux de ses droits et de son honneur que le Germain, n'était pas un acte léger qu'on put préparer sans réflexion et conclure sans garanties.

Les filles barbares ne se mariaient qu'après avoir célébré leurs fiançailles avec solennité, et sous l'autorisation de leurs tuteurs ; ceux-ci traitaient des conditions du mariage avec le fiancé ; mais la jeune fille devait y adhérer en toute liberté ; si bien qu'elle pouvait procéder elle-même à son union, lorsque le tuteur s'y opposait sans motif légitime. Dans les cas ordinaires, le futur époux déposait des arrhes entre les mains du tuteur sans préjudice du *morgan-gabe* qu'il donnait à la femme le lendemain des noces pour prix de sa virginité.

Tous les barbares de race germanique apportaient aussi la plus grande vigilance à la conservation de la pureté du sang ; dans ce but, ils interdisaient le mariage entre les personnes libres et les esclaves. Fiers

---

était-elle fixée à 24 sols, tandis que celle de l'homme, dans les même conditions, était de 12 seulement. Une différence analogue était appliquée à la violation des tombeaux ; on payait 80 sols d'amende pour l'ouverture de celui d'une femme et 40 seulement pour le bris de celui d'un homme.

Celui qui insultait une femme du nom de *meretrix*, était condamné à 45 écus d'or, tandis qu'on ne payait que 4 écus pour avoir accusé un homme d'avoir fui devant l'ennemi.

Si un homme, rencontrant une jeune fille, lui découvrait la tête brutalement ou lui relevait la robe jusqu'au genou, il payait 6 écus, s'il la découvrait jusqu'à la ceinture, il en payait 12 (*lex Alamanorum*, t. XLIX ; part. II, tit. XLVIII, et *lex Bavar.*, t, VII, part. v).

de leur origine, ils refusèrent longtemps aux Romains l'honneur de s'unir avec eux (1).

Non moins scrupuleux que les chrétiens à l'endroit de la chasteté domestique, ils défendaient également le mariage au degré de parenté fixé par les Israélites et les Apôtres : c'est-à-dire entre oncle et nièce, entre cousin et cousine, même entre beau-frère et belle-sœur (*Lex Salica*, 1. XIV, ch. 16) (2).

Un courant providentiel semblait donc pousser le monde entier vers la régénération et l'indépendance du sexe. L'ère de la soumission patriarcale, de l'es-

---

(1) Les esclaves ne pouvaient se marier qu'avec des esclaves et avec le consentement de leurs maîtres respectifs. Chez les Francs, un homme libre qui aurait épousé une esclave tombait lui-même dans l'esclavage (*lex salica*, tit. XXVIII, part. III).

Un Lombard pouvait affranchir son esclave pour l'épouser ensuite; mais la femme libre qui épousait un esclave tombait dans un tel déshonneur que ses parents pouvaient la tuer ou la vendre hors de la province (*leg. Longob*, 1. II, LXXXII)

(2) La loi romaine n'avait pas connu cette dernière prohibition avant Théodose; cet empereur la promulgua dans le cinquième siècle et porta contre les coupables la confiscation des biens et la condamnation à mort par le feu (*lex*, IX, tit. Ier, let. xv). Saint Augustin, beaucoup moins convaincu de la culpabilité de ces unions, ne les trouvait contraires à aucune loi religieuse; aussi le principe fut-il longtemps controversé..... Néanmoins, Arcadius et Honorius, fils de Théodose, confirmèrent cette loi; elle se répandit chez les Goths, imitateurs attentifs du code romain...; on la trouve citée dans Cassiodore; mais alors, les rois Goths pouvaient accorder des dispenses. Dagobert, généralisant ce principe, supprima ces sortes d'union parmi les Franks. Le pape Grégoire II conseilla, vers 744, de les éviter, sans toutefois les déclarer coupables: peu à peu, ce simple conseil passa dans les actes des conciles et les capitulaires des rois sous forme de défense absolue.

clavage des harems disparaissait comme une erreur surannée. Du nord au sud, de l'est à l'ouest la femme s'élevait du rang de marchandise et de chose à celui de puissance et de levier social. En cette grande entreprise de résurrection, la femme avait fait courageusement ses affaires elle-même. Combattue par l'homme plutôt que secondée, elle triomphait successivement de tous les obstacles, et comptait dans ses rangs de nombreuses et célèbres libératrices : les unes avaient occupé des trônes, les autres dirigé des révolutions, certaines avaient illustré la littérature et les beaux arts.

La législation des conquérants germains devait, en réglementant les relations des sexes, consolider cette situation dans l'Europe nouvelle, et donner force de loi civile à des faits restés jusqu'alors dans le domaine de l'usage. Au début du règne des Barbares, l'amour allait prendre une autorité inattendue sur ces chefs de bande, réconcilier la civilisation et la barbarie. sauver les vaincus en enchaînant les vainqueurs dans les liens du lion amoureux.

Placidie, sœur d'Honorius, avait été prise par les Goths pendant le siége de Rome : traînée, comme otage, à la suite d'Alaric, elle tomba dans le lot de son successeur Ataulphe, et celui-ci ne manqua pas d'emmener ce gage important avec lui, quand il alla s'emparer de Narbonne et de Toulouse.

Ces projets politiques avaient été tout d'abord vastes et hardis... nourri dans l'horreur du nom romain, il avait résolu, comme il l'avouait lui-même au Gallo-Romain Candidien. « de détruire l'empire de Rome et d'élever à sa place celui de Gothie.» Tout à coup il est ébranlé par le regard, la haute et pieuse dignité de la fille de Théodose ; loin de l'envelopper dans sa haine, il la place à un degré d'estime qui ne tarde pas à devenir de l'amour ; amour sérieux, profond, irrésistible.... dès lors il n'a plus qu'une ambition celle d'asseoir la princesse sur le trône..... Ataulphe se trouvait marié à une sœur d'Alaric; mais le Goth, tout Barbare qu'il parut, était assez civilisé pour pratiquer le divorce quand il lui était avantageux.

Les lois sont faites pour les peuples et n'atteignent guère les rois qui trouvèrent toujours le moyen d'en promulguer de particulières à leur avantage ; nous le verrons surabondamment dans la suite..... Ataulphe fit donc offrir sa main à la fille de Théodose. Placidie n'avait rien perdu de sa piété et de sa force d'âme dans le malheur; elle repoussa d'abord avec dédain les offres d'un barbare vainqueur de Rome et persécuteur de son frère; mais Ataulphe ne se décourage pas; transformé par la passion, il répudie les traditions de ses pères, et n'a plus qu'une ambition, celle de continuer la politique, l'administration des empereurs, de se faire Romain en un mot ; il veut être digne de celle qu'il aime, lui rendre une patrie, un palais, être un hôte plutôt qu'un maître dans les provinces où les ancêtres de Placidie ont régné.

Il était difficile de résister à tant de preuves de déférence et d'amour : Placidie consent à épouser celui qui la délivre de l'esclavage pour lui rendre la couronne. Les fêtes du mariage furent magnifiques et célébrées tout à fait à la romaine. Ataulphe et les seigneurs visigoths avaient adopté le costume des vaincus, ils s'étendaient sur des lits comme des sénateurs Romains. Cinquante jeunes hommes vêtus de soie, offrirent à l'épouse des bassins remplis de pierreries, de bijoux, et de pièces d'or ; on récita des épithalames ; on chanta des hymnes. Atale, un empereur de rencontre, Phœbade et Rustique des patriciens sérieux, entonnèrent des chants romains et visigoths, et augmentèrent la pompe de cette fête, symbole du mariage de Rome et de la Germanie. (Orose, l. VII. ch. 42. — Olympiodore.)

Honoria, fille de Placidie, alléchée par le succès de sa mère, voulut renouveler ce triomphe des femmes romaines sur les Barbares ; mais ses dérèglements, l'avaient fait exiler à Constantinople et réléguer dans un couvent (an 434). Elle n'avait donc pas grande chance de voir les rois vainqueurs lui offrir des royaumes. Dans cette situation ce fut elle qui alla leur en présenter ; elle envoya son anneau au plus célèbre des envahisseurs, à Attila, le priant de la demander en mariage et d'exiger pour dot la moitié de l'empire d'Occident ; mais Attila n'était pas si sauvage qu'on le supposait à Constantinople ; il dédaigna la main d'une femme dont les mœurs lui offraient peu de garanties.

Cependant, le roi des Huns n'était pas un Germain, mais un Kalmouk, un satrape des bords de la mer Noire : il mêlait à la fougue passionnée d'un homme athlétique, la jalousie d'un possesseur de harems. Entouré d'épouses sans nombre, parmi lesquelles brillait la favorite Kerkia, il ramassait pour concubines, toutes les filles belles qu'il rencontrait sur son passage, et s'était donné, par ce moyen, une innombrable quantité d'enfants. Il n'oubliait guère d'ailleurs d'épouser les filles riches des provinces qu'il traversait, témoin la belle Escam, d'une famille influente des bords du Danube, (*Histoire d'Attila*, t. Ier, p. 89.)

Les femmes jouaient un très-grand rôle chez les Huns ; non point comme pouvoir, car elles ressemblaient fort à des esclaves, mais comme ornement des fêtes et objet d'amusement... A l'entrée du roi dans sa capitale, elles venaient le recevoir processionnellement ; les matrones se plaçaient sur deux files, écartées de toute la largeur de la rue ; elles tenaient des voiles blancs au-dessus de leur tête, tendus d'une file à l'autre ; les jeunes filles passaient sous ce *velarium,* par groupes de sept, en chantant des poésies en l'honneur du monarque : Mais le sardanapale Kalmouk, plus ambitieux que libertin, moins ignorant que grossier, tenait le sexe à distance, et ne donnait tête baissée dans aucune intrigue amoureuse. (*Histoire d'Attila*, t. 1er, p. 89 a 97.)

Les femmes n'en prirent pas moins une part très-importante, dans les évènements qui se dénouèrent autour de lui. Quand il pénétra dans les Gaules, les prêtres chrétiens chargèrent la bergère Geneviève d'arrêter la marche de celui qu'ils représentaient comme le fléau de Dieu, *flagellum Dei.* La jeune fille remporta, non point sur sa personne, car ils ne se rencontrèrent nulle part, mais sur ses projets politiques, un remarquable succès. Protégée par les évêques du temps, qui admiraient ses dispositions au célibat et à l'extase, elle parvint à éloigner le roi des Huns de Paris, en donnant à ses habitants une attitude courageuse. Les hommes avaient déjà fait leurs préparatifs de fuite ; les bateaux étaient prêts, les meubles et les trésors chargés, lorsque Geneviève réunit les femmes dans la petite basilique de Saint-Etienne en la Cité ; elle les ameuta contre le projet honteux de leurs maris, comme autrefois *Roma* avait soulevé ses compagnes contre les Troyens disposés à quitter les rives du Tibre. Les Parisiennes forcèrent leurs maris à rester près de la Seine, en déclarant ne pas vouloir s'éloigner elles-mêmes, et Paris fut sauvé par Geneviève, comme Rome avait été fondée par *Roma*. (*Vita sanctæ Genovefæ apud Bolland.* — Voir notre premier volume, p. 269.)

Véritable au fond bien qu'un peu légendaire dans la forme, l'épisode de Geneviève résuma, avec la poésie particulière à ces temps reculés, l'influence qui fut généralement exercée par les femmes chrétiennes durant cette époque de bouleversement et de terreur... mais toutes ne s'y prirent pas de la même façon pour arracher le monde romain aux conquêtes de l'ambitieux Attila.

Pendant ses courses dans le nord de la France et la Burgondie, une fille de race noble était tombée entre ses mains après le massacre de plusieurs membres de sa famille. Elle s'appelait Ildegonde. Comme elle était belle, Attila la réservait pour son lit... Pendant qu'on la préparait, dans la tente du roi hun, à ce rôle de nouvelle épouse, Walter, un Aquitain, captif comme elle, lui propose de la soustraire à ce mariage odieux ; elle y consent, et prend la fuite avec lui, emportant ses bijoux et ses trésors.

Une autre prisonnière de guerre, la Scandinave Gudruna fille de Crimhilde et veuve de Sigurd, repoussait avec la même énergie l'amour du roi Kalmouk : mais Crimhilde fit boire à sa fille un breuvage qui donnait l'oubli. Gudruna ne se rappela plus la mort de Sigurd, assassiné par deux de ses frères, et elle partit joyeusement pour le palais d'Attila, bien décidée à l'épouser. Etranges noces toutes remplies des horreurs de la poésie septentrionale !... Attila, poursuivi par des visions de sang et de meurtres, s'élance hors de son lit : la volupté elle-même ne lui présente que des cauchemars... Ces pressentiments ne le trompaient pas... Bientôt le breuvage *d'oubli* cesse de produire son effet ; Gudruna se rappelle son premier époux assassiné, et ne songe qu'à la vengeance : elle rencontre Théodoric, et lui propose d'être son complice... Attila est averti de leurs relations par une de ses favorites, Kerkia ; elle accuse Gudruna d'adultère...

Gudruna se blanchit de cette accusation par l'épreuve de l'eau bouillante ; Kerkia, soumise au même jugement de Dieu, se brûle profondément, et la jalouse concubine est jetée toute vivante dans un marais infect. Bientôt une guerre atroce éclate entre Attila et les deux frères de Gudruna. Ceux-ci y perdent la vie, et Gudruna songe plus que jamais à faire chèrement expier leur mort... Elle offre un repas funèbre à leur mémoire ; Attila promet d'y prendre part ; Gudruna prépare un plat de ses propres mains, et fait manger au roi des Huns les cœurs des deux enfants qu'il a eus d'elle. Cependant Gudruna est si belle, et ses charmes ont tellement aveuglé Attila, qu'il ne peut s'éloigner d'elle, même après l'horrible holocauste de ses enfants !.. Elle, du moins, a le courage de le haïr, de lui vouer une rage sans bornes ; un jour elle l'enivre, le tient endormi sur ses genoux, et lui enfonce une épée dans la poitrine.

Qu'il soit mort de ce coup d'épée de Gudruna ou d'un excès de débauche dans le lit d'Ildegonde, arrêtée dans sa fuite et ramenée au palais (certains auteurs la nomment Ildico), ces derniers amours d'Attila, tout imprégnés de sang, forment une énergique introduction aux passions des rois Mérovingiens, dont nous allons nous occuper... Mais poursuivons encore l'histoire de l'influence des femmes chrétiennes sur les Barbares de toutes les sectes. Montrons-les domptant les plus grossiers, en leur inspirant un amour respectueux, réservé, que les Romains ne comprenaient plus.

Clotilde donne le plus haut éclat à cette intervention providentielle de l'amour et de la beauté dans les destinées politiques. La fille de Chilpéric, réfugiée à la cour de Bourgogne, a épousé Clovis, le Sicambre. Il n'est pas chrétien ; cependant elle se donne à lui ; car elle connaît le passage de saint Paul : « La femme fidèle purifie l'homme infidèle. » Elle va donc attaquer l'idolâtre par la flamme du regard, les caresses du sourire, l'éloquence de la parole ; par toutes les armes que sait si habilement employer la femme qui veut être obéie... Elle a été parfaitement dressée à ce rôle de convertisseur par les prêtres catholiques : elle tourne en ridicule, devant Clovis, la révolte de Jupiter, expulsant du ciel son père Saturne ; les scandaleuses amours du maître des dieux, avec les déesses, avec sa sœur Junon, et Ganimède lui-même. Elle cite à l'appui de son sermon les poètes latins les plus renommés. (Fauriel, *Hist.*, t. II.) Aussi le succès fut-il complet. Les Francs, qui étaient les plus sceptiques des Germains lorsqu'ils entrèrent dans les Gaules, devinrent, après le baptême de Clovis, les plus religieux, les plus orthodoxes (an 596).

Le clergé trouvait deux causes de joie dans ces victoires des chrétiennes d'origine barbare ; ils voyaient les conquêtes du christianisme s'étendre et les mœurs s'épurer. Les femmes germaines, les plus grossières, pratiquaient la chasteté bien autrement que les dames romaines ou les vierges d'Afrique, dont saint Cyprien nous a tracé le portrait.

Dans la famille germaine, la femme, élevée avec une simplicité sévère, partageait les travaux des hommes, vaquait aux soins du ménage, à l'éducation de ses nombreux et robustes enfants; elle ne connaissait que très-exceptionnellement l'infidélité et semblait enfin réaliser le type, introuvable ailleurs, de la femme forte de la Bible. Enhardis par l'exemple de Clotilde, les évêques résolurent de placer la femme à la tête de la civilisation nouvelle, d'envoyer d'autres Clotilde à tous les peuples idolâtres.

Lorsque le confesseur Augustin aborda dans la Grande-Bretagne, pour en convertir les habitants, un hasard trop heureux pour n'avoir pas été préparé par la main des hommes, voulut qu'il y fut précédé par une princesse chrétienne qui venait d'épouser Éthelbert, roi de Kent, le plus puissant des princes Anglo-Saxons; prudente, elle se garda bien de parler d'abord au Roi de conversion et de baptême; elle se contenta d'assurer aux missionnaires la sécurité de leur personne et la faculté de convertir ceux qu'ils pourraient convaincre. Cela obtenu, elle demande autre chose au monarque; elle le prie d'écouter un prêtre par curiosité seulement. Le prêtre écouté, encore une petite complaisance, le baptême; seulement le baptême! on l'aimera, on l'adora, comme jamais époux ne fut adoré. Ethelbert consent et le christianisme a conquis un nouveau royaume. (Thierry, *Histoire de la conquête*, t. I. p. 82 à 85.)

Quelques années plus tard un hasard tout aussi favorable faisait marier une jeune chrétienne, Ethelberghe, arrivant justement du pays de Kent, avec un autre roi païen du nord de la Grande-Bretagne : le prêtre Paulin l'accompagnait. Le Pape Grégoire comptait si bien sur les charmes et les grâces d'Ethelberghe pour convertir le chef barbare et son peuple, qu'il donnait d'avance à Paulin le titre d'archevêque d'York. Le roi Edwin fit d'abord quelques façons, opposa des délais ; mais les tendres regards, les douces paroles firent si bien leur office, que les choses se passèrent là, comme elles s'étaient passées chez Clovis et chez Ethelbert : Edwin toléra d'abord le culte chrétien, puis accepta le baptême pour lui tout seul, et finit par assister à celui de tout son peuple (an 628). (Thierry, ibid., t. I. p. 101 à 104.)

L'amour propagea ses miracles jusque dans la sauvage Hongrie ; le chef suprême, Guiza, élu en 972 avait pour femme ou pour concubine (le titre officiel n'est pas bien constaté) la fougueuse Sarolt, *beleghnegine* (la belle maîtresse). Héroïne barbare, pur sang, elle montait sans selle les chevaux indomptés, buvait comme un soldat et tuait bravement son contingent d'hommes dans les batailles. Ces fières qualités, relevées par une taille avantageuse et une remarquable beauté, lui donnaient sur le roi et sur son peuple une autorité bien supérieure à celle de sa rivale Adelaïde, sœur du Roi de Pologne Winceslas, et autre épouse de Guiza. Le caractère violent, un peu sauvage, de Sarolt ne semblait pas la prédisposer à l'apostolat ; mais la foi ne fait-elle pas tourner toute chose à la gloire du Christ. Esther n'employa-t-elle pas les douceurs du harem à délivrer le peuple juif ? Sarolt poussée au christianisme par des considérations inconnues, sa jalousie contre Adélaïde peut-être, se mit à construire des Églises, à fonder des monastères, et parvint à faire donner le baptême à Guiza et à cinq mille Hongrois des deux sexes. (Thierry, *Hist. d'Attil.*, t. I, p. 354.)

Les intérêts de l'amour iraient donc aussi bien que ceux du christianisme, au début de l'invasion des Barbares, si certaine exception, cachée dans une phrase de Tacite, ne prenait, après leur établissement dans les Gaules une extension inquiétante.

« Quelques rois, quelques nobles, rapporte l'auteur des *Mœurs des Germains*, s'écartent de l'usage national de la monogamie et, cédant à l'empressement des familles influentes qui briguent leur alliance, se permettent d'avoir plusieurs femmes. »

Nous voilà mis en présence d'une antithèse qui se reproduit fréquemment dans l'histoire; l'amour offre chez les Germains deux caractères bien tranchés. Honnête et calme, en bas, il se montre turbulent, déréglé en haut, et justifie ainsi l'observation que nous avons déjà faite ; c'est qu'il est rare que, chez les nations les plus sévères, les classes élevées ne prennent des licences inconnues au peuple, et que la corruption ne commence d'entamer les sociétés par le sommet.

11

AMOUR TURBULENT DES SCANDINAVES

Les jeunes dynasties de la nouvelle Europe ne se laissèrent pas séduire longtemps par la douce influence de la femme chrétienne ; elles se fatiguèrent de donner le second rang au sexe fort, et songèrent sérieusement à lui rendre le premier : comment s'y prirent-elles pour abattre l'autorité de l'amour ? Comme s'y étaient pris les peuples orientaux ; elles lui opposèrent la polygamie. Les rois mérovingiens avaient de beaux exemples à prendre à cet égard, dans les traditions des Scandinaves, leurs voisins et leurs coreligionnaires. Il est donc indispensable d'étudier l'amour, chez les pirates du Nord, pour comprendre l'amour, chez les princes de la première race.

Les nobles scandinaves avaient sur cette passion des principes qu'on ne saurait accuser de banalité. La femme leur semblait si supérieure, et d'un prix tellement élevé, qu'ils ne voulaient pas l'acquérir aux conditions ordinaires des fiançailles germaniques ; au lieu de la demander au père ou au tuteur et de payer le prix du *morgen-gabe*, ils trouvaient plus convenable de l'enlever, à la suite de combats acharnés, de hauts faits éclatants ; les assauts et les batailles étaient le prélude obligé des noces aristocratiques.

L'amant exécute ces prouesses belliqueuses, non pour faire de sa femme une esclave, mais pour l'arracher à son père et à ses frères qui veulent contrarier ses amours ; son enlèvement devient donc l'origine de sa liberté ; aussi la fière *Scoldmoée* (vierge au bouclier) réserve-t-elle à son ravisseur les douces récompenses d'une admiration et d'un dévouement héroïques ; elle le suivra dans ses expéditions de guerre et partagera tous ses dangers.

Trois cas principaux se présentent dans les grandes passions scandinaves.

Le père refuse d'accorder ce que la jeune fille a promis au ravisseur.

Ou bien la jeune fille refuse ce que le père accorde.

Ou bien chacun refuse de céder ce que l'amant réclame, et ce dernier, seul de son parti, a tout le monde contre lui, souvent même un autre prétendant qui vient lui dérober sa conquête.

Le récit de quelques aventures nous fera mieux comprendre comment les mœurs scandinaves envisagent ces diverses circonstances et tranchent les difficultés.

Gunnar, pirate suédois, avait entendu vanter la beauté de Moalde, fille du roi norwégien Regnald ; il résolut d'envahir le royaume afin de voir la princesse de plus près. L'histoire ne dit pas si Moalde approuvait cette manière de lui rendre visite ; mais le dénouement semble indiquer qu'elle n'opposait pas une grande résistance à celui qui voulait la retirer de la classe *des vierges au bouclier*. Le prudent Regnald a pris ses précautions avant la lutte ; il a caché sa fille dans un souterrain, avec ses richesses, et fait labourer la terre par dessus, afin de la mieux dérober aux recherches. Puis il court à la rencontre du prétendant... Le Dieu Odin n'avait pas l'habitude de protéger l'autorité paternelle contre les entreprises des galants. Regnald est battu, il périt dans le combat. Gunnar parvient à découvrir le précieux souterrain, il se hâte d'enlever Moalde et ses trésors... On ne dit pas que la Scoldmoée ait protesté contre cette violation de domicile. (Depping, *Histoire des Normands*, t. 1er.)

Skate et Hiall étaient deux frères rendus célèbres par leurs combats de mer et leur enlèvement d'héroïnes et de simples jeunes filles. Rien n'inspire de l'ambition comme le succès, et les Scandinaves oubliaient souvent un premier amour pour avoir l'occasion de renouveler leur prouesses ; quand les princesses manquaient, ils se rejetaient sur les simples paysanes...... Skate et Hiall, désireux de posséder la belle Asa, fille d'Olaf, roi de Vermeland, daignent cependant faire exception à la coutume des pirates, et demandent sa main à son père :..... ils éprouvent un refus; alors ils se mettent en devoir d'enlever Asa par la force. Olaf, effrayé, promet la main de sa fille au champion qui le délivrera de ces terribles enleveurs de femmes. Un prince norwégien nommé Ale répond à l'invitation d'Olaf, et promet de combattre Skate et Hiall. Mais il commet la maladresse de s'introduire au palais sous le sarrau d'un paysan. Les femmes n'ont jamais transigé sur la question de costume ; Asa s'évanouit à la vue de l'homme en haillons qui ose prétendre à son amour. C'en était fait d'Ale et de toutes ses espérances, s'il n'avait laissé tomber son manteau, et montré son vêtement de prince tout couvert de plaques d'or, d'argent et de riches fourrures. Asa subjuguée par l'éclat du rang, la richesse de la parure, accepte le généreux défenseur; Ale tue les deux pirates, et il épouse la princesse. (Ibid., p. 50-51.)

Les passions scandinaves impliquent des tempéraments et des instincts tout particuliers. Comme elles eurent une grande influence sur l'amour des premiers siècles de l'Europe mérovingienne et féodale, on nous pardonnera de multiplier les citations (1).

---

(1) Hédin, prince de Norwége, avait reçu pendant ses voyages la plus cordiale hospitalité chez le roi danois Hogue. Tous les deux s'unissent de la plus étroite amitié et s'en donnent pendant quelques temps des preuves concluantes : ils se séparent enfin ; Hogue possède aussi le goût des aven-

L'amour paternel et le respect filial sont condamnés à de rudes épreuves dans ces luttes de passions violentes ; le guerrier rougirait de recevoir bourgeoisement celle qu'il aime des mains de ceux qui l'ont mise au monde ; *la vierge au bouclier* elle-même ne saurait avoir d'amour que pour celui qui l'a conquise à coups d'épées : plus il y aura de morts, plus elle sera tenue d'aimer cet amant qui porte l'amour jusqu'à la rage. La vanité se met de la partie ; il se forme parfois autour des filles à marier un enchaînement de rapts et de batailles à composer tout une Iliade. Svafurlani, roi des Gardinges, aimait la fille de Jotum-Thiasé, et daigna la lui demander.... Jotum-Thiasé la refusa ; Svafurlani n'hésita pas un instant à tuer ce père obstiné. La *Skoldmoée* se consola très-vite de la mort de son père ; pleine d'estime pour l'homme qui tue si carrément ceux qui lui font obstacle, elle se hâta de l'épouser.... Svafurlani eut une fille à son tour, et elle devint l'occasion d'une demande en mariage semblable à celle qu'il avait adressée lui-même à Jotum-Thiasé. Le pirate Andgren aborda un jour dans son petit royaume ; il le tua sans plus de façon et épousa la belle Ryvor.

Celle-ci récompensa si bien son amour qu'elle lui

---

tures, il entreprend une expédition.... Hédin, qui se sent attiré vers le palais de son ami par un puissant attrait, se hâte d'y revenir en son absence, et paye sa dette d'hospitalité en enlevant sa fille. Hogue furieux jure de venger cet outrage : il se met à la poursuite du ravisseur.... il l'attaque d'abord sans résultat ; quelques années après, le combat se renouvelle ; et les deux anciens amis s'égorgent réciproquement dans un duel non moins acharné que celui d'Etéocle et de Polynice (Depping., p. 58).

donna rapidement douze fils tous belliqueux et pirates comme leur père et leur grand-père. L'un d'eux fort épris de la princesse suédoise Ingerburge, consentit aussi à la demander à son père le roi d'Upsal. Son ambassade avait toutefois des dehors assez peu pacifiques ; car il la remplissait lui-même à la tête de ses onze frères. Ils arrivent à Upsal ; mais deux autres pirates, les frères Hialmar et Elvarodd les y avaient précédés ; et la main d'Ingerburge leur était presque promise... L'affaire se compliquait ; les amoureux des deux camps en seraient immédiatement venus aux mains, si les derniers arrivés n'avaient été arrêtés par un scrupule..... Indignés du régime de rapt qui présidait aux amours les plus tendres, ils avaient formé une association chevaleresque, ayant pour statuts d'empêcher les femmes d'être enlevées sans leur consentement ; l'histoire n'ajoute pas et sans celui de leur père ; néanmoins la première réserve était déjà une amélioration.

Le roi d'Upsal était fort embarrassé de ce grand nombre de prétendants ; ils ne trouva rien de plus habile, pour éviter la colère des uns et des autres, que de charger sa fille elle-même de désigner les réprouvés et les élus... Hialmar fut honoré de sa préférence,.... les douze prince d'Upsal n'acceptèrent point son jugement sans appel. Six d'entre eux allèrent s'embusquer dans les bois que Hialmar devait traverser avec son ami Elvarodd.... ils l'assaillirent. Elvarodd saisit un tronc d'arbre, les renversa et leur cassa la tête ; mais ils ne périrent qu'après avoir blessé mortellement Hialmar (1). Avant d'expirer il chargea Elvarodd de

---

(1) Deux autres amoureux illustres, Hagbart et Sighne

porter son anneau à Ingerburge ; et la fidèle Skoldmoée mourut de douleur en le recevant.

De graves considérations encouragent les meurtres et les suicides dans ces contrées à passions violentes. Le Scandinave est assez spiritualiste, sous ces apparences brutales ; il ne voit dans la mort qu'un change-

---

eurent une fin tout aussi digne de provoquer les larmes des cœurs sensibles. Le Norvégien Hagbarth et ses trois frères avaient trouvé l'hospitalité à la cour du roi zélandais Sigar. Hagbarth possédait un don précieux ; celui de se faire aimer de toutes les femmes ; il obtint bientôt l'amour de Sighne, fille de son hôte et se mit en devoir de l'enlever... Sighne avait trois frères, ils veulent s'opposer à l'enlèvement : Hagbarth les assomme à grands coups d'épée et les couche sur la poussière.

Après ce bel exploit, il lui était difficile de rester dans le palais ensanglanté, il se soustrait par la fuite à la fureur de Sigar ; mais l'amour le pique au vif, et le ramène déguisé en vieille femme dans la chambre où Sighne regrette son absence plus qu'elle ne pleure ses frères : elle le reçoit avec transport, et jure de vivre ou de mourir avec lui. Son père ne tarda pas à lui procurer l'occasion de tenir sa promesse. Averti de la présence de Hagbarth dans le palais, il le fait attaquer par ses archers ; Hagbarth se défend avec courage, tue plusieurs assaillants ; mais il finit par être pris, conduit devant le conseil des juges et condamné à mort. En arrivant sur le lieu du supplice, il veut se retourner vers le palais et dire un dernier adieu à sa maîtresse ; le feu est dans son appartement, les flammes s'échappent par les fenêtres. La fidèle Sighne a allumé l'incendie de ses propres mains, puis elle s'est pendue avec ses suivantes pour ne pas survivre à son amant. A la vue du cadavre qui se balance au bout de la corde, Hagbarth ne redoute plus la mort, au contraire, il l'implore comme un bienfait, qui doit le réunir à celle qui l'a précédé dans le *Valhalla* des amoureux (Depping, *ibid.*, p. 56-59).

ment de lieu : les guerriers sont assurés de retrouver auprès d'Odin, le protecteur des braves, les duels et les batailles qui firent leur gloire sur la terre ; l'amant est tout aussi certain de revoir, à côté des Valkiries et des fées Asses et Sdvalines, la jeune fille qu'il aima ; elle lui prodiguera sans obstacles les délices positives qu'il n'avait fait qu'entrevoir sur la terre..... Bien qu'il soit moins habile, moins prévoyant que le Grec ou l'homme d'Orient, le Scandinave a su se faire une mythologie érotique, s'arranger une seconde vie parfaitement appropriée à ses instincts.... Si l'amant périt dans ses tentatives d'enlèvement il retrouvera là-haut la récompense de sa mort dans les bras de celle qui l'a causée ; pour lui le tombeau n'est qu'un lit nuptial.

Les belliqueuses héroïnes sont assurément très-flattées de tout le bruit qui se fait autour d'elles. Ces massacres de frères, de parents et d'amoureux, acharnés à les enlever ou à les retenir, sont de nature à satisfaire leur amour propre : il en est toutefois de particulièrement exigeantes qui veulent soutenir de véritables siéges dans leur donjon, et combattre de leurs propres mains l'amant qui les convoite..... Elles brûlent en secret de les rendre heureux ; mais elles mettent un si haut prix à leur amour, qu'elles ne consentiront à céder qu'après avoir été vaincues par les armes. Voilà un genre d'amour que nous n'avons pas encore rencontré ; un amour qui prend les apparences de la haine, et qu'on échange à la pointe de la lance !.....

La fille du roi Sigur, appelée Alphilde, était aussi courageuse que chaste. Toujours couverte d'un voile quand elle se montrait en public, elle avait confié la garde de sa personne à deux guerriers choisis parmi les plus forts du royaume. Sigur fit publier à la ronde que tout champion qui prétendrait à la main de sa fille devait d'abord terrasser ses deux gardiens. Alf, jeune pirate, osa seul tenter l'entreprise et eut le bonheur de la mener à bonne fin. Après cet exploit il crut n'avoir qu'à se présenter au palais pour recevoir la plus douce des récompenses..... La vierge au bouclier exigeait d'autres preuves d'amour ; elle réunit ses compagnes, leur donna et prit elle-même des habits de guerre, équipa une flotte et parcourut le golfe de Finlande en véritable pirate.... Alf se met à sa poursuite ; il l'atteint : un combat naval est livré ; les vaisseaux que montent les amants s'abordent, se cramponnent ; Alf s'élance sur le pont, Alphilde veut le repousser, ils combattent corps à corps. Un compagnon d'Alf assène un coup de hâche sur la tête de l'héroïne, son casque se détache, et Alphilde tombe à la renverse..... A la vue de son visage pâle et cependant fier encore, Alf s'arrête, il reste saisi d'admiration, d'amour, et Alphilde consent enfin à devenir la femme du plus opiniâtre des amoureux (1).

---

(1) Thorborge, fille d'un roi Suédois, tenait beaucoup du caractère exigeant d'Alphilde ; elle était constamment armée et prête à accueillir les soupirants à coups d'épée. Elle en avait déjà blessé un grand nombre et tué quelques-uns, lorsqu'un certain roi appelé Rolf voulut courir à son tour la chance de ces *combats d'amour*. Il se présente au palais de la terrible Skoldmoée à la tête de soldats d'élite. Thorborge arme les siens et repousse le prince dès la première rencontre ; Rolf renouvelle l'attaque, et assiége l'héroïne dans son manoir. Elle soutient le siége avec courage : à la fin, vaincue par la force ou désarmée par les témoignages de cette tendresse à outrance, elle ouvre ses portes à Rolf, et les deux amants s'aimèrent avec d'autant plus d'ardeur qu'ils avaient appris à se connaître et à s'estimer les armes à la main. (*Depping*, t. 1er, p. 50 à 52.)

On serait tenté de croire que des amours cimentés par de si grandes luttes devaient être indestructibles; mais le cœur humain est si peu façonné à la constance, que ces mariages, contractés à la pointe de la lance, n'avaient aucune des prérogatives de l'éternité. Les combats livrés aux amazones scandinaves offraient tant de charmes aux vainqueurs, que ceux-ci résistaient difficilement au désir de multiplier ce genre de victoires. Ils passaient d'un enlèvement à un autre, comme un conquérant passe de la prise d'une ville à celle d'une province. L'ivresse de ces amours romanesques les conduisait à la poligamie.

N'oublions pas le caractère à la fois poétique et brutal, aventureux et héroïque de l'amour scandinave; mêlons quelques rêveries des fées Asses et Sdvalines aux souvenirs de la mythologie sanguinaire d'Odin; ces éléments seront obscurément confondus pendant la conquête mérovingienne et carlovingienne; mais nous les retrouverons plus distincts au moyen âge; nous les verrons se mêler aux voluptés orientales des Arabes, aux galanteries sentimentales des troubadours, et jeter un reflet délicieux sur la chevalerie européenne.

III

ALLIANCE DE L'AMOUR ROMAIN ET DE L'AMOUR GERMANIQUE.

En entrant dans le palais des Mérovingiens, l'amour sérieux, dont Ataulphe, Clovis, Ethelbert nous ont donné des preuves, va disparaître et faire place aux

rapts et aux égorgements des pirates scandinaves.....
chose étrange! c'est dans leur frottement avec la corruption gallo-romaine, que les conquérants de l'empire trouveront ce réveil de barbarie... Dès leur arrivée, ils n'avaient éprouvé que dédain pour ce raffinement de luxe et de licence. Les évêques du cinquième siècle nous ont dit quelque chose de cette lutte; mais les Germains subiront bientôt l'influence de la civilisation antique, et, vainqueurs des armées de l'empire, ils se trouveront asservis par ses mœurs (1).

---

(1) Nous avons vu Salvien mettre la corruption romaine en parallèle avec la chasteté germanique : le même moraliste représente les Aquitains, aux trois quarts romanisés, comme les plus voluptueux et les plus dissolus des Gaulois.

« Nobles ou autres, dit-il, les Aquitains sont tous à peu près les mêmes : le ventre de tous ne forme pour ainsi dire qu'un seul et même gouffre, la vie de tous qu'une seule et même prostitution, ou quelque chose de pire encore. Oui, ce qui se passe dans les maisons de prostitution me paraît moins coupable.

« Les courtisanes qui habitent ces lieux ne sont point mariées; elles ne profanent pas un lien qu'elles ignorent; elles outragent la pudeur, mais elles sont exemptes d'adultères. D'ailleurs les quartiers qu'elles habitent sont rares, et les créatures condamnées à y passer leur misérable vie ne sont pas nombreuses... mais quelle est, chez les Aquitains, la ville dont la portion la plus opulente ne soit pas un lieu de prostitution? Quel est, parmi eux, l'homme puissant qui ne se soit vautré dans la débauche? Qui d'entre eux a gardé la foi conjugale, qui n'a pas ravalé son épouse à la condition de ses servantes, en s'en faisant comme de celles-ci un servile instrument de débauche? qui n'a pas outragé la sainteté du mariage, au point que l'épouse fut dans sa propre maison la plus vile aux yeux de son mari, alors que son titre lui donnait le droit d'en être la reine... »

La philosophie du temps favorisait cette lubricité; d'après

Ces deux états sociaux opposés, en se joignant prématurément par les deux extrêmes, allaient produire un phénomène moral qui mérite d'être noté.

La violence du caractère, la fougue des sens de ces hommes du Nord à la constitution athlétique, rencontraient autrefois certaine barrière dans les lois et dans les mœurs de la Germanie ; nous avons étudié ces usages et ces lois, dans le corps de la nation d'abord, dans la classe aristocratique ensuite. Le leude frank, comme le pirate scandinave, aime à enlever les femmes ; mais ces actes de violence ont pour mobile une passion sérieuse et nullement vile ; un amour profond, et non pas une fantaisie déréglée ; le mépris de l'autorité paternelle se mêle à des actes de courage, à une recherche des périls, qui en atténue la culpabilité. La sécurité générale et les mœurs trouvent donc certaines compensations dans ces mobiles d'un ordre assez élevé... Il ne suffisait pas, aux anciens chefs scandinaves, de rencontrer une femme et de la trouver belle, pour la déshonorer dans un

---

Claudien Mamert, « elle soutenait que l'âme est adhérente aux viscères, et emprisonnée dans la capacité du corps. (*De statu animœ*, n° 8.)

Le théâtre était dirigé conformément à ces principes ; il n'offrait plus qu'un tissu de *discours scéniques*, de *fables de courtisanes*, tellement indécentes et criminelles que Salvien déclare « qu'elles interdisent toute explication à leurs sujets (*De gub. dei*, VI, 3). Les chansons, récitées avec accompagnement d'instrument dans les noces et les fêtes, n'étaient pas moins licencieuses. Saint Césaire, évêque d'Arles, les qualifie « de chants d'amour diaboliques, de chants obscènes. » Le concile d'Agde interdit aux chrétiens de prendre part à ces assemblées où l'on chante d'impudiques chansons d'amour, où l'on se livre à des danses indécentes (*Concilium agatense*, an (506).

moment de dévergondage ; le convoitement et le rapt avaient certaines règles comme la galanterie aura les siennes au temps de la chevalerie.

A leur arrivée sur les bords de la Seine, les Franks suivaient encore ces lois ; quand ils eurent fait l'expédition d'Aquitaine et de Bourgogne, quand ils eurent pris des leçons de licence auprès des Gallo-Romains (1) ; ils se livrèrent sans mesure à tous les caprices de leur déréglement... Autant ils voient de femmes belles, autant ils en convoitent ; ils ne se donnent plus la peine de les prendre à force ouverte ; instruits par les peuples dégénérés, ils trouvent plus commode de les corrompre que de soutenir des combats pour les ravir. Ils débarrassent la passion des dangers qui lui donnaient une sorte de grandeur ; ils ne conservent que le principe du vol qui en fait la honte... Le Frank devient donc un Gallo-Romain complet ; il se familiarise avec les désordres des gynécées, et pratique les dissolutions honteuses que les évêques condamnent... l'imitation des mœurs des vaincus est exacte à ce point, que nous trouverons dans le palais du roi frank la reproduction fidèle de la famille du seigneur d'Aquitaine, telle que Salvien nous l'a fait connaître... La servante mérovingienne

---

(1) Une des premières leçons de licence et de jalousie furieuse qu'ils reçurent des Gallo-Romains fut le meurtre de la fille de Deutérie... cette mère *sage et de bon conseil*, ayant épousé, ou pour mieux dire, pris pour amant le roi Théodebert, lors de son voyage à Béziers, craignit que sa fille, qui devenait grande et belle, ne la remplaçat dans l'affection du roi ; elle la fit monter dans une bastarne attelée de bœufs sauvages, qui renversèrent le char du haut du pont de Verdun dans la rivière. (Grégoire, l. III, ch. XXII-XXVI.)

cumule les charges du ménage avec celle de favorite : elle lave le linge, soigne la basse-cour, fait le pain, en même temps qu'elle distrait le roi de ses ennuis et contente ses fantaisies peu délicates.

De là plusieurs conséquences notables : d'abord, abandon complet de l'amour passionné, belliqueux, des guerriers scandinaves : plus d'enlèvement l'épée à la main, après avoir fait le siége de la fière *Skoldmoée*.

Ces enfantillages étaient admissibles sur les bords du golfe de Finlande. On a traversé le Rhin ; on est sur les terres de l'empire, il faut se montrer civilisé, et voici les trois sortes d'unions que l'on pratique.

L'union politique et convenable à la manière d'Ataulphe et de Clovis que certains princes admettent par exception, parce qu'elle procure d'utiles alliances et de riches douaires.

L'amour licencieux et sans gêne, qui ne s'arrête devant aucun scrupule et qui se modèle sur celui des Gallo-Romains. Grâce à lui, le concubinat a gagné du terrain, il est devenu le concubinage.

Ce même amour se heurte enfin aux difficultés que lui opposent l'orgueil, la jalousie, la violence barbare ; il s'irrite dans la lutte et devient une passion furieuse, toute mêlée d'empoisonnements et d'assassinats.

Les Goths étaient à la tête de l'amour conjugal de la première classe, les princesses d'Espagne apportaient les usages de l'ancienne cour d'Ataulphe partout où elles s'établissaient.

Sigebert, quatrième fils de Clotaire et le plus honnête de tous, voulant donner à sa couronne le reflet d'une femme légitime, fille de roi, demanda la main de la princesse de Tolède, Brunehilde ; il n'eut pas de peine à l'obtenir. Son père, Athanagilde, la lui envoya à Metz... Les fêtes nuptiales eurent toute la pompe que pouvaient leur donner des seigneurs franks, secondés par des ambassadeurs visigoths. A Narbonne, les noces de Placidie avaient été exclusivement romaines ; sur le Rhin les noces de Brunehilde furent moitié franques moitié gothiques. Sigebert et ses leudes mirent de l'affectation à étaler leurs vêtements de peau et de fourrures, à servir d'énormes pots de bière et de cidre ; les Goths prodiguèrent les plats d'or, d'argent et les vins délicats ; on poussa des cris, on porta des santés et des défis à la manière des hommes du Nord ; on chanta des épithalames et des vers latins à la manière de ceux du Midi. Le poëte voyageur, Venantius Fortunatus, y débita ses poésies à la mode, il soumit aux applaudissements des Sicambres, tout aussi adorateurs d'Odin que du Christ, de belles descriptions de Vénus et de sa ceinture, de Cupidon et de son carquois, de Flore et de ses guirlandes (1). (*Grégoire de Tours,* l. IV, ch. XXVII.)

Sigebert prit au sérieux le premier prix de beauté décerné à la princesse visigothe : il l'aima non-seulement à la romaine, ce qui était un amour un peu controversé ; mais à la manière des chrétiens, c'est-à-dire honnêtement, sérieusement, jusqu'à sa mort, sans lui imposer un cortége de concubine.

Quant aux amours de la seconde classe, la brutale

---

(1) « O vierge que je trouve admirable et que ton époux estime délicieuse ; Brunehilde plus brillante que la lumière des cieux ; l'éclat de ton visage efface celui des pierres précieuses, le saphir et le cristal, le jaspe et l'émeraude te cèdent tous la palme de la beauté, et c'est l'Espagne qui a l'honneur d'avoir produit ce diamant inconnu jusqu'ici. » (*Venantius Fortunatus,* l. VI, p. 558.)

sincérité de Grégoire de Tours, si admirablement interprétée par Augustin Thierry, nous en montre les tableaux les plus exacts.

Le roi Chlotaire n'avait pas pris la peine d'aller chercher au loin une princesse pour en faire une reine; il avait ramassé la première servante qui s'était trouvée sous sa main, et lui avait donné la couronne : la préférence dont il favorisait Ingonde ne modifiait en rien, d'ailleurs, ses habitudes de concubinage : son palais n'était qu'un harem de la plus grossière catégorie.

La bonne et douce Ingonde, très-flattée de se trouver reine, n'éprouvait qu'un chagrin, celui de voir que sa sœur Aregonde ne l'était pas. Elle pria Chlotaire de lui procurer un mari vaillant et riche, afin qu'elle n'eût plus à rougir elle même de l'humble condition d'une parente aussi rapprochée. Chlotaire, pressé de voir une fille qu'on lui disait être fort jolie, se rend près d'elle, la trouve à son gré, l'installe dans sa chambre royale, et en fait sa femme sans y mettre plus de façon.

Ingonde était habituée à toutes sortes d'obéissances; elle ne fut pas plus émue de cette infidélité, qu'Esther ne l'eut été de l'arrivée d'une nouvelle esclave dans le harem d'Assuérus ; elle parut approuver la fantaisie de son seigneur et maître, pourvu que ses bonnes grâces à son égard ne fussent point altérées. (Grégoire de Tours, *Hist.*, l. IV, ch. III.)

Les quatre fils de ce roi dissolu se montrèrent dignes de leur père : ils prenaient, répudiaient, selon leur caprice, femmes et concubines de toutes les classes, mais particulièrement ces pauvres filles de la glèbe, pour lesquelles les moindres désirs du maître étaient des lois qu'elles n'osaient transgresser.

Gontram, un des plus avancés des quatre dans cet exercice de la débauche, avait au nombre de ces favorites la fille d'un Gaulois fiscalin. Haribert vivait avec les filles d'un cardeur de laine, deux sœurs aussi belles que dissolues qui partageaient très-fraternellement les devoirs de cette charge fort recherchée. Ce qui rendait leur libertinage plus piquant, c'est qu'elles appartenaient au service de la reine légitime et que l'une d'elles portait l'habit de religieuse.

La reine Ingoberge n'était pas d'un caractère aussi résigné que la douce Ingonde. Un jour elle se permit une simple plaisanterie sur le père des deux concubines, le cardeur de laine : Haribert résolut de relever la condition de cet homme en lui donnant le titre de beau père du roi. En conséquence, il répudie la reine et épouse Méroflède; et comme elle ne réunissait pas probablement toutes les qualités qu'il recherchait, il se donna une seconde reine légitime, du nom de Théodehilde, fille d'un pauvre berger. Méroflède ne tarda pas à mourir ; non pas de chagrin ou de jalousie certainement ; les femmes de cette époque étaient trop façonnées à ces accidents conjugaux pour s'en inquiéter : ..... Haribert se hâta de la remplacer en épousant sa sœur la religieuse. (Grégoire de Tours, l. IV, ch. XXVI.)

Ce monarque, à plusieurs femmes, était d'ailleurs aimé par elles selon ses mérites ; elles ne voyaient guère en lui qu'un fournisseur de riches vêtements, de bijoux, de chars argentés et de vivres copieux. Dès qu'il mourut, (ce qui lui arriva subitement à un âge peu avancé ; car le nombre des concubines ne fut jamais une assurance de longue vie,) chacune ne songea qu'à prendre une partie de ses dépouilles. La reine Théodehilde s'adjugea la plus grosse, et envoya proposer à son beau-frère de partager le trésor avec lui, s'il voulait la prendre pour femme.

Tant que l'épouse et la concubine se prêtent aveuglément à ces caprices du despotisme, le libertinage royal poursuit le cours de ses prouesses en toute sécurité ; mais les femmes d'origine barbare s'avisent quelquefois de résister à ces avanies, ou de concevoir des ambitions plus tenaces ; elles combinent des conspirations, se préparent à la vengeance. Le prince mérovingien n'ayant plus à faire à une esclave inoffensive et résignée doit prendre ses précautions, et nous arrivons naturellement aux passions violentes et sanguinaires de la troisième classe. Le roi ayant tout à redouter de ces femmes jalouses, ambitieuses, devient, presque à son insu, complice de leurs meurtres ; il se voit obligé de prévenir leurs projets des plus audacieuses en les faisant étrangler.

On sait ce qu'il en coûta à la reine Audovère pour avoir eu l'imprudence de prendre à son service une superbe fille appelée Frédegonde. Le roi Hilperic la trouva belle et la prit pour concubine : une fois installée dans cet emploi, elle parvint, à l'aide d'un stragème fort habile, à éloigner la reine de la chambre du roi sous prétexte de parenté, et comme Hilperic n'avait pas l'habitude de coucher seul, il mit Frédegonde à sa place..... Audovère fut envoyée au couvent. Frédegonde, ne l'y trouvant pas sufisamment enfermée, la fit assassiner quelques années plus tard.

Ce Hilperic eut d'ailleurs un étrange privilége ; celui de pratiquer les trois sortes d'unions, que nous venons de classer..... Un jour qu'il assistait au mariage de son frère Sigebert avec Brunehilde, il fut séduit par la pompe de cette alliance toute royale, et conçut un goût très-prononcé pour les princesses et les grandes noces... Aussitôt il envoie des ambassadeurs demander à Tolède une sœur de Brunehilde. Le roi Goth et sa femme éprouvaient bien certaine répugnance à donner leur fille Galeswinthe à ce roi frank qui passait pour un païen : il entretenait des concubines, persécutait les évêques et épousait des religieuses ; on était bien meilleur chrétien que cela à Tolède. Mais de graves considérations politiques balançaient ces inconvénients : on imposa des conditions à Hilperic. Il promit de renvoyer ses concubines, de rester fidèle à la reine *tant qu'elle vivrait*, et Galeswinthe s'achemina vers les rives de la Seine.

Si la jeune reine avait pris des précautions contre l'infidelité de son mari, la terrible Frédegonde en avait pris de meilleures pour reconquérir son amant; elle s'était réfugiée parmi les servantes du palais, et aussitôt qu'elle vit s'écouler le premier quartier de la lune de miel, elle se trouva *par mégarde* sur le passage de Hilperic ; son regard voluptueux, son sourire provoquant, rallumèrent les habitudes sensuelles du roi. Toutefois, il avait promis de rester fidèle à Galeswinthe, *tant qu'elle vivrait*: comment mettre sa lubricité d'accord avec ce serment?... Frédegonde en trouva bien vite le moyen assuré, elle fit étrangler la reine dans son lit.

Hilperic pleura un peu, comme on pleure dans les morts politiques, et pour se consoler il épousa Frédegonde..... Qui pouvait y trouver à redire ? Il n'avait juré fidélité à Galeswinthe que tout le temps *qu'elle vivrait*.

Maudissons Hilperic, mais n'oublions pas de le

plaindre..... Une terrible fatalité pesait sur son existence : Frédegonde s'était attachée à lui avec l'acharnement de ces serpents amoureux qui s'étreignent et s'étouffent dans leurs embrassements... L'attraction qui poussait Frédegonde vers lui, était la jalousie féroce de l'ambition sans amour, le désir insatiable d'exploiter la fortune, l'autorité d'un homme... C'était une de ces passions sauvages qui se couvrent des apparences de l'amour, mais qui transforment les amants en ennemis ; ils ont peur l'un de l'autre, ils ne s'embrassent qu'en craignant une morsure, ne s'asseyent à la même table qu'en redoutant un empoisonnement, ne s'endorment sur le même oreiller qu'en tenant la main sur une arme : c'était *l'amour complicité* de l'ancienne Rome élevé à sa plus terrible puissance.

La mort de la malheureuse Galeswinthe avait allumé entre Frédegonde et Brunehilde cette rivalité qui devait remplir la Gaule de discorde et d'assassinats. Frédegonde représentait le sensualisme barbare dans toute sa violence, Brunehilde une civilisation plus avancée ; mais la civilisation d'une chrétienne exaspérée par la vengeance, pardonnant peu, ne reculant devant aucun moyen pour perdre son adversaire... Lancée dans cette voie, Brunehilde oublie la charité en même temps que les plus simples principes de l'honnête et du juste ; elle favorise la dissolution précoce de son petit fils Théodoric pour l'abrutir ; et lui fournit toutes sortes d'esclaves et de concubines, afin de ne pas lui donner le temps de songer à un mariage qui aurait contrarié sa régence.

Nous ignorons si Brunehilde se repentit un jour de ces fautes, mais nous savons qu'Austrehilde seconde femme de Gontram avait une singulière façon de se repentir des siennes. Atteinte d'une maladie mortelle, en 580, elle pria le roi de lui accorder une grâce dernière; celui-ci la lui promit; il s'agissait de ne pas la laisser mourir toute seule, et de couper la tête à ses deux médecins le jour de ses funérailles. Gontram était homme de parole : il avait fait une promesse, il la tint. Les deux médecins furent décapités. (Grégoire, l. V, ch. XXXVI.)

Ce sensualisme, mêlé de cruauté, n'est pas l'apanage exclusif des rois ; les leudes se montrent dignes d'être leurs pairs : souvent ils les surpassent. Un jour, à propos d'une femme de Paris accusée d'adultère, deux partis se forment : on se rend au tombeau de saint Denis sur lequel le père de l'accusée devait faire serment de son innocence ; les épées sont tirées du fourreau, on s'attaque, on s'égorge sans que l'innocence de la Parisienne en soit mieux établie. Mais des deux côtés on avait fait appel à la force, versé du sang et la fureur se trouvait un peu calmé, comme un transport au cerveau l'est après une saignée abondante. (Grégoire, l. V, ch. XXXIII.)

Le duc Rauchingue, le plus puissant des seigneurs d'Austrasie, s'amusait à faire éteindre et rallumer des flambeaux entre les cuisses nues de ses malheureux esclaves ; plus leurs brûlures étaient profondes, plus il riait des contorsions que leur arrachait la douleur. Rauchingue avait d'ailleurs assez d'esprit pour jouer sur les mots. Un jeune homme et une jeune fille de sa glèbe ayant osé se marier sans son autorisation, Rauchingue entra dans une grande colère : un prêtre obtint cependant que le tyran féodal ne les séparerait pas, celui-ci, les maria à sa manière, il les fit enterrer vivants dans la même fosse. (Grégoire de Tours, *Hist.*, l. V, ch. III.)

Ces actes de cruauté sont étrangers à l'amour, dira-t-on peut-être?... Pas autant qu'on le suppose ; c'est à la manière dont un homme sait faire souffrir ses semblables et les tuer, qu'on peut juger du genre d'affection dont il est susceptible. Celui qui se plaît à verser le sang et à contempler la douleur, est nécessairement privé des éléments humains indispensables à l'amour ; le mécanisme de ses sens est incomplet, il voit la nature sous un jour faux et obscurci ; son regard n'apprécie pas plus la beauté des couleurs ou des formes, que son esprit ne saisit le rapport moral des actions. Son oreille ne juge pas mieux l'harmonie des sons que son âme la véritable grandeur des sentiments. Il préfère les cris de souffrance et de terreur aux chants de joie, le contact du fer au parfum des fleurs, la vue du sang dans l'obscurité à celui du sourire aux clairs rayons de la lumière... La tendresse est toute attraction, création, équilibre ; la cruauté est répulsion, destruction, ténèbres. Comment le méchant comprendrait-il la première loi, lui qui suit si bien la seconde.

Tout le monde n'est pas meurtrier néanmoins, même du temps de Brunehilde et de Frédegonde ; mais si nous rencontrons, çà et là, des leudes qui ne tuent point, nous n'en trouvons guère qu'un grossier sensualisme ne domine. Plus d'un membre du clergé appartient à cette école du plaisir matériel, qui établit son théâtre dans les alcôves et les réfectoires.

L'évêque de Bordeaux, Bertram, un barbare civilisé à la romaine, car il fait des poésies légères et des épigrammes, est une espèce de Paul de Samosate occidental ; il cultive la volupté facile, à la façon des rois ses cousins, et parade en public sur un char à quatre chevaux, escorté par les jeunes clercs de son église qui lui servent d'écuyers et de pages. Il ne se fait nul scrupule de prendre des concubines parmi les servantes ; et des maîtresses d'un grade supérieur parmi les femmes mariées. (Grégoire, *Hist.*, l. VIII.)

On sait de quel train l'évêque de Paris, Saffarac, menait la vie joyeuse au sixième siècle ; aussi fut-il déposé en 551. Sagitaire, évêque de Gap, et Salone, évêque d'Embrun, n'étaient guère plus retenus ; ils scandalisaient l'Église par les licences familières aux princes et aux barons, se montraient dans les combats armés de pied en cap, et tuaient des ennemis par centaines comme de véritables hommes de guerre. (Grégoire, l. V, ch. XXI.)

Grégoire de Tours nous parle aussi de l'évêque Priscus et de sa femme, avec une simplicité qui semble indiquer une grande habitude de ces sortes d'écarts dans l'épiscopat. Cette Suzanne se plaisait à persécuter et à faire périr les adversaires de son mari ; elle ne se bornait pas à vivre dans l'évêché avec ses servantes, au mépris des canons qui interdisaient aux femmes d'habiter près des évêques ; elle pénétrait jusque dans les cellules des religieux, et n'oubliait pas probablement de se rendre dans celle de certain diacre qu'on avait dû éloigner de la communion pour crime d'adultère. On connaît enfin l'histoire scandaleuse de ce clerc de la ville du Mans, précepteur de plusieurs enfants de grande famille, et que l'évêque Ætherius ne put arracher au libertinage le plus affreux. (Grégoire, l. IV et l. VI, ch. XXXVI.)

Le scandale devint tel, parmi les ecclésiastiques, que les rois et les conciles ne surent quelle conduite adopter à cet égard. Fallait-il fermer les yeux, faire la part de l'incendie, ou s'opposer résolument aux progrès du feu ?... Dans l'incertitude, on suivit alternativement les deux tactiques. Le concile de Tolède se montra fort tolérant envers le concubinage ; le concile de Lyon, au contraire, revint à la sévérité, il déclara les prêtres impudiques, indignes de porter la mitre. En 590, les canons livrèrent aux juges séculiers les femmes accusées d'avoir, avec des clercs, des relations suspectes (1). (*Histoire ecclésiastique*, sixième siècle.)

Quand les princes et les rois se furent livrés à tous les emportements des passions, au mépris des usages

---

(1) Ce bouleversement des lois morales remontait à plus d'un siècle. Pendant que le concubinat perdait en Orient ses anciennes prérogatives, sous la législation Léonine, la loi romaine avait laissé les enfants naturels et les enfants légitimes se mêler dans une telle confusion qu'ils étaient considérés comme égaux ; le père pouvait tout donner aux premiers lorsqu'il n'avait pas d'héritier d'un mariage régulier. (Troplong, *Influence du christ.*, p. 245-246.)

Les législateurs n'ignoraient pas que l'intempérance est le plus redoutable stimulant des grossières passions ; une loi de Charlemagne réprima la coutume, fort répandue en Allemagne, de contraindre les convives à boire plus qu'ils ne désiraient... Tout soldat convaincu d'en avoir excité un autre à s'enivrer fut condamné à boire une certaine quantité d'eau ; un autre capitulaire prononça l'excommunication contre le soldat qui s'enivrerait en campagne. (Corneille de la Pierre, *Comment. sur l'Ecriture-Sainte.*)

germaniques, ils songèrent à rendre les codes complices de leur dissolution. Le principe qui se trouva particulièrement modifié, dans la législation nouvelle, fut celui d'empêchement au mariage pour cause de parenté.

Les conciles du septième au dixième siècle, voulant donner des garanties plus étendues à la sécurité des familles, compliquèrent singulièrement les lois sur cette matière : les motifs d'empêchement au mariage devinrent plus nombreux (1). L'assimilation complète du parrain et de la marraine au père et à la mère de

---

(1) Le concile de Compiègne, tenu en 757, sous le roi Pépin, réglementa les obligations et les droits du mariage dans le plus grand détail ; il défendit à la femme qui se laisserait séduire par le frère de son mari de jamais se remarier ; son complice encourait la même punition ; mais le mari trompé pouvait épouser une autre femme. — Une fille avait-elle été mariée sans son consentement, elle pouvait quitter son mari et en épouser un autre avec l'autorisation de ses parents (*Labbe, Collectio Cornelio*, an 757). Le concile de Compiègne permettait dans certains cas le mariage au quatrième degré. Mais si dans les mariages au troisième degré, un des conjoints venait à mourir, l'autre ne pouvait se remarier. D'après le même concile, l'homme qui avait commerce avec deux sœurs ou avec une mère et sa fille était obligé de quitter sa femme qui pouvait se remarier. Par une subtilité d'interprétation, conforme à l'esprit du temps, ses deux complices pouvaient se marier si elles ignoraient qu'elles étaient la maîtresse du même homme ; mais si elles venaient à le découvrir elles devaient passer leur vie dans la pénitence, laissant leurs maris libres de prendre d'autres femmes.

Dans les grandes familles, des motifs d'ambition établirent l'usage de fiancer les enfants dès le berceau, ce qui impliquait l'absence de consentement valable et créait par conséquent un motif de divorce. « En Angleterre, dit Montesquieu, une jeune fille pouvait, dès l'âge de sept ans, se choisir un mari. »

l'enfant créa tout une lignée de frères et de sœurs, de cousins et de cousines conventionnels inconnus à l'ancienne loi. Les punitions pour cause d'infraction devinrent plus rigoureuses ; toutes aboutirent à la cassation du mariage, si bien qu'une recherche exagérée de la pureté dans l'union conjugale amena, peu à peu, des résultats qui équivalurent au rétablissement du divorce..... Bientôt il n'y eut plus de mari, quelque peu influent, qui, désirant abandonner sa femme et en épouser une autre, ne trouvât le moyen d'établir des preuves de parenté inconnues au moment du mariage, et de faire annuler ainsi son union religieuse : quelquefois même des tiers, intéressés à cette rupture, découvraient ce degré d'alliance prohibé, et imposaient aux époux, qui s'aimaient le plus, l'obligation de se séparer (1).

---

(1) On se rappelle les malheurs du roi Robert ; marié à Berthe, sa parente à un degré peu prohibé, puisque c'était le quatrième, il encourut l'excommunication pour avoir refusé de la quitter ; et après une vive résistance il dut sacrifier l'ardent amour de Berthe à ses intérêts politiques, et perdre sa femme pour ne pas perdre le trône.

L'évêque de Bordeaux, Bertram, poussa la manie des séparations jusqu'à prétendre que Bertheflède, sa parente, avait le droit de quitter son mari, trente ans après son mariage, sous prétexte que son consentement n'avait été ni libre, ni sincère. (Grégoire, l. IX, ch. XXXIII.)

IV

LA DISSOLUTION DESCEND DANS LES BASSES CLASSES

Cette grave perturbation, jetée dans les rapports des sexes dans les hautes classes, ne pouvait manquer de réagir sur les basses : la dissolution, qui nait toujours grande dame, ne tarde guère à se rendre roturière ; venue au monde vêtue de brocart et de soie, elle finit par se montrer en haillons.

Au début de la conquête, les peuples germains semblaient pénétrer dans l'Empire en hésitant ; leur histoire ne porte pas l'empreinte de déprédations et de brutalités trop violentes ; on dirait qu'ils ont peur de soulever les populations, de leur inspirer le courage du désespoir.

Aussitôt qu'ils se trouvent solidement fortifiés dans les châteaux, dès qu'ils ont expérimenté l'extrême soumission des vaincus, ils s'enhardissent, et ne mettent plus de bornes à leur violence : ils s'installent en maîtres sur les domaines, dans les maisons des anciens possesseurs, et disposent de toute chose à leur pleine fantaisie : « le Danois vainqueur de l'Anglais, disent les chroniques de la Grande-Bretagne, s'établissait dans sa maison : il y prenait gratuitement le feu, la table, le lit ; le maître véritable ne pouvait boire sans sa permission, ni demeurer assis en sa présence. L'étranger outrageait à son plaisir la fille, la servante (*et sic defloraverunt uxores nostras et filias et ancillas*). L'homme, assez hardi pour essayer de les défendre, était poursuivi comme une bête fauve ; tout asile lui était fermé ; sa tête devenait *tête de loup;* elle était mise à prix. Sous l'empire de ce despotisme sans frein les femmes qui n'étaient pas prises *en mariage* l'étaient *par amour* ; elles devenaient le jouet des valets d'armée et des plus sales vauriens : ils disposaient à leur gré des plus nobles filles ; il ne restait à ces malheureuses qu'à pleurer et à souhaiter la mort. » (Thierry, *Conquête*, t. I, p. 245, t. II, p. 27.)

On n'était plus au temps où Attila renvoyait libre et chargée d'or une mère et ses dix filles, où Clovis ordonnait à ses soldats de respecter les femmes et les églises.

Le mal était d'autant plus grand que des aventurières de la nature de Frédegonde, des concubines de la dernière classe, accompagnaient les conquérants et les excitaient à toutes les violences de la confiscation et du libertinage (1). Souvent les reines elles-mêmes luttaient de grossiereté avec ces rivales ; elles ne se montraient ni moins avides ni moins acharnées (2).

Un prince burgonde, nommé Gandolphe, qui vivait au huitième siècle, était si pieux qu'il avait reçu le

---

(1) Une saltimbanque ou jongleuse, nommée Adeline, se fit donner pour sa part de butin, par son amant Roger, comte normand, un fief dans la province de Hants. (Thierry, *ibid.*, t. II, p. xxxi.)

(2) Mathilde, femme de Guillaume et fille de Baudouin comte de Flandre, se fit adjuger, dans le partage des terres, toutes les possessions du riche Saxon Brihtik, ancien ambassadeur du roi Edwars en Flandre... Quel crime avait-il commis ? il avait refusé de l'épouser pendant son ambassade ; elle prenait sa revanche en le dépouillant de tous ses biens et en l'emprisonnant lui-même dans un château fort. (Thierry, t. II, p. 74.)

8.

don de miracle ; ce n'était pas que ce présent du ciel lui fut personnellement très-avantageux ; car il ne l'empêcha pas d'avoir en lot une femme détestablement méchante et dissolue ; elle s'appelait Ganea.

La sainteté n'est guère la qualité que les femmes de cette nature prisent le plus dans un mari ; aussi Ganea s'empressa-t-elle de prendre pour amant un clerc attaché au service de Gandolphe. L'adultère fut découvert, et Ganea soumise à l'épreuve de l'eau chaude. Il s'agissait pour l'accusée de prendre au fond d'un chaudron d'eau bouillante un caillou et de le rapporter à la surface. Cette eau fit si bien son devoir qu'elle lui brûla, quoique tiède à peine, et la main et le bras.

Malgré l'évidence du jugement de Dieu, le pieux Gandolphe offrit d'oublier le passé à condition que Ganea se repentirait dans l'avenir ; mais elle était peu disposée à changer de manière de vivre ; elle trouva plus commode de faire assassiner ce mari qui devenait gênant. Bien plus, quand il fut enseveli, elle osa se moquer des prodiges qui s'opéraient sur son tombeau, les comparant aux phénomènes les plus méprisables de notre faible nature : *miracula non secus ut ventris crepitum existimavit*. Le ciel ne laissa pas cette irrévérence impunie ; elle fut atteinte, depuis ce jour jusqu'à sa mort, de la plus désagréable des infirmités : *venter semper crepitabat*. (*Théâtre de Hrosvita*, préf. p. XXVI.)

Il faut bien le dire ! si la foi chrétienne faisait des progrès parmi les conquérants de l'Europe, il n'en était pas de même de la morale évangélique : la grossièreté barbare acquérait de jour en jour un nouveau degré de violence et l'on peut difficilement comprendre la naïveté qui présidait aux actes du plus odieux cynisme.

Chez les Bretons, huit, dix hommes se réunissaient et mettaient leurs femmes en commun (Litleton, *History of England*, t. II). En plein onzième siècle, Robert de Normandie rencontre, près de Falaise, une fort belle paysane qui lave du linge ; il veut en faire sa maîtresse; mais comme il est plus honnête homme que bien d'autres qui se seraient contentés de l'enlever sur l'heure, il envoie un de ses chevaliers proposer au père de l'acheter. Celui-ci commence par refuser, sans doute afin d'augmenter la valeur de l'objet ; puis il va consulter son frère, un hermite de grande réputation. Le dévot personnage répond que la volonté du prince doit être faite en toute chose, et le père se hâte de suivre ce bon conseil ; il fixe, avec Robert, le moment et le prix de la livraison d'Arlète..... A dater de ce jour, Robert fut très-heureux; il aima beaucoup la jeune paysane, et en eût un fils qui devint le terrible Robert-le-Diable. (Thierry, *Conquête*, t. Ier, p. 267.)

Pourquoi les gens du peuple se seraient-ils fait scrupule de livrer leurs filles pour de l'argent ? les princes faisaient-ils autre chose que de trafiquer des leurs dans des intérêts politiques ; les mariant à tort et à travers, sans daigner les consulter ; les installant dans le lit d'un allié pour conserver son amitié, d'un adversaire pour découvrir ses secrets et le perdre ? Aussi le baron professe-t-il peu d'estime pour cette femme qu'il a acquise en de semblables circonstances.

La comtesse de Coventry, en Angleterre, avait intercédé auprès de son mari, en faveur des habitants révoltés de ce comté. Le seigneur voulut bien leur pardonner, mais à une condition fort inattendue. On punissait alors l'adultère en promenant les coupables par les rues dans un état complet de nudité. Le comte Geoffroy considéra l'intérêt que sa femme portait à ses sujets comme un adultère ; il exigea qu'elle montât une haquenée blanche, après avoir quitté jusqu'à son dernier vêtement, et qu'elle parcourût dans cet état les rues de la ville entière.

La comtesse consentit à racheter la vie de ses vassaux au prix de cette humiliation ; mais elle évita une partie de la honte de cette épreuve ; elle défendit sous peine de mort, à qui que ce fut, de se montrer aux portes ou aux fenêtres le jour de son étrange promenade.

Comment douter après de pareils faits, choisis entre mille, de l'existence de certain droit du seigneur, qu'on a voulu contester dans ces derniers temps?.... Ce droit ne fut écrit nulle part, peut-être ; il resta comme la plupart des règles de droit coutumier gravé seulement dans la crainte des peuples. Mais la crainte qu'impose une tyrannie sans frein, est un code dont on ne saurait méconnaître la puissance..... Quand un seigneur peut faire impunément enterrer vivants deux amants qui avaient commis le crime de s'aimer sans autorisation, quand il peut punir, comme adultère, l'épouse qui ose demander grâce pour des sujets révoltés, qui donc l'empêcherait de prendre une fille à son père, à son fiancé, et de lui appliquer le droit de guerre que les peuples modernes eux-mêmes s'arrogent dans les villes prises d'assaut..... Le leude se considérait comme en pays conquis en Europe ; ses sujets étaient des vaincus, auxquels il daignait laisser la vie..... Ces vaincus, devenus serfs de la glèbe, étaient souvent d'anciens esclaves romains et leur maître d'autrefois, que le leude a remplacé, exerçait les droits les plus absolus sur le corps de ces esclaves des deux sexes.... Pourquoi le seigneur mérovingien qui a pris tant de goût à la dissolution romaine, n'exercerait-il pas les prérogatives du patricien son prédécesseur ?

Durant ces tristes siècles où la violence et le despotisme triomphent sur toute la ligne, le Germain ne paraît savoir chanter ni l'amour, ni les sentiments affectueux ; pas même la volupté qui se trouve réduite à la lubricité la plus grossière. Poëtes populaires et leudes sont tout à la guerre ; les rares débris de poésies germaniques et franques, qui nous sont restées, se complaisent dans les descriptions de combats furieux ou d'extases frénétiques. Que viendraient faire l'amour et la femme dans ces tableaux couleur de sang ? Le poëte n'a pas l'air de se douter, qu'il existe d'autres passions, d'autres désirs que ceux des fier-à-bras toujours en fureur (1).

Un évêque essaya même de faire déclarer comme un dogme, au synode de Mâcon, que la femme ne faisait point partie de la *nature humaine*. Tous ses collègues professaient heureusement des opinions plus sympathiques au sexe ; ils combattirent les erreurs de ce misanthrope à l'aide des textes sacrés, et il fut obligé de reconnaître que la femme était autre chose qu'un animal. (Grégoire, l. VIII, ch. xx.)

Tout le monde, heureusement, n'avait pas les mœurs et les opinions aussi grossières dans la Gaule ; une partie de la population tenait à honneur de protester contre ces habitudes de bouge et de coupe-gorge... Une

---

(1) Voyez le fragment d'épopée franque, retrouvée par Jacob Grimm et les *Germains avant le christianisme*, par Ozanam.

école spiritualiste se forma, qui mit sa gloire à rétablir la chasteté chrétienne dans toute sa pureté, et à sauver ainsi l'humanité de la colère du Christ, qu'on craignait voir, à tout instant, traiter la terre entière comme son père avait traité Sodome et Gomorrhe.

Cette école fut créée par des femmes qui se divisèrent dès le début en deux fractions : les unes abandonnèrent le monde qui leur semblait un gouffre de matérialisme grossier, elles pratiquèrent la tendresse éthérée, la virginité surhumaine prônée par les Pères de l'Église, et se réfugièrent dans les cloîtres. Les autres consentirent à rester dans la société, mais pour résoudre le problème de la chasteté, de la charité, de la piété dans le mariage.

V

LE CLOITRE ET L'AMOUR

A dire vrai, rien de plus rationnel que ce refuge des âmes d'élite, des âmes sentimentales dans les monastères. Il fallait que la femme eut une grande dose de courage ou de résignation pour affronter les périls du mariage, envisager de front la vie du sombre castel, près d'hommes licencieux ou barbares comme Hilpéric, ou Rauchingue. La famille franque était encore ce qu'elle avait été sous Frédegonde... Nous trouvons au milieu du dixième siècle, dans un couvent de Gandershein, une abbesse nommée Gerberge, réfugiée là, à la suite de circonstances qui peignent bien l'esprit du temps. Mariée au comte Bernard, elle avait tant à souffrir de la brutalité de ce Saxon, qu'elle prit la fuite vers un cloître. Son mari l'y poursuit et la réclame; on la lui refuse, il jure de venir l'enlever à la tête de ses troupes aussitôt qu'il aura terminé certaine expédition de guerre qu'il ne peut remettre à plus tard. Par bonheur pour Gerberge, ce mari trop amoureux fut tué pendant la campagne, sa veuve se trouva libre de rester au couvent.

Des actes analogues se reproduisaient dans toutes les parties de l'Europe : aussi les femmes de la classe élevée cherchaient-elles dans le célibat une indépendance, une sécurité que leur refusait le mariage... celles-là n'étaient pas des femmes au cœur froid, à l'imagination stérile; mais au contraire, des âmes ardentes et pures qui ne demandaient qu'à consacrer une vie de dévouement et de tendresse à un être digne de leur affection... mais séparées de l'amour vrai par le despotisme féodal, menacées d'être unies à des maîtres antipathiques et grossiers, elles prenaient l'alarme, s'exagéraient les exigences de la foi, et finissaient par considérer l'amour des sens comme un outrage à celui du cœur; elles le repoussaient et cherchaient la liberté des sentiments derrière des grilles qui protégeaient leur corps tout en le retenant prisonnier.

Ainsi le monde paraissait, à ces natures fières et délicates, tout aussi peu habitable qu'il l'avait été pour les femmes libres de la Grèce. Les chrétiennes se délivraient du joug du mariage comme les *hétaires* s'en étaient affranchies; seulement l'Évangile mettait une grande différence entre ces révoltées d'aujourd'hui et celles d'autrefois. Les femmes de la Grèce renonçaient au mariage sans renoncer à l'amour; les chrétiennes ne pouvaient se soustraire aux lourdes charges de la famille, qu'en disant d'éternels adieux à la satisfaction des sens.

Le cloître paraissait même, au point de vue séculier, le seul asile où le célibat pût trouver quelque sécurité. Les femmes étaient bien plus exposées en Europe qu'elles ne l'avaient été dans la Grèce ou à Rome : la féodalité vivait dans un état de guerre permanente; villes et castels étaient fréquemment assiégés et pris d'assaut; mille tyrans sans frein passaient leur temps à enlever les filles et les femmes, et la chevalerie n'était pas encore organisée.... Le sexe devait donc songer à se protéger lui-même ; il le faisait en se refugiant derrière les remparts des monastères.

Cette destinée fut celle des reines comme celle des simples baronnes.

Radegonde, fille d'un roi de Thuringe, avait été faite prisonnière par les roi franks et comprise dans le lot de Chlotaire... La jeune captive promettait de devenir belle; aussi Chlotaire l'attacha à son palais, et lui fit donner une éducation très-soignée. Radegonde mêla, dans sa tête, la vie des saints et celle des grands hommes, l'histoire des Pères, et celles des conquérants romains, la théologie de saint Augustin, et les poésies de Virgile.

Son âme, développée par cette connaissance des hommes et des choses, s'ouvrait aux douces rêveries d'un amour spiritualiste et poétique, lorsqu'elle reçut du roi l'ordre de venir le joindre et de prendre rang parmi ses reines ou ses concubines, car la différence était difficile à marquer entre ces deux classes de femmes soumises à toutes les fantaisies du maître. La jeune fille, épouvantée à l'idée d'entrer dans le lit d'un roi poligame, prend la fuite étourdiment. On la ratrappe; elle est conduite à Soissons, et épousée à la manière un peu cavalière des fils de Mérovée.

Radegonde se croyait fort incomplètement mariée avec ce roi, chrétien de nom, mais idolâtre de fait; elle se tint aussi éloignée de lui que possible, et n'éprouva pas le plus léger sentiment d'amour..... Chaque nuit, elle s'échappait furtivement du lit aussitôt que le roi dormait, et parvenait ainsi à lui dérober son corps quelquefois, et son âme toujours. Devenue libre un instant, elle allait se coucher sur une natte ou sur les planches, et rentrait toute glacée dans le lit nuptial, dès que son mari la rappelait à son réveil : aussi Chlotaire assurait-il avec quelque raison « qu'il avait épousé une nonne, et non pas une femme. »

Que ne disait-il tout à fait vrai !... Le cloître devenait la seule ambition de cette âme aimante, impressionable, et d'une délicatesse que le roi barbare ne pouvait apprécier. Elle finit par s'échapper du palais et, après une fuite qui ne fut pas sans danger, elle se rendit à Poitiers où elle fonda le monastère célèbre qui porta son nom (1).

La jeunesse de Radegonde s'était écoulée sans amour ; un odieux mariage avait étouffé ce besoin d'aimer, de vivre par le cœur qui fermentait en elle. Une fois installée dans le cloître, très-littéraire et même

---

(1) « Le monastère de Sainte-Radegonde, dit Augustin Thierry dans un de ses plus remarquables chapitres, était, selon les rites, une sorte de compromis entre l'austérité monastique et les habitudes mollement élégantes de la société civilisée. L'étude des lettres figurait au premier rang des occupations imposées à toute la communauté : on devait y consacrer deux heures chaque jour, et le reste du temps était

un peu mondain de Poitiers, elle crut avoir trouvé l'élément intellectuel, le foyer sentimental qu'elle souhaitait, et sembla ne plus désirer autre chose.

Que lui manquait-il en effet ? Elle lisait les poëtes ; elle recevait les littérateurs, les évêques et les riches Gallo-Romains, voyageurs ; elle écoutait leur conversation, se tenait au courant des questions politiques et scientifiques. Ces distractions aidant, elle arriva à l'âge de la maturité sans avoir connu les agitations des sens autrement que par les révélations que l'imagination nous donne.

Un jour, un poëte illustre, passant à Poitiers, vint

---

donné aux exercices religieux, à la lecture, aux Livres saints, à des ouvrages de femmes. Une des sœurs lisait à haute voix durant le travail fait en commun, et les plus intelligentes, au lieu de filer, de coudre ou de broder, s'occupaient, dans une autre salle, à transcrire les livres, pour en multiplier les copies. Quoique sévère sur certains points, comme l'abstinence de viandes et de vin, la règle tolérait quelques-unes des commodités, et même certains plaisirs de la vie mondaine : l'usage fréquent du bain dans de vastes piscines d'eau chaude, des amusements de toute sorte, et, entre autres, le jeu des dés, étaient permis. La fondatrice et les dignitaires du couvent recevaient dans leur compagnie, non-seulement les évêques et les membres du clergé, mais les laïques de distinction. Une table somptueuse était souvent dressée pour les visiteurs et pour les amis ; on leur servait des collations délicates, quelquefois de véritables festins, dont la reine faisait les honneurs par courtoisie, tout en s'abstenant d'y prendre part. Ce besoin de sociabilité amenait encore au couvent des réunions d'un autre genre. A certaines époques, on y jouait des scènes dramatiques, où figuraient, sous des costumes brillants, de jeunes filles du dehors, et probablement aussi des novices de la maison. » (Voir GRÉGOIRE DE TOURS, l. X, ch. XV et XVI.)

ébranler cet équilibre moral. Ce poëte était Venantius Fortunatus, le bel esprit du temps ; cet Italien adulé, admiré, dans la Gaule entière, faisait des vers charmants, plus flatteurs encore que faciles..... Les circonstances étaient favorables pour pénétrer dans le cœur de Radegonde tout ouvert aux charmes de la littérature et des littérateurs. Venantius fut accueilli avec l'émotion que la femme la mieux fortifiée contre les tentations ne saurait éviter en présence d'un homme digne d'être aimé.

Les mois s'écoulèrent dans une douce et chaste intimité : mais l'amour du cœur ne marchait pas moins grand train, et lorsque Fortunatus parla de départ, Radegonde et son amie, la jeune abbesse Agnès, ne purent se faire à l'idée d'une séparation ; elles lui demandèrent pourquoi il s'éloignait, pourquoi il ne restait pas auprès d'elles.

Comment résister ! Fortunatus connaissait les femmes, il ne pouvait se méprendre sur le sens de cette prière. Ne recueillait-il pas le fruit de ses conversations enjouées, de sa poésie flatteuse et sentimentale, de cet art de plaire qu'il pratiquait si bien ? Souvent il avait tressé des corbeilles d'osier de ses propres mains, et les avait offertes aux deux recluses, toutes remplies de violettes et de primevères..... Il célébrait en vers trèsgracieux leurs petits soupers faits à trois, assaisonnés *de causeries charmantes.....* On eût dit d'un souper de Catulle ; seulement les faciles Lesbies d'autrefois cédaient la place à d'irréprochables religieuses..... Mais la salle était tendue de guirlandes de fleurs. Le vin coulait à plein bord ; peu s'en fallait que le poëte ne fût couronné de roses..... Cette fleur allégorique jouait son rôle dans le festin; son nom revient quatre fois dans une seule strophe du poëte..... Quelle ardeur ! Quels transports ! Radegonde et la jeune abbesse sont *sa vie, sa lumière, les délices de son âme*..... Il célèbre l'anniversaire de la naissance d'Agnès ; il pleure le premier jour du carême, lorsque Radegonde se sépare de lui pour entrer en retraite ; il chante son retour à Pâques, et compare un peu hardiment sa réapparition à la résurrection du Christ (1).

On devine ce qui s'échangeait de soupirs et de palpitations, d'intimités de cœur et de tendresses spiritualistes, entre ces trois personnes absorbées par la partie la plus épurée du sentiment.

Les gens matérialistes de l'époque n'admettaient guère cette division de l'amour en deux parties ; ils s'attachaient exclusivement au côté positif et visible de la passion..... Ils accusèrent la reine, et tout au moins l'abbesse Agnès qui n'avait que trente ans, de professer pour le poëte des préférences d'une nature peu éthérée ;..... Fortunatus repoussa énergiquement cette accusation et donna à son attachement un caractère exclusivement fraternel et mystique (2).

Nous ne mettons nullement en doute la sincérité de cet aveu ; Radegonde est à l'âge où les cheveux blanchissent, et l'Eglise a fini par la canoniser. Sœur

---

(1) « Avec toi s'étaient éloignées toutes mes joies, avec toi elles me reviennent, et ta vue me fait célébrer doublement le jour de Pâques. »

(2) « Ma vénération en fait une mère, mon amour en fait une sœur douce et tendre ; je l'entoure d'une foi pieuse, d'une amitié cordiale, d'un attachement céleste, et nullement des liens coupables du corps. Ce n'est pas son visage que j'admire en elle, mais son esprit ; j'en atteste le Christ. » (FORTUNATUS, lib. XI.)

Agnès est fort intéressante, et nous ne demandons pas mieux que de ne pas rencontrer le scandale dans le monastère de Poitiers. Nous nous bornons à constater chez les deux recluses l'explosion inévitable de ce besoin d'aimer qui poursuit la femme jusque dans le cloître où elle espérait l'éviter. Cette expansion du cœur, toute honnête qu'elle soit, n'en donne pas moins le change à un poëte, assez expert en la matière ; il prend pour la célébrer le ton galant de Tibulle et d'Horace (1).

Permettons-nous encore quelques révélations indiscrètes au sujet des religieuses de Poitiers. Une jeune fille nommée Ditiola, réfugiée dans leur monastère, mourut après une assez longue maladie en poussant un grand éclat de rire : quelle était la cause de cette étrange agonie ? C'est qu'après un assez rude combat entre l'ange Michel et le diable, l'ange avait eu le dessus et avait emporté l'âme de la jeune fille au ciel. Tel fut du moins le récit d'un possédé des environs qui se plaignait fort de la victoire de l'archange.

Nous ne doutons pas que l'âme d'Agnès ne fût aussi pure et aussi bien accueillie dans le ciel que celle de la jeune Ditiola ; mais nous pensons également que l'amour humain avait commis dans ces deux âmes certains larcins au préjudice de l'amour du Christ. Nous en trouvons un nouveau témoignage dans la suite du récit de Grégoire de Tours. Une sœur du même monastère eut, après la mort de Ditiola, une vision qui l'agita beaucoup : il lui semblait qu'elle était en voyage et qu'un *homme* lui était apparu ; il marchait

---

(1) Voir l'admirable *Récit mérovingien* de M. Augustin Thierry.

devant elle, et lui montrait le chemin *de la fontaine d'eau vive qu'elle cherchait.* Ils cheminèrent ainsi quelques instants, et arrivèrent enfin « à une grande fontaine dont les eaux brillaient comme de l'or, et dont les herbes, semblables à toutes sortes de pierres précieuses, rayonnaient de toute la lumière du printemps. L'homme lui dit : voilà la fontaine d'eau vive que tu as cherchée avec tant de travail; désaltère-toi à son courant, afin qu'elle devienne pour toi une fontaine jaillissant dans la vie éternelle. Comme elle buvait avidement de cette eau, voilà qu'elle vit venir de l'autre côté l'abbesse, qui, l'ayant dépouillée de ses vêtements, la couvrit d'habits royaux; ils brillaient d'un éclat d'or et de pierres précieuses, surpassant presque l'imagination ; l'abbesse lui disait : « *Ton fiancé t'envoie ces présents...* »

Voilà quelques-uns des soulagements à l'aide desquels l'imagination de la religieuse la plus pure parvenait à apaiser l'effervescence qui fermentait en elle; son cœur s'enivrait de ce titre *d'époux.* Ce conjoint invisible qu'elle ne pouvait atteindre de la main, elle le contemplait en rêve; elle se parait des vêtements de reine qu'il lui avait donnés en cadeau de noces; elle était *fiancée,* elle était *épouse,* et ces mots, d'une ineffable douceur, calmaient ses impatiences et rendaient ses insomnies délicieuses. La jeune religieuse de Poitiers est tellement remplie de ces idées d'hymen, qu'elle ne veut plus s'en séparer un seul instant : elle prie l'abbesse de lui faire construire une cellule étroite, dans laquelle on la murera comme dans un tombeau et ce tombeau ne sera pour elle qu'un lit nuptial... Le couvent tout entier le considère ainsi ; on l'y conduit en procession, au chant des hymnes et à la clarté des flambeaux, comme les Grecs et les Romains conduisaient les époux à leur chambre d'amour. Arrivée sur la porte, la recluse donna un dernier baiser à chacune des vierges, puis elle entra dans la cellule, on en ferma l'ouverture; elle y vivait encore du temps de Grégoire de Tours, seule avec l'époux mystique à la contemplation duquel elle s'était entièrement consacrée. (Grégoire, l. VI, ch. 29.)

Toutes les vierges de Poitiers ne se contentaient pas de cette espèce de mariage symbolique; le diable, qui se mêlait alors ouvertement des affaires humaines, inspirait à quelques-unes des désirs beaucoup plus exigeants. Chordielde, fille de Haribert, abandonna ce cloître avec une de ses cousines et plusieurs autres religieuses : la plupart se marièrent, devinrent mères, et finirent par lever une petite armée de voleurs, d'assassins et d'adultères, pour résister à ceux qui voulaient leur imposer la claustration et le célibat. Cette Chordielde est une véritable Frédégonde cloîtrée; ses assassins à gages envahissent un jour le monastère, arrachent l'abbesse du sanctuaire, la traînent par les cheveux, et veulent la tuer; plusieurs de ses serviteurs tombent morts en la défendant, le feu est mis à l'établissement à l'aide d'un baril de goudron... Citée devant le tribunal des évêques, Chordielde accuse l'abbesse de cacher dans le couvent un homme habillé en femme, et le désigne même du doigt dans l'assemblée. Un médecin appelé devant le tribunal déclare que cet homme est eunuque. « Quelle sainteté trouvera-t-on dans une abbesse qui rend les hommes eunuques et les oblige d'habiter près d'elle à la manière de Constantinople ? » s'écrie Chordielde exaspérée..... poursuivant le cours de ses accusations, elle prétendit que l'abbesse mettait les bains des religieuses à la disposition des serviteurs du monastère, qu'elle jouait aux dés, habillait une de ses nièces avec des napes d'autel, l'avait fiancée dans l'intérieur même du couvent, et qu'elle commettait l'adultère avec des personnes dont elle donnait les noms... mais les évêques reconnurent toutes ces accusations calomnieuses ; les violences et les révoltes de Chordielde n'eurent pas de résultat (1). (Grégoire, l, IX, ch. XL. l. X, ch. XV et XIX.)

Nous nous trompons : elles eurent celui de compléter le tableau dramatique et moral du monastère de Poitiers, d'en faire un résumé très-exact de la société gauloise à cette époque : Chordielde et ses complices

---

(1) Les évêques fondateurs du couvent de Sainte-Radegonde avaient prévu ces révoltes : ils savaient que le dogme de la virginité devait rencontrer de sérieux obstacles appliqué aux robustes filles de race germanique ; aussi avaient-ils lancé d'avance de terribles anathèmes contre les insurgés.

« Si, par le conseil de l'ennemi du genre humain, une religieuse voulait couvrir d'une tache d'ignominie sa discipline, sa gloire et sa couronne, pour se vautrer dans la vile fange des rues, disaient-ils dans leur lettre pastorale, qu'alors séparée de notre communion, elle soit frappée d'un horrible anathème... Si, après avoir laissé le Christ, elle se soumet à la puissance du diable et veut épouser un homme, non-seulement la fugitive, mais aussi celui qui se serait joint à elle en mariage, sera regardé comme un infâme adultère, et plutôt comme un sacrilège que comme un mari. Quiconque, lui donnant un poison plutôt qu'un conseil, l'aurait engagée à cette action, sera, par le jugement céleste, et avec notre assistance, frappé d'une vengeance pareille à celle qui a été prononcée contre elle, jusqu'à ce que, s'étant séparée de celui à qui elle se sera unie, elle soit revenue aux lieux qu'elle aura quittés, pour y faire pénitence de son crime exécrable et mériter d'y être reçue et réélue. »

y représentaient l'élément grossier et brutal des Franks ; Agnès et Radegonde l'esprit chrétien, charitable, virginal, épuré. Fortunatus y jetait ce dernier souffle de l'esprit romain, à la fois galant et délicat, qui traversait timidement l'époque mérovingienne et s'avançait vers le moyen-âge..... Ce mysticisme amoureux du poëte et des deux religieuses, posait les fondements de l'école qui allait dominer en Europe du onzième au douzième siècle. Nous verrons, en effet, les troubadours placer la femme sur un autel qu'elle n'avait jamais occupé dans l'antiquité ; que la Gaule et la Germanie seules avaient commencé de dresser pour elle ;... ils en feront l'objet d'un culte à la fois respectueux et galant, toutes les œuvres rentreront dans le cadre d'un art d'aimer très-sérieux, ayant quelque chose de dogmatique ; ils écriront le catéchisme sur une page, le bréviaire des amants sur l'autre... Les Apôtres et les Pères avaient nettement proclamé la scission de l'Évangile et de la galanterie ; les troubadours chercheront à réconcilier ces deux éléments, ils y réussiront au-delà de toute espérance, ils inaugureront le règne de l'amour dévot et de la volupté mystique... disons tout de suite, pour être juste, que les moines et les religieuses du dixième et du onzième siècle leur avaient singulièrement préparé la voie.

VI

L'AMOUR DANS LE MONDE CONSIDÉRÉ DU FOND DU CLOITRE.

Si la femme réfugiée dans le cloître se borne à cultiver l'amour du cœur, une irrésistible curiosité la porte à regarder en arrière dans le monde qu'elle a fui ; il est peu de passions, peu de mystères scabreux qu'elle n'aime à sonder, bien que ce soit pour les maudire.

Enfermée dans le cloître par nécessité, bien plus que par ferveur religieuse, elle y apporte souvent les regrets du passé ; elle a pu fuir le mariage comme un tyran ; elle ne peut renoncer à jeter un regard sur la société qu'elle avait entrevue... elle se fait donc une vie monastique à moitié mondaine : le parloir devient un salon où les personnes des deux sexes se réunissent, non pour *tonner* contre *le siècle*, mais pour l'étudier tel qu'il est, avec ses vices et ses vertus, et faire jaillir du contraste des leçons capables de le rendre meilleur.

La religieuse sevrée de la pratique de l'amour n'en reste pas moins sous le poids de cette préoccupation qui l'obsède comme une maladie chronique ; elle trouve certain soulagement à l'étudier chez les autres, et ne craint pas de mettre sous ses yeux des tableaux de perturbations et de désordres fort avancés. La femme aime par le cœur beaucoup plus que par les sens ; l'imagination parvient souvent à satisfaire son besoin d'aimer, au point qu'elle oublie les privations que le corps s'impose... dans le monde, les troubles dont elle est la complice sont une conséquence des exaltations de *la mode* bien plus qu'une nécessité de tempérament. Il est des siècles où elle se fait galante et dissolue par manie de bon ton, comme elle porte des fourrures ou des bijoux, des manteaux flottants ou des robes courtes ; que la mode soit au célibat et à la virginité, elle trouve la force de rester vierge avec une facilité qui nous étonne. La mode soufflait de ce côté, du septième au dixième siècle ; la femme l'adopta comme une chose distinguée, et trouva des compensations satisfaisantes dans les conversations, moitié érotiques, moitié dévotes, qu'elle se permettait dans le parloir.

La pauvre exilée du monde, poursuivie par d'inévitables regrets, cherche évidemment, sans préméditation peut-être, à se nourrir d'images et d'émotions langoureuses ; elle donne le change à sa chasteté mécontente en lui jetant en pâture les rêves de son imagination, ou quelques rumeurs licencieuses qui lui arrivent du dehors.

Cette vie du cloître, pure de fait, mais très-avide de curiosités et de problèmes ; cet examen d'un monde corrompu, exécuté du fond de la solitude, sont énergiquement caractérisés dans les œuvres de Hroswita célèbre religieuse d'un monastère de la Saxe.

Poëte du cœur comme toute femme très-sensible en qui la religion a fortement comprimé les passions sans les éteindre, Hroswita se plaît à analyser les émotions qu'elle ne connaît que par intuition et ouï dire, à opposer le tableau des délices de l'âme pure, aux emportements des appétits sensuels ; elle les peint avec une vigueur de pinceau capable de troubler profondément tout auditeur qui ne serait pas cuirassé contre la tentation.

Pour rendre ses leçons plus saisissantes, elle choisit la forme dramatique, fait jouer ses pièces par de jeunes hommes et de jeunes religieuses ; elle a l'honneur d'être l'héritière de Térence au milieu du dixième siècle et la fondatrice du théâtre chrétien.

Ces drames prouvent d'ailleurs que l'amour de

Ménandre et de Plaute s'est conservé chez les Romains de son temps avec une grande exactitude. La maîtresse et la courtisane y jouent leur ancien rôle avec une franchise graveleuse qui ne serait pas déplacée dans les *gayètes* des cent *Nouvelles nouvelles* où les grossièretés *de Rabelais*. L'expiation chrétienne ne manque pas, il est vrai, de venir au dénoument purifier les souillures des premiers actes ; mais elle ne se montre qu'après avoir laissé le plus hardi libertinage prendre ses ébats en pleine liberté, et la moralité de la fin a bien de la peine à compenser les désordres du commencement.

Dans la pièce *d'Abraham*, l'ermite de ce nom a retiré dans sa solitude une nièce toute jeune, une orpheline qui lui cause autant d'inquiétude qu'elle lui inspire d'affection ; il craint que « son éclatante beauté ne soit un jour ternie par la souillure du péché ; » aussi « brûle-t-il de la fiancer au Christ et de la soumettre à sa discipline. » Marie répond d'abord aux intentions de son oncle avec la plus louable ardeur : « qui ne saurait apprécier ce bonheur, dit-elle, vivrait comme la brute ; aussi méprise-t-elle les biens terrestres ; elle renonce à elle-même pour mériter d'être admise à jouir d'une si grande félicité. » Abraham, au comble de la joie, « lui construit auprès de son ermitage une cellule dont l'entrée est fort étroite et par la fenêtre de laquelle il lui enseignera, dans ses fréquentes visites, les psaumes et les autres parties de la loi divine. »

Mais nous l'avons déjà dit. Ce culte excessif de la virginité est exposé à de grandes vicissitudes, quand on l'impose à ceux qui ne sont pas faits pour lui. En voulant créer des épouses du Christ, sans tenir compte des dispositions contraires de certaines constitutions, on s'expose à faire des vierges folles de l'école de celles de Carthage. La petite fenêtre de la cellule de Marie n'est pas tellement étroite que le malin ne parvienne à y faire passer toute autre chose que l'Écriture sainte. Bientôt un immense sujet de deuil frappe Abraham : Marie devient la victime « d'un imposteur qui lui rendait souvent d'hypocrites visites sous un habit de moine ; elle s'est échappée par la fenêtre pour commettre le crime..... ce n'est pas tout! Après avoir un instant pleuré sa faute, elle est tombée dans l'abîme de l'endurcissement ; et désespérant de mériter jamais son pardon, elle est rentrée dans le siècle, » et par quelle porte, hélas! « Elle a choisi pour demeure la maison d'un homme qui lui prodigue tous ses soins et non sans raison ; car il reçoit de grosses sommes d'argent des nombreux amans de la jeune fille..... » quelle désolation ! « Celle que l'ermite avait élevée pour devenir l'épouse du Christ, se livre à des amants étrangers !... »

En apprenant ces tristes nouvelles, Abraham demande un cheval léger, un habit militaire, et veut se présenter à Marie sous les dehors d'un galant amoureux. Il n'oubliera pas « d'emporter la seule pièce d'or qu'il possède, afin de payer l'hôtelier, » la situation est scabreuse ; elle va le devenir davantage...... Abraham se présente à la maison suspecte « et demande s'il y a place pour un voyageur qui veut y passer la nuit : quelle question ! l'hôtellier doit-il refuser son humble habitation à personne ! » Abraham le prie « d'accepter la pièce d'or et de faire en sorte que cette très-belle fille qui demeure chez lui vienne prendre place à sa table ; il se fait une grande joie de la connaître ; il a si souvent entendu louer sa beauté qu'il en brûle d'amour. »

Cet aveu, dans la bouche d'un homme à cheveux blancs, étonne fort l'hôtelier ; il s'avise de lui faire de la morale ; « Peut-il bien, vieux et décrépit comme il est, soupirer d'amour pour une jeune femme? » Mais Abraham fait le brave et déclare « n'être venu que pour la voir ; » l'hôtelier va chercher Marie « et lui ordonne de faire admirer sa beauté à ce néophyte. Sa réputation grandit, les jeunes gens ne sont plus les seuls à la trouver belle, les vieillards eux-mêmes accourent en foule pour lui témoigner leur passion. »

Marie, docile et bien instruite, répond « que tous ceux qui l'aiment reçoivent d'elle un amour égal..... » Abraham lui demande un baiser ; elle ne se borne pas à le lui donner, elle offre encore de « caresser et d'entourer de ses bras, ce col que les ans ont courbé. » L'ermite se laisse faire : « c'est à présent qu'il doit feindre, qu'il doit se livrer à de joyeux ébats comme un jeune étourdi, de peur que sa gravité ne le fasse reconnaître, et que la honte ne pousse Marie à se cacher plus avant dans sa retraite... » Tout à coup, Marie sent « une odeur de parfum extraordinaire, une saveur particulière qui lui rappelle son ancienne abstinence.

« Plût à Dieu, s'écrie-t-elle, que la mort m'eût enlevée, il y a trois ans! Je ne serais point descendue à une vie aussi criminelle. »

Mais Abraham « n'est pas venu pour pleurer avec elle sur ses péchés, il veut partager son amour, » et Marie, jetant au loin ce repentir passager, ne songe plus « qu'à bien souper et à se livrer à la joie. »

Quand ils ont largement bu et mangé, Abraham « veut aller s'étendre dans un lit, et refaire ses forces dans un doux repos. » Marie le conduit dans une chambre où ils seront commodément ; elle lui montre un lit qui n'est point composé de pauvres matelas et l'engage à s'asseoir afin qu'elle lui épargne la fatigue d'ôter sa chaussure. »

Abraham est plein de prudence ; il la prie de pousser les verroux avec soin pour que personne ne puisse entrer. » Elle obéit... et c'est alors, qu'ôtant son grand chapeau, il se fait reconnaître par un coup de théâtre habilement ménagé..... Marie, à demi foudroyée, tombe aux pieds de l'ermite : celui-ci ne l'écrase pas de reproches ; ses paroles, au contraire, sont pleines de mansuétude et d'encouragement.

— « Pourquoi m'as-tu méprisé ? lui dit-il. Pourquoi m'as-tu abandonné ? pourquoi ne m'as-tu pas instruit de ta chute ? Aidé de mon cher Ephrem, j'aurais fait à ton intention une complète pénitence. »

— « Après que je fus tombée dans le péché, répond Marie, souillée comme je l'étais, je n'osai plus m'approcher de votre sainteté: »

— « Qui jamais fût exempt de péché, si ce n'est le fils de la Vierge ?... Pécher est le propre de l'humanité ; ce qui est du démon, c'est de persévérer dans ses fautes : On doit blâmer, non pas celui qui tombe par surprise, mais celui qui néglige de se relever aussitôt..... Vos péchés sont bien grands, je l'avoue, mais la miséricorde divine est plus grande que toutes les choses créées..... Bannissez cette tristesse et profitez du peu de temps qui vous est donné pour vous repentir. Plus sont grands l'abomination et le désordre, plus la grâce divine abonde. »

Quelle encourageante et douce morale !... On sent que les chrétiens du dixième siècle sont rapprochés du temps des apôtres ; ils savent compâtir à la faiblesse humaine et la ramener à la vertu, non par la terreur, mais par la miséricorde... Quelques siècles plus tard, dans les treizième, quatorzième, quinzième, l'ermite aurait tonné contre la pécheresse, il lui aurait représenté Dieu comme armé de foudres et de flammes; il aurait attaché des serpents et des crapauds à sa chair pécheresse. Maintenant le confesseur porte la charité jusqu'à dire à la Madeleine repentante : « Ce n'est pas vous, c'est moi qui marcherai à pied; vous monterez sur mon cheval, de peur que l'aspérité du chemin ne blesse la plante de vos pieds délicats. » Aussi Marie ne sait-elle comment lui exprimer sa reconnaissance. Elle rentre enfin dans la cellule revêtue d'un cilice ; elle se mortifie par des veilles, par un jeûne continuel, observe la discipline la plus austère et « force son corps délicat à subir l'empire de l'âme (1). »

---

(1) A peine avons-nous quitté Abraham et Marie, que Hroswita, peu intimidée par la société des courtisanes, nous introduit chez une d'elles qui s'appelle Thaïs. Elle nous montre « les étourdis gaspillant avec elle le peu de bien qui leur reste, et les riches citoyens consumant ce qu'ils possèdent de plus précieux pour l'enrichir... Ces insensés, aveuglés par leurs désirs, se disputent l'entrée de sa maison et s'emportent en querelles... Puis ils en viennent aux mains, se meurtrissent le visage de coups, se repoussent les uns les autres par les armes, et inondent de sang le seuil de cette demeure impure. » L'ermite Paphnuce fait la louable entreprise de la soustraire à cette vie désordonnée; il se rend à la ville, et demande son adresse à un groupe de jeunes gens. Tous la connaissent et font le plus éclatant éloge de sa beauté. « C'est le feu qui embrase les citoyens ; elle est la plus belle et la plus voluptueuse (*delicatissima*) de toutes les femmes. » Paphnuce, qui brûle de la connaître, a supporté dans ce but la longueur d'un pénible voyage. Il pénètre dans sa maison, et échange avec elle la conversation qui suit :

— Etes-vous ici, Thaïs, vous que je cherche ?

Une conséquence fort grave nous semble résulter des incidents si complaisamment racontés par Hroswita. C'est l'étendue de la prostitution, la facilité de la femme de cette époque à descendre jusqu'à ce métier infâme. Évidemment, il ne suffit pas de prêcher le célibat pour avoir des saints et des vierges.

Chez les peuples jeunes, et nos aïeux du dixième siècle avaient tous les priviléges de cet âge, le tem-

---

— Qui est là ? Quel inconnu me parle ?
— Un homme qui vous aime.
— Quiconque m'aime est payé de retour.
— O Thaïs ! Thaïs ! quel long et pénible voyage j'ai entrepris pour avoir le bonheur de vous parler et de contempler votre beauté.
— Je ne me dérobe point à vos regards; je ne refuse pas de m'entretenir avec vous.
— Une conversation aussi intime que celle que je désire demande un lieu plus solitaire.
— Voici une chambre meublée, et qui offre une agréable habitation.
— N'y a-t-il pas un réduit plus retiré où nous puissions causer plus secrètement ?
— Oui, il y a encore dans ce logis un lieu plus reculé, et si secret, qu'avec moi il n'y a que Dieu qui le connaisse.

Paphnuce n'est pas moins indigné que surpris de l'intervention du nom de Dieu dans cette affaire ; il trouve la bonté du Christ singulièrement admirable de tant tarder à punir ceux qui le connaissent et osent pécher... Moins débonnaire qu'Abraham, il déclare la pécheresse « damnée avec d'autant plus de justice qu'elle offense sciemment la majesté divine. » Ces paroles frappent Thaïs ; elle cède au repentir et se décide à fuir « ses amants dissolus, » à se renfermer dans « un monastère habité par un noble collége de vierges consacrées à Dieu ; » elle se fait murer dans la cellule la plus étroite, *la plus fétide*, et meurt réconciliée avec Dieu, après cinq ans de pénitence.

pérament exerce une autorité qu'on ne peut méconnaître. La passion est fougueuse; il n'y a qu'un moyen de soustraire les natures ardentes à la dissolution; c'est de leur assurer les bienfaits, non-seulement du mariage, mais de l'amour du cœur. L'amour du cœur lui seul est en mesure de régulariser l'amour des sens... privée de toute satisfaction au contraire, la femme, placée dans les conditions physiques ordinaires, tombera infailliblement soit dans la prostitution, soit dans une galanterie assez voisine de cet état dégradant : Marie d'Abraham ne sera pas une exception, elle sera la règle.

Après avoir montré les femmes aux prises avec la corruption, et ne remportant qu'une tardive victoire, Hroswita les représente luttant avec plus d'avantage contre des amants païens ou débauchés ; elles leur résistent sans avoir un seul instant failli.

Gallicanus, officier de Constantin et fort utile à cet empereur, bien qu'il soit resté dans le paganisme, demande la main de Constance... celle-ci, chrétienne ardente, comme on l'était alors « aimerait mieux mourir que d'entrer dans son lit. Elle a voué à Dieu sa virginité avec l'assentiment de son père ; aucun supplice ne pourrait l'empêcher de garder ce serment pur de toute violation. » En conséquence, elle entreprend de calmer les désirs de Gallicanus en le rendant chrétien. Elle conduit si prudemment cette affaire qu'elle le décide à recevoir le baptême ainsi que ses deux filles. Bien plus : il se voue au célibat, et Constance, délivrée de cet amant trop amoureux, est libre de rester épouse du Christ.

Les trois jeunes filles, Agape, Chionie et Irène, sont tout aussi éloignées du mariage et fidèles à la virginité que la fille de Constantin. Mais l'ardeur amoureuse du gouverneur Dulcinius est beaucoup plus embarrassante que celle de Gallicanus..... Il tient les trois saintes filles emprisonnées « et brûle de les amener à partager son amour. » L'entreprise est difficile ; elles sont « inébranlables dans la foi » et résistent à ses menaces comme à ses séductions : alors il s'exaspère, et ordonne de les enfermer dans l'office. Le drame tourne brusquement à la comédie : l'amoureux, profitant de la nuit, se glisse près d'elles, « afin de jouir de leurs embrassements tant désirés ; » et le voilà victime d'une erreur de la famille de celles de Don Quichotte. Il avance à travers la batterie de cuisine, prend chaque pièce pour une belle captive ; « il presse tendrement les marmites sur son sein, embrasse les poêles à frire, et leur donne d'amoureux baisers. » Jamais transports d'amour ne rendirent un mortel victime d'une plus étrange illusion... On devine le résultat de ces tâtonnements dans les ténèbres : « le visage, les mains, les vêtements de Dulcinius sont tellement salis et noircis qu'il ressemble tout à fait à un Éthiopien. » Ses gardes, sa propre femme, le fuient comme s'il était le démon..... Transporté de colère, il « ordonne qu'on expose en place publique ces filles impudiques ; qu'on leur arrache leurs vêtements et qu'on les livre nues à tous les regards. » Le sicaire Licinius tente même de conduire Irène dans un lupanar, « afin que, son corps, souillé par les plus honteuses impuretés, ne puisse plus être compté dans la phalange des vierges. » Mais les chrétiens savent séparer la nature physique de la nature morale, à tel point que le corps peut être impunément livré à toutes sortes d'outrages sans que l'âme en soit atteinte quand elle ne s'y est pas associée par le consentement. « Si la volupté volontaire mérite le châtiment, la nécessité qui l'impose procure la couronne céleste. » Le spectateur est menacé d'assister à un dénouement fort audacieux ; mais les anges interviennnent ; ils empêchent les soldats d'enlever les vêtements d'Agape et de Chionie et de conduire Irène dans l'abominable lieu que nous avons nommé.

L'amour sentimental, secondé par la foi, remportera une nouvelle victoire sur le sensualisme et celle-ci sera des plus éclatantes. Hroswita va nous faire connaître Callimaque... L'histoire de cet ancêtre de Roméo est assurément le chef-d'œuvre poétique de cette époque.

Callimaque est jeune ; il aime éperdument et de toute son âme « une chose belle et pleine de grâces ; » cette chose est « Druisiana, femme du prince Andronique. » Ses amis lui font observer que cette passion tient de la folie, « car Druisiana, purifiée par le baptême, suit la doctrine de l'apôtre Jean ; elle s'est vouée toute entière à Dieu, à tel point que rien, depuis longues années, n'a pu la rappeller dans le lit de son époux... Callimaque s'inquiète peu de cette purification du baptême ; s'il peut amener Druisiana à l'aimer, il saura bien triompher de tous les obstacles religieux. Il va donc trouver la jeune femme, et la supplie, dans le langage le plus passionné, de lui accorder son amour... Druisiana l'écoute d'abord, sans le comprendre ; puis, indignée de sa tentative, elle repousse « l'odieux suborneur, et rougit d'échanger plus longtemps des paroles avec un homme rempli des ruses du démon. » Elle lui déclare nettement « qu'elle éprouve un profond dégoût pour ses désirs lascifs et qu'elle méprise profondément sa personne. » Callimaque ne renonce pas à ses projets ; il s'enhardit au contraire ; « il atteste Dieu et les hommes que si Druisiana ne cède pas à son amour, il n'aura ni repos ni relâche qu'il ne l'ait prise dans ses piéges. »

Druisiana est désespérée ; placée dans la cruelle alternative d'allumer la discorde entre Callimaque et son mari, si elle dénonce le péril qui l'environne, ou de tomber dans les filets du suborneur si elle se tait, elle prie le Christ de la faire mourir pour la soustraire à tous les dangers... le Christ l'exauce, elle tombe et meurt.

Andronique survient et la fait ensevelir ; mais la mort est impuissante à éteindre un amour aussi violent que celui de Callimaque ; il déclare à son confident Fortunatus, digne précurseur des Yago et des Méphistophélès, « qu'il va mourir si son adresse ne lui procure la possibilité de revoir Druisiana. » Fortunatus le conduit au tombeau, lève la pierre « et lui montre le corps encore intact, car il n'a pas été flétri par de longues souffrances. Ses traits ne sont pas ceux d'une morte, ses membres ont toute la fraîcheur de la vie. » Les voilà à la disposition de Callimaque ; « qu'il agisse selon son désir. »

La situation est grave et Hroswita n'a pas l'habitude de s'arrêter devant les difficultés. A la vue du corps de celle qu'il aime, Callimaque s'enflamme... Il célèbre en paroles exaltées la beauté de Druisiana et enlève le cadavre : » que va-t-il se passer ? Callimaque déclare « qu'il peut pousser ses violences aussi loin qu'il lui plaira. »

Il se trompe ; un terrible serpent s'élance sur Fortunatus, instigateur de ce crime ; il le mord, le renverse, et le tue.

On voit aussi apparaître un jeune homme d'un aspect terrible. Sa main recouvre respectueusement le corps de Druisiana, des étincelles jaillissent de sa face rayonnante; une d'elles atteint le visage de Callimaque, et une voix s'écrie : Callimaque, meurs pour vivre. Le jeune homme tombe, et expire à côté de son complice.

Les spectateurs du dixième siècle étaient trop pénétrés de la clémence, de la mansuétude du ciel, pour admettre un dénouement aussi désespéré. Hroswita compléta son œuvre conformément à leur opinion ; elle fit sur tous les points triompher la charité. Tout à coup Dieu se montre près des trois cadavres, accompagné de l'apôtre Jean et d'Andronique. Le mari offensé prie Jean de ressusciter les morts. L'apôtre met d'abord le serpent en fuite, et après une touchante invocation à Dieu il rend la vie à Callimaque. L'amant, « venu là dans des intentions criminelles, sent maintenant le poids du remord et n'éprouve que dégoûts pour les voluptés coupables. » Andronique prie Jean de ressusciter aussi Druisiana ; sa tendresse conjugale ne peut résister au désir de la revoir. Jean rend la vie à cette femme si vivement aimée et Callimaque « le bénit de faire renaître, dans la joie, celle qui a éteint son dernier jour dans la tristesse. »

Druisiana met le comble à cet assaut de clémence et de pardon ; elle prie Jean de ranimer aussi l'odieux complice « qui livra son corps enseveli à l'amant qui l'aimait d'un amour coupable. » Callimaque voudrait s'y opposer ; mais Jean répond, selon la loi nouvelle, que tout homme doit remettre ses offenses aux autres s'il veut que Dieu lui remette les siennes. » Il ressuscite donc Fortunatus. A la vue de Callimaque et de Druisiana pleine de vie, le proxenète demande d'où vient que l'amant conserve un maintien grave et modeste en présence de celle qu'il aime, au lieu de laisser éclater son amour. » On lui apprend « qu'il a renoncé à ses passions, qu'il n'est plus qu'un disciple du Christ ; » alors Fortunatus repousse la vie qu'on lui offre, aimant mieux ne pas exister que de sentir continuellement dans les autres une telle abondance de grâces et de vertus. »

Le théâtre de Hroswita est fort audacieux pour un théâtre monastique. Ces vives peintures de la corruption, faites dans les meilleures intentions du monde, étaient-elles de nature à effrayer les chrétiens, à leur faire prendre la débauche en horreur? nous n'en sommes pas très-convaincus. Nous savons, en effet, qu'en dépit des sévères expiations de Marie et de Thaïs, la prostitution ne fut jamais expulsée du moyen âge. La femme, *cette tentation naturelle, ce mal nécessaire, ce péril domestique, cet agréable danger*, comme l'appelait saint Chrysostôme, ne cessait d'amener bien des désordres, même parmi les clercs et les religieux. Le pape Grégoire dut défendre à ceux-ci d'habiter près des couvents de femmes. Le quatrième concile de Tolède mit les maîtresses des clercs à la disposition de l'évêque qui put les vendre comme esclaves... Innocent III, dans une diatribe où l'on retrouve la manie des antithèses littéraires de l'époque, s'écriait en plein IVme concile de Latran : « La fougue et le désir marchent devant la femme, les immondices l'accompagnent, la douleur et le repentir la suivent. »

L'état politique et moral du dixième siècle explique d'ailleurs, à certains points de vue, les hardiesses littéraires de Hroswita. Ce n'était pas devant des religieuses seulement que l'héritière de Plaute exposait ces tableaux de rapt et de violences ; mais devant des dames du monde, installées au monastère pour quelques jours, et prêtes à le quitter au premier moment favorable.

Toutes les femmes n'étaient pas poussées vers le cloître par l'aversion que leur inspirait un mariage odieux; la plupart s'y retiraient spontanément ou y étaient placées par leur famille pour éviter les voies de faits qui suivaient les invasions et les prises d'assaut : le monastère n'était pas un lieu de prière seulement : il était encore un donjon.

Il y a dans la femme un instinct de pudeur qui lui rend certains dangers plus effrayants que la mort même. Les chrétiennes d'autrefois avaient pu affronter avec calme les fureurs des fêtes des cirques, elles ne leur apportaient que des coups de griffes et de dents; celles du moyen âge ne pouvaient supporter l'idée de tomber les victimes d'une soldatesque ivre et sans frein, surtout quand elles avaient un amant ou un mari auquel elles avaient juré de rester pures.

Dans Grégoire de Tours les filles orphelines, celles dont les parents partent pour une expédition, sont placées au couvent comme dans un lieu de sûreté.

On vit de frappants exemples de ce refuge des femmes du monde dans les cloîtres à l'époque de la conquête de l'Angleterre par les Normands. Elles y cherchaient un abri contre la brutalité des conquérants ; mais elles se promettaient d'en sortir, après l'invasion, et de rentrer sans taches auprès de leur maris ou de ceux qui devaient le devenir.

Aussitôt que l'établissement des Normands parut stable, définitif, l'indiscipline et la violence étant moins à redouter, les recluses voulurent revenir dans leurs familles... De grands changements s'étaient opérés dans l'intervalle; des évêques normands avaient remplacé les évêques anglo-saxons, et trouvaient très-bon de retenir dans les monastères les réfugiées de haute naissance qui pouvaient y apporter des biens considérables; on dut assembler un concile pour décider si elles avaient le droit d'en sortir. Heureusement l'archevêque Lanfranc, primat d'Angleterre, et ami de Guillaume, le présida; il prit la défense des femmes cloîtrées par nécessité; toutes celles qui conservaient des protecteurs dans le monde, furent déclarées libres de quitter le voile (1). (an 1074, Thierry, *Conquête*, t. II, p. 197.)

---

(1). Une de ces recluses éprouva néanmoins quelques difficultés à jouir de ce privilége. C'était Edith, fille du roi d'Ecosse, et sœur d'Edgard, dernier roi d'Angleterre. Renfermée depuis son enfance dans l'abbaye de Rumsey, avec sa tante Christine, elle fut demandée en mariage par Henri Ier, successeur de Guillaume (en 1004). Elle accepta; mais il fallait sortir du couvent, et voilà qu'un parti, hostile à ce mariage politique, prétendit qu'elle ne pouvait rompre les liens qui l'unissaient au Christ.

Anselme, nouveau primat d'Angleterre, voulut éclaircir les faits : il interrogea Edith. Elle reconnut avoir quelquefois porté le voile, lorsqu'elle était toute jeune, et sous la tutelle de sa tante, qui voulait, par ce moyen, la soustraire au libertinage des Normands; mais ce morceau d'étoffe noire, posé sur sa tête, l'avait toujours fort contrariée, et, dès que sa tante n'était plus là, « elle le jetait à terre et le foulait aux pieds avec une colère d'enfant. » Anselme ouvrit une enquête au couvent de Rumsey; le récit d'Edith fut reconnu véridique, le concile déclara qu'elle était libre, qu'elle pouvait disposer de son corps, et le mariage fut célébré. (Thierry, *Conquête*, t. II, p. 331.)

VII

L'AMOUR DANS LE MONDE.

Nous venons de considérer les femmes réfugiées dans les cloîtres, et d'examiner les luttes intérieures qu'un amour froissé, mais non pas éteint, continuait à livrer à leur double nature morale et physique.

Mais toutes les dames nobles ne trouvaient pas un asile au monastère. Plus d'une fugitive était arrêtée au passage, comme le fut Radegonde, et ramenée au lit nuptial où le mari la retenait solidement attachée; une bonne partie des jeunes filles enfin se résignait à l'esclavage conjugal; les unes par soumission aux désirs de leurs parents, et malgré leur peu d'attrait pour le mari qu'on leur donnait, les autres en considération des dédommagements que leur tempérament trouvait dans les devoirs du mariage. De là naquirent deux classes d'épouses bien distinctes les *récalcitrantes* et *les résignées*.

Les *récalcitrantes*, unies de corps à leur mari, mais nullement de cœur, trouvent, dans la supériorité de leur éducation, la délicatesse de leurs goûts, la sincérité de leur foi, des causes permanentes qui les éloignent d'un maître brutal et grossier ; elles mènent la vie ascétique jusque dans la chambre nuptiale, et s'obstinent, malgré le sacrement, à observer les mortifications que Radegonde et Druisiana s'imposaient auprès de leur époux.

Les chroniques de cette époque sont remplies d'histoires de femmes qui parviennent à observer une sévère continence jusque dans les bras d'un mari peu aimé ; cette manie est à la mode et de bon ton ; et l'on connaît toute la puissance de ces mots sur le sexe. La vie du cloître est *si distinguée* qu'on aime à observer ses règles rigoureuses jusque dans sa famille ; on jeûne, on porte un cilice, on garde la chasteté ; cela place au-dessus du vulgaire. Que ne fit-on pas, dans tous les siècles et chez tous les peuples, pour obtenir ce résultat !

Bertheflède, fille du roi Haribert, s'était dégoûtée de son mari après trente ans de mariage ; elle l'abandonna pour se retirer dans le monastère que sa mère Ingiltrude avait fondé et dont elle voulait la faire abbesse ; ce n'est pas que Bertheflède eût des dispositions à la vie monastique, « elle aimait la table, le sommeil et n'avait aucun soin du service de Dieu, » mais elle était fatiguée du mariage et voulait retrouver un peu de liberté. Son mari vint la réclamer : elle le renvoya chez lui pour gouverner ses enfants et leur bien ; lui déclarant qu'elle ne retournera pas dans son palais « attendu que celui qui vit en mariage ne verra jamais le royaume de Dieu. » Toutefois, la crainte d'être excommuniée finit par la faire rentrer dans la maison nuptiale : mais la manie du cloître la reprit de plus belle ; elle partit secrètement, emportant dans un bateau, non-seulement tout ce qui lui appartenait, mais le mobilier même de Haribert. (Grégoire de Tours, l. IX, ch. XXXIII.)

Edith, femme d'Edwars d'Angleterre, était aussi du nombre des récalcitrantes ; elle du moins ne dérobait pas les meubles de son mari. Ce dernier se bornait à dire qu'il avait traité le mariage avec tant de ménagement, que, tout en gardant sa femme dans son lit, il oubliait complètement qu'il était homme (1) (1042).

Cette situation anormale d'époux mariés à leur corps défendant et se vouant à la continence, devint une des sources principales de la béatification. Les biographes mettent au premier rang des vertus d'une foule de saints, leur persistance à se soustraire aux destinées du mariage.

Les résignées ne luttent pas contre ces obligations, elle les acceptent..... mariées à des hommes brutaux, ignorants, antipathiques, elles trouvent, dans la piété et la soumission, la force de remplir tous les devoirs conjugaux. La conviction de plaire à Dieu, en lui offrant les épreuves de la vie, adoucit les rigueurs de leur sacrifice. Ne pouvant aimer *l'homme*, elles aiment le père de leurs enfants, le chef et le défenseur de la famille ; pour dernier dédommagement, elles soignent les pauvres et les infirmes. Douces consolations que ne connut pas l'épouse grecque, placée sous un joux analogue.

L'amour subit donc à cette époque une transformation assez générale ; mis sous clôture par le mariage, il prend la forme de la charité, révélée par l'Évangile, de la tendresse maternelle qui exista de tous les temps.

Les femmes d'un tempérament robuste, nées pour

---

(1) (Nuptam sibi rex hac arte tractabat, ut nec thoro amoverit, nec virili more cognosceret.)

Ce culte extrême de la chasteté remontait à la primitive Eglise. Salvien, de Marseille, prêtre éloquent et exalté, en avait donné l'exemple au cinquième siècle. Marié à Palladie, il observa avec elle une telle continence que leur mariage ressemblait à celui de deux anges tout esprit et sans chair.

pratiquer un amour ardent, mais réduites par leur position sociale à de simples sentiments d'affection, furent nombreuses dans les castels du septième au onzième siècle : autant l'homme de guerre se montrait ignorant et sensuel, autant la femme était chaste, instruite, charitable. Les apôtres l'avaient bien dit : elle est supérieure à l'homme dans les choses de sentiment et de cœur. La majeure partie des princesses et des châtelaines appartenait à cette école poétique et touchante.

Quelquefois néanmoins, le castel nous offre aussi le tableau d'une entente cordiale qui rappelle *l'amour complicité* de l'époque romaine. Deux époux également violents, passionnés, barbares, mettent en commun leurs penchants à la cruauté, au despotisme avec lesquels, nous le savons, l'amour ne saurait exister.

Quel que soit le caractère de la femme, l'égalité des deux sexes, proclamée dans l'Évangile, n'est pas moins outragée par la rude aristocratie de cette époque; le maître est peu à peu revenu à la domination primitive de l'ère des patriarches, ou des héros grecs... la femme est son esclave, elle vit enfermée dans le castel plus étroitement que dans le gynécée athénien. Le mari prend les précautions les plus énergiques pour prévenir les évasions, les infidélités ; investi du droit de vie et de mort sur elle, non par la loi écrite mais par la plus puissante de toutes les lois : la force sanctionnée par la coutume, il relègue cette femme au plus haut étage du donjon, met de triples grilles aux fenêtres, ferme à triple verroux, les dix, les quinze, les dix-huit portes qui y conduisent : il se tient lui-même sur le seuil de la première, armé de sa hache, de son épée, et il croit être assuré qu'aucun accident grave ne troublera son honneur (1).

Quelques particularités de cet emprisonnement des châtelaines ne sont pas inutiles à constater : tel baron porte sur lui les clefs de la chambre de toutes les femmes du castel. Tel autre a fait construire, dans la salle d'armes, une espèce de tour mobile en planche, garnie d'alcôves, ressemblant aux cellules d'une vaste ruche à miel ; le tour pivote sur lui-même, comme celui d'un monastère ; chaque femme de la famille entre dans l'alcôve qui lui est assignée, à mesure que le tour marche. Arrivé à la dernière, le maître arrête la machine, ferme à clef l'unique porte qui y donne accès, se couche lui-même dans la seule cellule qui reste ouverte, et fait ainsi sentinelle sur toute sa maynada (famille) ; pas un membre ne peut sortir du casier avant qu'il ait sonné l'heure du réveil.

---

(1) Dans le *lai du Chevalier à la trape*, certain duc, très-puissant, tient sa femme enfermée dans une tour, sous la garde de dix-huit portes, garnies chacune de deux grosses barres et d'une bonne ferrure ; nul autre que lui ne peut les ouvrir ou les fermer... Ces précautions ne sauraient le garantir de l'accident qu'il redoute. La dame ayant exprimé son amour à un chevalier qui passait sous sa fenêtre, en chantant une chanson, le galant prend du service dans la maison du duc, et obtient l'autorisation de se construire une maison tout près de la tour où gémit la prisonnière. A quoi lui sert cette maisonnette ? A creuser un souterrain qui l'introduit dans le donjon, où vont se commettre tous les ravages que le duc avait cru si habilement éviter. A quoi servent à celui-ci les dix-huit portes qu'il ouvre et ferme si attentivement ? A donner l'éveil au chevalier quand il se trouve près de la dame, et à lui procurer le temps de regagner le souterrain avant que le mari n'ait ouvert et refermé la dix-huitième. (Legrand Daussy, *Fabliaux*, t. III, p. 157, 159.)

Certains autres, et ceux-ci furent les plus nombreux, construisaient, au centre du manoir, un donjon à plusieurs étages : le rez-de-chaussée renfermait les oubliettes, cachots sans lumière, sans portes, où ils plongeaient leurs ennemis par l'unique soupirail ouvert, à la clef de voûte. Au-dessus de cette voûte, formant le premier étage était la chambre à coucher du seigneur; il y montait à l'aide d'une échelle mobile, qu'il retirait à lui, quand il voulait s'y renfermer. Sa femme, ses filles, ses servantes habitaient les étages supérieurs, et étaient obligées de traverser sa chambre à coucher pour atteindre leur dortoir ; le seigneur était donc installé au-dessus de ses prisonniers, et au-dessous des femmes, et tenait les clefs de ces captifs de différentes catégories ; ils ne pouvaient sortir de leur prison sans passer devant son lit ; on ne pouvait pénétrer jusqu'à eux sans son ordre (1).

---

(1) Dans le *lai d'Iweneck*, de Marie de France, « le seigneur de Caerwent, vieillard fort riche, met tous ses soins à garder sa jeune femme ; il l'enferme dans une tour et lui donne pour la surveiller une de ses sœurs, veuve depuis longtemps... La pauvre petite dame ne peut ouvrir la bouche et dire un mot sans le consentement de son antique gardienne... Sept ans s'écoulent sans que la dame sorte de la tour et voie ses parents ou ses amis. »

Dans le *lai de Guyemer*, de Marie de France, un roi avancé en âge, garde sa jeune femme dans un donjon entouré d'un verger fermé par une muraille de marbre vert et bordé par l'Océan. La seule porte qui sert d'entrée est surveillée nuit et jour, bien qu'on ne puisse y aborder qu'à l'aide d'une barque.

Dans le *lai de Pierre d'Ansol*, un bachelier voulant prendre femme et se mettre à l'abri de toute inquiétude conjugale, fait bâtir, selon l'avis des prudhommes, une maison aux murs élevés et solides, ayant une fenêtre unique et

Ajoutez à ces précautions ombrageuses des maris féodaux la crainte que devait inspirer une législation conforme à ce despotisme (1), et l'on se demandera,

---

étroite et une seule porte, dont il garde toujours la clef; il enferme sa femme dans ce lieu de sûreté, sans lui laisser aucune communication avec le dehors. (Legrand Daussy, *Fabliaux*, t. III, p. 142, 145.)

(1) Du temps de saint Louis, la fille de noble maison qui se laissait séduire perdait tout droit à l'héritage de son père.

Dans le pays de Galles, en Angleterre, sa position était bien plus grave : elle pouvait être vendue et conduite en esclavage dans un pays étranger. Cette crainte tourmente fort la demoiselle du *lai de Milon*. (Marie de France, t. 1, p. 333.)

Dans le Maine et l'Anjou, les filles de vingt-cinq ans pouvaient impunément se laisser tromper ; la responsabilité de leur erreur retombait sur leurs parents, qui auraient dû pourvoir à leur établissement, avant cet âge, un peu tardif.

Un vassal se permettait-il de séduire la fille de son suzerain, il était condamné à perdre son fief. Le suzerain corrompait-il la femme ou la fille de son vassal, il perdait son droit de suzeraineté.

Le gentilhomme qui abusait d'une pupille ou d'une orpheline confiée à sa garde perdait son fief, s'il avait agi du consentement de la demoiselle ; il était pendu, s'il avait employé la violence ou l'intimidation.

Quant à l'adultère, nous savons quelle était la punition que la grossièreté des temps lui avait infligée. Saint Louis améliora la législation à cet égard, en ordonnant que la femme serait vêtue au-dessous de la ceinture.

Certains vices ignobles étaient punis par la mutilation d'abord, par le feu à la troisième récidive. Les femmes coupables d'outrages à la nature perdaient la lèvre supérieure la première fois, la lèvre inférieure la seconde ; elles étaient brûlées à la troisième... On connaît la haine profonde que saint Louis vouait à la classe des femmes de mauvaise vie. Il ne les condamnait à rien moins qu'au bûcher, lorsqu'elles

comme nous nous le demandions en parlant du gynecée grec, où se trouvaient l'amant assez audacieux, la femme assez aveuglément passionnée, pour oser briser ces verroux, escalader ces échelles, à côté des oubliettes béantes où l'on mourait de froid et de faim, où l'on disparaissait pour toujours.

La légende de chaque castel renferme d'effrayantes histoires ; les maris ont grand soin de les raconter à leurs femmes et à leurs enfants : celle de Barbe-Bleue n'est-elle pas dans toutes les mémoires ? celles du sire de Coucy, du Seigneur de Cabestang, ne sont-elles pas traduites dans toutes les langues (1).

La terreur provoque la haine dans certaines âmes ; le plus souvent, il faut le reconnaître, elle impose la soumission. La châtelaine n'aime guère le mari qui l'opprime ; mais l'habitude de l'obéissance finit par dompter à tel point sa fierté, qu'elle reste, entre les mains du maître, une esclave sans volonté, une victime aveuglément résignée à tous les sacrifices.

Le lai de Grisellidis nous donne le plus frappant exemple de cette autorité absolue du maître sur la jeune fille qu'il a daigné recevoir dans son lit.

Le marquis de Saluces, en Piémont, s'était épris de la fille du paysan Janicole, qui passait pour un modèle de douceur et de vertu. Il se rend un jour

---

vivaient avec des voleurs et des bandits, fussent-elles reconnues innocentes de toute participation à leurs méfaits.

Le plus saint des rois de France semblait donc avoir remis en vigueur les lois de l'ancienne Germanie, que le relâchement des Mérovingiens et des Carlovingiens avait fait tomber en désuétude.

(1) Dans ces deux légendes, le mari jaloux sert à sa femme le cœur de son amant, après l'avoir fait cuire.

dans sa maisonnette, à la tête de ses gentilshommes, il la demande à son père, et la conduit au palais après l'avoir épousée..... Bientôt les vertus de sa femme ne lui suffisent pas, il essaye de les développer en la soumettant aux plus pénibles épreuves.

Grisellidis venait d'accoucher d'une fille ; il prétend que ses barons murmurent en songeant à l'avenir du marquisat, menacé de tomber en quenouille, et déclare à la pauvre mère qu'il est obligé, pour les apaiser, de faire disparaître l'enfant.

La douce Grisellidis respecte et vénère son époux, autant qu'Abraham redoutait son Dieu ; elle n'a pas un mot à dire, pas une observation à faire, elle laisse le marquis emporter sa fille qu'elle croit destinée à mourir..... Plus tard, elle met un fils au monde ; le marquis trouve encore un prétexte pour lui déclarer qu'il est obligé de s'en défaire, comme il s'est défait de sa petite sœur.

Grisellidis a le cœur déchiré, mais elle dévore sa douleur ; « elle a juré autrefois, et elle jure encore de ne jamais opposer sa volonté à celle de son mari ; quand elle a quitté ses pauvres habits pour entrer dans le palais, elle s'est dégagée de toute pensée personnelle, pour n'écouter que la voix de son maître..... Qu'il ordonne ce qui lui plaira ; elle consent à tout, même à la mort. Le seul malheur qu'elle redoute est celui de lui déplaire. »

Ce n'était pas la plus rude épreuve que le marquis lui réservait.... Il finit par lui déclarer qu'il avait commis une grande faute dans sa jeunesse, celle de l'épouser, et qu'il lui était impossible de garder plus longtemps une simple paysanne pour duchesse ; ses peuples en murmuraient, il était obligé de se séparer de la fille de Janicole et de prendre une dame de haut lignage. Il charge donc une garde d'honneur de ramener Grisellidis chez son père. Celui-ci, loin d'en être surpris et de murmurer, avoue que de tout temps ce mariage lui a paru à ce point extraordinaire, qu'il s'attendait chaque jour à ce que le marquis se lasserait de sa fille, et la lui renverrait.

Grisellidis n'avait pas dit un éternel adieu au palais.... Peu de temps après le marquis l'envoya chercher en la priant de venir tout disposer dans une maison qui lui était familière, afin que la nouvelle fiancée y fut plus convenablement reçue. Grisellidis répondit qu'elle avait de telles obligations au marquis, pour l'honneur qu'il avait daigné lui faire autrefois, qu'elle emploierait tous les jours de sa vie à satisfaire ses moindres désirs..... Elle se fait donc un devoir de tout mettre en ordre dans le ménage, même la chambre des nouveaux mariés. La jeune marquise arrive, Grisellidis la trouve la plus belle du monde; si Dieu exauce ses prières il ne manquera rien au bonheur des deux époux. Mais elle prie le marquis d'épargner, à la seconde épouse, les douleurs que la première a subies; plus jeune, plus délicatement élevée que la pauvre paysane, son cœur n'aurait peut-être pas la force de les supporter; elle en mourrait.

A ces touchantes paroles, le marquis ne put pousser la dissimulation plus avant; il fondit en larmes et prenant Grisellidis dans ses bras, il s'écria qu'elle seule était digne d'être sa femme; nulle personne au monde n'aurait supporté avec cette résignation inébranlable les épreuves terribles qu'il lui avait infligées comme mère et comme épouse... sa fille, son fils, loin de lui être arrachés pour toujours, avaient été recueillis par une de ses sœurs, et quant à lui, jamais il n'avait eu la pensée d'épouser une autre femme. La vertueuse Grisellidis était seule en possession de son admiration, de son amour (1).

Ce fabliau, nous pourrions dire cette parabole, une des plus touchantes qui soit sortie de l'esprit humain, devait frapper profondément nos ancêtres ; il ne se bornait pas à mettre en action le principe de la soumission conjugale, il l'exagérait dans le but évident de grandir outre mesure le pouvoir du mari, d'élever l'obéissance passive de la femme au rang d'un dogme.

A quelque point de vue que nous nous placions, l'amour vrai, l'amour développant ses deux essences dans un équilibre normal, est donc singulièrement maltraité dans les castels, dès les premiers temps du moyen âge ; trouvera-t-il, comme dans l'ancienne Grèce, un refuge parmi les paysans et les bergers ? Il ne demanderait pas mieux que de fuir le tumulte et les violences d'une féodalité batailleuse, de se cacher dans les forêts et les pâturages. Mais la pauvreté y est bien grande, l'oppression du baron bien cruelle !... si l'amour se passe aisément de la richesse, la misère profonde l'étiole et le tue ; elle conduit à ces marchés indignes que nous avons vu passer entre Robert de Normandie et le père d'Arlette. Le paysan est placé sous le régime d'exaction, qui conduit naturellement au *droit*

---

(1) Ce fabliau remonte pour le moins au treizième siècle; il fut mis en drame au quatorzième, sous le titre de : *Mystère de Grisellidis.*
Voir Legrand, *Fabliaux,* t. II, p. 231, 253.

du seigneur. Ses filles les plus belles vivent dans des craintes incessantes ; les plus disgraciées de la nature ont seules quelque sécurité. Mais l'amour peut-il s'accommoder de la laideur ? n'est-il pas sevré de l'aliment qui l'entretient quand on lui ravit la contemplation.

L'amour est beaucoup plus artiste que philosophe; il disserte peu et n'analyse pas beaucoup : il regarde, il admire et aime d'enthousiasme.

Toutefois, bien que traqué, chassé de maintes parts, l'amour n'est pas mort : au contraire son principe grandit, se développe, il est le feu sacré qui doit éclairer la marche de la civilisation; nous n'en voudrions pour preuve, que la vigueur qu'il montre dans le *Callimaque* de Hroswita... Il conserve donc un contingent de sujets ardents et dévoués, c'est la bourgeoisie qui les fournit.

Mille circonstances concouraient à le protéger dans cette classe moyenne. Le bourgeois, fortifié contre les violences de la féodalité, derrière les remparts de sa commune, protégé par la charte qu'il avait arrachée à son seigneur, s'était mis à l'abri des exactions flétrissantes qu'on appelait en certaines provinces *les mauvais usages*... La noblesse, fort audacieuse en ses désirs, se retranchait dans les castels, elle évitait les villes qui lui fermaient leurs portes, et la tenaient en surveillance. L'habitant de ces dernières était donc délivré de la présence de ces redoutables corrupteurs de femmes, de ces grands acheteurs ou enleveurs de filles. La bourgeoise, qui se sentait disposée à la coquetterie, en était réduite à prêter l'oreille à des galants de sa condition, et c'est une sérieuse garantie morale, que cette absence de suborneurs de haut lignage, dont l'autorité politique ou la fortune augmentent l'audace... Séduite par eux, la femme devient d'autant plus corrompue qu'elle n'a pas l'espoir de se réhabiliter par un mariage ; l'inégalité de naissance rendant impossible ces unions disproportionnées.

La ville du moyen-âge recevait d'ailleurs peu de voyageurs suspects ; l'étranger ne pouvait s'en faire ouvrir les portes qu'après avoir donné des répondants, offert des cautions ; seconde garantie assurée à la paix des familles. S'il est vrai, comme le disait l'Abraham de Hroswita, que « le propre des courtisanes fut toujours de se plaire à la fréquentation des étrangers. » Ces derniers, à leur tour, avaient la coutume de se montrer peu scrupuleux dans leurs séductions. La facilité, qu'ils avaient de disparaître au moment où les pauvres femmes trompées croyaient les retenir par des liens légitimes, enhardissait leur audace. En s'éloignant ils ne laissaient après eux que des occasions de larmes et de scandale..... Chacun se tenait sur le qui vive à cet égard ; la vie du bourgeois du moyen âge fut un soupçon, une vigilance sans limites. Sa ville est ordinairement petite, mais fortement constituée : elle forme une espèce de famille, où la fortune et l'honneur de tous sont placés sous la protection d'une solidarité générale..... Le plus léger outrage fait à une femme est une insulte à tous les citoyens : dès qu'on apprend une tentative de rapt ou de violence la commune entière se réunit, la milice prend les armes, on fouille tous les carrefours pour y découvrir le délinquant ; a-t-il eu le temps de s'échapper, on court l'attaquer dans la ville ou le castel du voisinage ; on revient deux, trois, dix fois à la charge, s'il est nécessaire, on ne prend de repos que lorsque l'outrage est puni et le dommage réparé.

La jeune bourgeoise, moins exposée et mieux protégée que la pauvre paysanne, est d'un autre côté bien moins gênée que la fille noble dans l'expression de ses sentiments ; les considérations politiques, les combinaisons de parenté ne l'empêchent pas d'aimer un peu qui bon lui semble, et comme elle ne rencontre sur ses pas que des jeunes hommes de la même ville, propriétaires, commerçants ou magistrats bien connus, elle peut choisir parmi eux avec sécurité et songer tout de suite au mariage... Les lois de l'Evangile sont encore dans toute leur force ; nul ne plaisante avec la nécessité du sacrement et la crainte de l'enfer. On est assez instruit à la ville pour distinguer le bien du mal, l'honnête du deshonnête. Cette connaissance n'existe pas toujours au village : témoin les principes de l'ermite de Robert de Normandie, et des paysans bretons polygames... D'autre part, on n'est pas assez savant et philosophe pour douter de toute chose et se moquer de tout le monde... le théâtre n'existe qu'au monastère ; il ne met donc pas sous les yeux des populations bourgeoises ces incroyables tableaux de la licence antique, où la femme apprenait à trahir son mari, l'amant à tromper sa maîtresse ; où la courtisane exposée sans vêtements enseignait à la femme à ne rougir de rien... Les bains dont saint Cyprien nous a laissé des descriptions si hardies, ne sont plus à la mode... Si la femme adultère est condamnée à courir les rues sans vêtements, l'ignominie de cette punition est prise tout à fait au sérieux, et plus propre à effrayer les libertins qu'à leur donner envie de braver la conscience publique. Les combats de gladiateurs et de bêtes féroces ne mêlent plus des habitudes de sang et de meurtre à celles de la débauche ; les derniers jeux de ce genre dont l'histoire fasse mention avaient été donnés à Arles en 462.

La bourgeoisie se trouvait par conséquent dans la situation la plus favorable au respect des lois morales et des sentiments naturels : conditions qui conduisent inévitablement à l'amour vrai.

L'indépendance de sentiments dont le sexe jouissait dans les communes devait nécessairement faire soupirer les châtelaines, et leurs inspirer l'ambition de conquérir à leur tour des privilèges analogues. La question était des plus graves : la fille noble se fatiguait de vivre prisonnière dans le castel et d'épouser aveuglément des inconnus par ordre ; elle voulait briser ses verroux, aller et venir dans le monde, voir des chevaliers se presser autour d'elle, afin d'examiner de près, leurs qualités, leurs défauts, et pouvoir choisir avec connaissance de cause. La femme se révoltait à l'idée d'être à la merci d'un maître tout puissant qui pouvait l'opprimer, la flétrir, la mûrer dans un cachot, sans que ses cris parvinssent au dehors, sans qu'elle éveillât en sa faveur la protection de la loi et d'un juge. Peu à peu la châtelaine s'enhardit ; la surveillance exercée autour d'elle ne l'épouvante plus, lois et traditions, despotisme conjugal et triples verroux, deviennent impuissants à arrêter les élans des cœurs, à calmer les transports de l'amour... La jalousie féodale va être attaquée non plus individuellement et par quelques femmes, comme du temps de Sapho, mais par la corporation redoutable des artistes et des poëtes, des gentils femmes et des chevaliers.

La lutte n'aura pas dans le midi le même caractère que dans le nord. Nous venons de parcourir cette dernière partie de l'Europe encore aux trois quarts mérovingienne ; jettons un regard sur celle du sud, Provence, Espagne, Italie. Ces contrées ont été peu occupées par les barbares ; l'ancienne population s'y est conservée assez intacte ; la civilisation y est un mélange de la corruption romaine et d'un culte chrétien assez superficiel... La femme y possède encore, beaucoup plus que dans le nord, l'autorité dont elle jouissait dans le Bas-Empire ; son pouvoir n'est pas fondé sur le respect qu'elle inspire à l'homme, comme dans l'ancienne Germanie ; mais sur ses ressources en l'art de plaire, de séduire et de tromper ; elle exhale un dernier souffle de la Grèce et de Rome. Placés ainsi en parallèle, le sexe du nord et celui du midi mettront en œuvre deux moyens différents d'émancipation : le premier employera l'ascendant d'une galanterie poétique et mondaine, le second celui d'une galanterie dévote qui n'en sera pas plus sévère pour cela.

TROISIÈME PARTIE

L'AMOUR
SOUS LES TROUBADOURS ET LES TROUVÈRES

L'AMOUR

SOUS LES TROUBADOURS ET LES TROUVÈRES

I

ORIGINE ARABE ET ROMAINE DE L'AMOUR PROVENCAL.

Tous les historiens se sont trompés, depuis Mably jusqu'à Augustin Thierry, en attribuant la conquête des libertés civiles et politiques au Tiers-Etat seul;... le premier agent civilisateur du moyen âge fut l'amour, ils auraient dû accorder une large place à l'examen de ce pouvoir qu'ils ont injustement passé sous silence.

Nous venons de montrer dans quel état d'esclavage la tyrannie féodale retenait le sexe entier, au début de la troisième race ; voilà qu'un jour cette femme, cette jeune fille, renfermées au plus haut étage du donjon, voient passer près du castel un pauvre hère, ayant une mandoline suspendue au col et fredonnant une chanson langoureuse; elles le remarquent, l'écoutent attentivement, et le remercient du geste et du sourire : il apporte un instant de distraction à leur triste captivité.

Remarquons, nous aussi, ce jongleur, ce rimeur sans asile ; c'est le dernier représentant de cette noble poésie née avant Homère et qui n'est pas entièrement morte avec Fortunatus. Cet homme de rien, quêtant son pain aux fronfrons de sa viole, ce bohême du onzième siècle va régénérer la société barbare... L'influence de la musique et de la poésie, à laquelle nul mortel né peut se soustraire, lui permettra de *chanter* devant tous ce que personne n'ose *dire* ; il publiera les soupirs de la femme vers la liberté, à une époque où elle vit prisonnière ; les prérogatives de l'amour, et son indépendance, alors que le père dispose de sa fille sans daigner consulter ses désirs et ses vœux. Devant les châtelaines, il célébrera les hauts faits des chevaliers ; devant les chevaliers, il plaindra les larmes et les ennuis des châtelaines ; dès lors on verra s'établir un double courant d'attraction et de sympathie entre les opprimées qui souffrent et les hommes généreux qui veulent les délivrer.

A une époque où la poste n'était pas découverte, où les livres étaient rares, où les gazettes n'existaient pas, le troubadour dans le midi, le trouvère dans le nord, bien qu'ils n'eussent d'abord d'autre mission que celle de distraire les oisifs, devinrent de merveilleux instruments de relations sociales. Le poëte voyageur, dans ses courses aventureuses, a découvert l'existence et compris les malheurs d'une femme retenue prisonnière ; il rime un *lai* sur cet événement ; il le colore de toutes les images de la poésie ; il va courir le monde chantant sa complainte dans les festins des chevaliers, et dans les cabarets des gendarmes ; à la porte des églises et dans le réfectoire des couvents. Certains écoutent le récit avec le simple intérêt de la curiosité, d'autres avec l'indifférence de l'égoïsme ; il en est qui approuvent la vigilance du mari ; mais la plupart la blâment, la détestent ; dans le nombre se trouve toujours un homme généreux et brave qu'indigne cette captivité d'une femme : il réfléchit et s'occupe d'agir pendant que les autres se bornent à discuter. Il s'éloigne secrètement, va prendre son cheval, ses armes, et ose, bien que seul, entreprendre la délivrance de l'opprimée..... Qui lui donne ce courage? Deux sentiments également forts : l'amour d'abord, la charité chrétienne ensuite. Cet homme, qui obéit à l'impulsion de la nature et à celle de la foi, remplira le moyen âge tout entier ; nous avions le *troubadour*, l'homme de la poésie, de la publicité, nous avons maintenant *le chevalier*, l'homme de l'action, le *héros* de la générosité agissante.

Aussitôt que ces deux classes de régénérateurs, qui se complettent réciproquement, sont découvertes, une ère toute nouvelle commence pour la femme, pour l'amour, pour la civilisation. Le principe de libre arbitre, d'indépendance du sexe, découvert dans la Grèce, développé à Rome, sanctifié par l'Évangile, prend un développement nouveau, revêt un caractère inconnu ; il n'est plus une exception, mais un fait général ; il obtient la plus efficace de toutes les consécrations, celle de la mode.

Les troubadours furent incontestablement antérieurs aux trouvères. L'émancipation sociale, par la poésie et par l'amour, se montra d'abord dans la Provence, la Catalogne et l'Aragon ; ce fut là que les institutions poétiques et chevaleresques se développèrent avec le plus d'ensemble, et qu'elles jettèrent le plus vif éclat (1). Ce résultat était inévitable. La civilisa-

---

(1) Voir Raynouard, *Histoire des troubadours*; — Fauriel *Histoire de la poésie provençale*.

tion méridionale, toute composée de littérature et de galanterie, était le produit de deux sociétés bien distinctes sur lesquelles les peuples du nord avaient exercé peu d'influence : nous voulons parler de la société provençale, héritière directe de celle de l'Italie, et de la société arabe récemment introduite en Espagne.

La Gaule et l'Italie fournirent à la Provence la poésie érotique, licencieuse des descendants d'Ovide et de Properce, de Pétrone et de Tibule, plus la hardiesse et l'ambition d'un sexe habitué à régner par l'intrigue et la coquetterie.

L'Espagne arabe lui fournit la délicatesse des sentiments et la rêverie ; la volupté mêlée aux idées religieuses, un sensualisme honnête, délicat qui n'avait alors rien de commun avec la corruption qui se développa plus tard dans les pays musulmans. La famille arabe était, aux dixième et onzième siècles, ce qu'avait été la famille israélite sous David, ce qu'était le gynecée grec, du temps de Solon et d'Aristide.

Un mot d'abord sur la galanterie italienne et gallo-romaine installée la première entre les Alpes, les montagnes de l'Auvergne et les Pyrénées.

La poésie érotique des Grecs et des Romains avait continué de régner sur les bords de la Méditerranée depuis les Phocéens jusqu'au moyen-âge, sans être interrompue par l'invasion des Barbares.

Les peuples anciens avaient des chants populaires pour tous les usages de la société, pour tous les incidents de la vie ; la plupart formaient, comme les chœurs de leurs fêtes religieuses, de petits drames dans lesquels la poésie, la musique et les paroles, concouraient à l'imitation d'une aventure gracieuse ou touchante.

Les amants favorisés par un ciel pur, une atmosphère tiède, avaient pour habitude d'aller chanter des refrains d'amour sous les fenêtres de leurs fiancées.

Quand la comédie et la tragédie romaine furent passées de mode, on les remplaça par le *mime*, petites scènes que chantaient et jouaient deux acteurs ; par la *magodie* confiée à un seul, ordinairement habillé en femme. Ces diverses compositions roulaient sur des incidents graveleux ou burlesques, sur des histoires de courtisanes et complétaient les divertissements des soirées particulières ou des grands repas. (Fauriel, t. Ier, p. 106.) Ces usages, en grande vogue dans le midi de la Gaule, ne s'étendaient pas dans le nord, fort peu littéraire à cette époque, ils y étaient remplacés par des tours de force et d'adresse, plus en harmonie avec le caractère violent et l'intelligence inculte des envahisseurs germains.

Les musiciens et les jongleurs ambulants du midi, *joculatores*, ne se contentaient pas de chanter des chansons grivoises ; ils s'adjoignaient des courtisanes de la pire espèce, qui faisaient suite aux danseuses et aux joueuses de flûte de l'antiquité ; leurs regards, leurs gestes hardis ajoutaient à leurs chants voluptueux des séductions dont les mœurs générales devaient éprouver de fâcheuses atteintes. La population indigène conservait d'ailleurs l'habitude d'exécuter, dans les églises, les chansons et les danses de l'ancien culte païen : l'amour était le texte ordinaire de ces poésies légères ; les femmes se montraient les plus ardentes à adresser naïvement, à la vierge et aux martyrs, les couplets qu'avaient entendus jadis les divinités d'un olympe licencieux.

Les évêques, dans plusieurs synodes, notamment dans le concile de Rome de 826, tonnèrent violemment contre ces souvenirs du polythéisme (1).

Mais ils ne purent empêcher que les fêtes de Flore ne continuassent à jouir d'une grande popularité jusque dans la Rome des papes ; on y voyait des courtisanes, entièrement nues, disputer le prix de la course. la même cérémonie se répétait à Arles, à Beaucaire, où des ordonnances municipales ne dédaignaient pas de régler ces fêtes impudiques, exécutées au commencement de mai ; les anciennes coutumes érotiques restaient donc en possession de la société avec un caractère officiel (2).

Au douzième siècle, la Provence cultivait avec ardeur un genre de petits poëmes dramatiques, puisés dans l'Ancien et le Nouveau-Testament ; l'amour y montrait des allures fort hardies à côté des graves sentences des prophètes et des patriarches. L'on finit par introduire dans la liturgie des chants voluptueux, évidemment imités du *Cantique des Cantiques* (3).

---

(1) « Il y a, dit le trentième canon, des personnes, surtout des femmes, qui, à la Nativité et aux autres fêtes de la religion, se rendent à l'église, non par des motifs convenables, mais pour danser, chanter des paroles honteuses ; pour former et mener des chœurs, tellement que, si elles sont arrivées avec de légers péchés, elles s'en retournent avec les plus graves. » (Fauriel, t. I, p. 168.)

(2) Elles ne furent supprimées qu'au seizième siècle, à la suite du sermon d'un Capucin, — en 1551, le concile de Narbonne était encore obligé d'interdire les danses, les jeux et les représentations profanes dans les églises.

(3) Voici celui qu'on trouve dans un manuscrit de la première moitié du onzième siècle.

L'AMANT.

Viens donc, douce amie, que j'aime comme mon cœur ; viens dans ma chambre embellie par toutes sortes d'ornements.

En résumé, l'amour gallo-romain, conservé dans le Midi, était une volupté facile, accompagnée de tous les enivrements de la musique, de la danse et de la poésie. Les amants, dignes élèves des divinités et des poëtes du paganisme, étaient habiles en leurs ruses, peu scrupuleux en leurs moyens de réussir; ils ne s'occupaient guère de développer le sentiment, mais beaucoup de rencontrer le plaisir. Loin de chercher le mystère et de couvrir leurs bonnes fortunes du voile de la convenance et de la pudeur, ils s'accommodaient assez du grand jour et montraient l'ostentation des anciens petits-maîtres de Rome. La femme se faisait admirer plutôt que respecter et tenait moins à être aimée qu'à plaire. L'amour, enfin, envahissait effrontément les cérémonies de l'Eglise, non pour s'épurer à leur contact, mais pour imposer aux fêtes chrétiennes la licence des lupercales.

Chez les Arabes d'Espagne, l'amour offre un tout autre caractère. Le sentiment, le respect, y occupent le

---

Des siéges y sont disposés; elle est parée de tapisserie. Elle est jonchée de fleurs, entremêlées d'herbes odorantes.

Une table y est dressée, couverte de toutes sortes de mets; un vin pur et la chère la plus délicieuse y abondent; la douce harmonie des flûtes aiguës y résonne, un jeune garçon et une jeune fille docte (musicienne) y chantent de belles chansons.

L'AMIE.

J'ai été seule dans la forêt, j'ai aimé les lieux secrets, j'ai fui le tumulte, en évitant la foule du peuple.

Déjà la neige et la glace se fondent, l'herbe et les feuilles verdoient, déjà l'hirondelle chante au plus haut des airs, et l'amour fidèle brûle dans les grottes. (Fauriel, t. I, p. 248.)

premier rang, et le mystère en est la principale condition ; la volupté est la suite d'une affection tendre, délicate, et non la conséquence de la violence ou du cynisme. Or, les Arabes ont longtemps vécu dans la Provence ; ils ont occupé Narbonne, Maguelonne, exécuté dans tout le pays des excursions réitérées; Munuza, un de leurs princes, avait épousé Lampagie, fille d'Eudon, duc ou roi d'Aquitaine. Il est donc naturel qu'ils exercent une assez grande influence sur la civilisation et les mœurs des Provençaux contemporains.

La religion musulmane n'admettait pas le vœu de virginité ; le mariage ordonné, disait-elle, par la nature, la raison et la loi, était applicable à tous les croyants sans exception, même aux *derviches* les plus ascétiques. Le musulman comprenait l'ascétisme, mais non pas la continence ; le célibat lui paraissait plus honteux pour la femme que pour l'homme, celle-ci ne devant cette réprobation qu'aux imperfections morales et physiques dont la nature l'avait affligée (1).

La maternité était une bénédiction et un honneur ; les époux se glorifiaient du nombre de leurs enfants, devant Dieu comme devant les hommes. (*Koran*, IX, v. 70. — XVIII, v. 44.)

L'amour ne se heurta donc jamais, chez les théologiens arabes, aux entraves religieuses qu'il rencontra

---

(1) Ce principe eut une si grande influence sur les chrétiens espagnols, que le clergé lui-même prit l'habitude de se marier, non-seulement dans l'Andalousie, sous le règne des Arabes, mais dans les royaumes chrétiens eux-mêmes. Ce ne fut qu'après les conquêtes de Ferdinand Ier que le pape réussit à généraliser la coutume du célibat parmi les ecclésiastiques. (Viardot, *Hist. des Arabes,* t. II, p. 23.)

chez un grand nombre de Pères et de Docteurs de la primitive Église.

La femme arabe ne choisissait guère son mari ; renfermée dans le harem, elle ne partageait ni ses combats, ni ses dangers. De là découlèrent des conséquences logiques : c'est que l'amour n'atteignit pas chez les Arabes ce degré de perfection et d'héroïsme qu'il montrait chez les Gaulois et chez les chrétiens. Ce sentiment ne réalise toute sa perfection que dans la solidarité des tribulations et de la lutte. En revanche, il montra quelque chose de plus simple, de plus universel, de plus mystérieux surtout ; condition très-importante qui préserve les peuples des plaies du scandale, du cynisme, et de la dépravation publique.

La soumission de la femme arabe n'était pas d'ailleurs l'esclavage flétrissant qu'elle avait subi dans les harems sous la décadence assyrienne et israélite. L'Arabe n'enfermait pas sa femme pour lui enlever l'exercice de son libre arbitre ; mais pour la mettre à l'abri du rapt et de la violence, pour empêcher, dans un excès de délicatesse, que la vue de sa beauté n'allumât la passion illégitime d'un rival, qu'elle ne fût souillée par le désir d'un homme autre que son mari. L'Arabe porte la précaution à cet égard jusqu'à placer sur le front de la jeune mariée un espèce de talisman en filigranne, composant le mot magique *masch-allah*, afin de la préserver des regards jaloux et d'une admiration trop passionnée. (Viardot, t. II, p. 414.) Il professe donc, tout en l'exagérant, le principe de certains Pères de l'Église qui voulaient que la femme ne vît, ne rencontrât qu'un homme, afin qu'elle ne pensât qu'à celui-là. Malheureusement le mahométisme n'applique pas la réciproque au mari ; il peut voir et posséder plusieurs femmes. Le christianisme enfin se borne à conseiller la fidélité à la femme, l'Arabe la lui impose par la force, en la séquestrant ; il se trouve identiquement dans la situation du mari grec après l'époque héroïque, telle que nous l'avons montré déjà (pages 195 à 198, tome Ier.)

Les précautions soupçonneuses destinées à interdire, à la musulmane, toute relation avec l'autre sexe, dépassaient tout ce qu'on avait antérieurement pratiqué en Europe. Les Almoravides ne se bornaient pas, comme les Goths, à défendre aux médecins de saigner leurs femmes ; ils ne leurs permettaient d'approcher d'elles que dans les maladies très-graves ; des matrones d'expérience étaient exclusivement chargées de les soigner dans toutes leurs indispositions et notamment dans leurs couches.

Un Arabe de quelque éducation prenait des précautions infinies, pour demander à un autre des nouvelles de sa maison ; il ne commettait jamais *l'inconvenance* de lui parler de sa fille ou de sa femme. Etait-il question d'un mariage, la mère du jeune homme pénétrait seule chez la jeune fille et se mettait en communication avec sa mère... Celle-ci acceptait-elle la proposition, elle en donnait la preuve en fermant un cadenas ; le jour de la noce arrivé, elle l'ouvrait devant le futur mari en lui remettant la vierge qui ôtait alors son voile pour la première fois ; aussi le fiancé lui faisait-il un présent *pour la vue du visage,* comme le Germain payait le *morgen gabe* à sa jeune femme après la nuit nuptiale, pour *prix de la virginité.*

Les noces arabes étaient assez bruyantes en Espagne ; on les célébrait séparément dans les deux familles ; elles duraient plusieurs jours. La danse, la musique en étaient les principales distractions ; les femmes chantaient des chansons d'amour en observant de longue pauses à la suite de chaque vers, afin d'augmenter la langueur voluptueuse de la pensée. Quelquefois la fiancée était conduite processionellement dans les rues de la ville, accompagnée de toutes ses amies. Rentrées dans *l'Alcazar*, celles-ci s'armaient de cannes d'ivoire, et gardaient toute la journée la porte de la chambre nuptiale. Le soir, le mari arrivait à la tête de jeunes gens armés de dagues dorées. Il attaquait les jeunes filles, ne manquait pas de les mettre en déroute, et prenait ainsi d'assaut la chambre d'amour.

Cette résistance symbolique de la pudeur était moins sanglante que chez les Scandinaves ; mais beaucoup plus sérieuse que chez les Grecs et chez les Romains, qui se bornaient à porter la jeune femme par dessus le seuil de la maison afin de simuler un enlèvement. Durant la nuit, les jardins étaient illuminés ; on chantait des poésies à la louange du couple heureux, et le père récompensait généreusement les musiciens et les poëtes (1).

Cette jeune fille qui ne se dévoile devant son fiancé qu'au moment de ses noces, et qui jusqu'à ce jour n'a vu que des femmes, ce symbole du cadenas, cette invasion de la chambre nuptiale par la force, tout cela indique le prix que l'homme attache à la pureté de sa femme, et fait prévoir le soin extrême qu'il

---

(1) Telles furent notamment les noces d'Abd-al-Malek, à Cordoue, en 986. (Conde, part. II, ch. 90-99.)

prendra de la conserver..... Le courage, la fierté, l'énergie ne seront pas assurément l'apanage ordinaire d'un sexe placé sous clef, comme un vase précieux, et écarté de tous les événements de la vie publique ; mais la femme sera du moins un objet attentivement surveillé, défendu ; la pudeur restera une qualité précieuse, la fidélité une vertu indispensable.

Ces précautions de la loi musulmane et des mœurs ne furent pas sans résultats : l'adultère, les intrigues de galanterie restèrent à peu près inconnus chez les Arabes ; et, chose plus remarquable, la courtisane musulmane, est un mythe introuvable dans l'histoire. La femme se respecte trop pour se vendre elle-même ; l'homme estime trop l'amour peur l'acheter au coin de la rue ; il peut acquérir la femme de celui qui la possède ; mais c'est pour la conserver à titre définitif, et avec la résolution de ne la laisser jamais passer dans les bras d'un autre.

La femme arabe possède donc la considération, le respect ; mais l'homme tient le pouvoir, et ce pouvoir le place de beaucoup au dessus d'elle : aussi peut-il épouser impunément des femmes chrétiennes ou juives: le Koran déclare, comme l'Evangile, *que l'homme fidèle purifie la femme infidèle ;* mais il n'admet pas le principe réciproque. La femme est considérée comme n'exerçant aucune influence directe sur son conjoint... Il est donc interdit à la femme arabe d'épouser un juif ou un chrétien, attendu que l'homme ayant toute autorité sur l'autre sexe, ce ne serait pas la musulmane qui purifierait *ces infidèles*, ce seraient eux qui corrompraient la musulmane (1).

---

(1) Les causes d'empêchement au mariage étaient, chez les

Mahomet, tout en confirmant ce principe de l'infériorité des femmes, avait notablement amélioré leurs position légale. Le Koran leur procura des bienfaits qui équivalaient à ceux que la législation hébraïque des Nombres et les lois de Solon et de Périclès leur avaient assurés.

L'ancienne loi arabe considérait si peu la femme qu'elle permettait de tuer les filles à leur naissance, afin de délivrer la famille d'un embarras flétrissant. Mahomet abolit cette coutume barbare (1).

Si le Koran continua de dire comme par le passé : « Maris, vous êtes supérieurs à vos femmes ; — elles sont votre champ, cultivez-le comme vous voudrez — réprimandez celles dont vous craindrez la désobéissance ; reléguez-les dans des lits à part, battez-les, » il mitigea du moins ces droits absolus des maris par des conseils plus conformes aux idées chrétiennes.

« Dès qu'elles vous obéissent ne leur cherchez point querelle, respectez les entrailles qui vous ont por-

---

Arabes, analogues à celles que les Hébreux avaient transmises aux Grecs et aux Romains ; l'union était permise entre cousin et cousine, mais non entre tante et neveux. Le musulman ne pouvait épouser ni la sœur, ni la cousine d'une de ses femmes ou de sa nourrice, ni son esclave, ni l'esclave étrangère, s'il avait une femme libre. Il ne pouvait d'ailleurs épouser plus de quatre femmes ; il devait laisser passer trois mois avant de prendre une femme répudiée par un autre ; quatre mois et dix jours avant de prendre une veuve ; il ne pouvait enfin conduire chez lui une femme enceinte d'un autre. (Viardot, t. II, p. 404.)

(1) Oh, prophète ! si les hommes fidèles promettent de ne point outrager Dieu, de ne point commettre l'adultère, de ne point tuer leurs filles, accueille leur serment. (Koran, X, v. 12.)

tés. » ajoute-t-il ; il pourvoit enfin avec sollicitude à l'héritage des femmes, à leur dots, à leur douaire, à leurs reprises ; il recommande aux maris d'observer envers elles les bons traitements, la douceur, la générosité, et ne leur permet d'en épouser plus d'une, qu'à la condition qu'ils pourront leurs assurer le rang et le bien-être auquel elles sont accoutumées (LXV v. 6, — IV, v. 3). La femme arabe en un mot n'est plus, après Mahomet, la simple chose, le bœuf, l'âne des premiers patriarches, ou de la loi des douze Tables ; elle devient un membre de la famille, et même le plus estimé ; elle reste soumise, mais elle possède des droits personnels, une fortune bien constatée ; le mari ne lui doit plus la nourriture seulement, mais la considération et la bienveillance.

Ce qui survit de l'ancienne inégalité des deux sexes semble d'ailleurs tenir à la constitution de leur corps, beaucoup plus qu'à la nature de leur âme ; aussi la mort rend elle les deux membres du couple parfaitement égaux ; arrivés dans la vie future, ils partagent la même destinée (1).

Cette réhabilitation de la partie immortelle de la femme, ne pouvait manquer de réagir sur les conditions de son intelligence ; dès que l'Arabe crut qu'elle

---

(1) « Il ne sera point perdu une seule œuvre d'aucun de vous, qu'il soit homme ou qu'il soit femme ; car les femmes sont issues des hommes... Ceux qui pratiqueront les bonnes œuvres, hommes ou femmes, ne seront pas fraudés sur leur récompense, de la valeur du contenu d'un noyau de datte... Dieu a promis aux croyants, hommes et femmes, des jardins baignés par des rivières... Un jour la lumière courra devant eux, hommes et femmes. (Koran, III, v. 193. — IV, v. 123. — IX, v. 73. — LXII, v. 12.)

possédait comme lui une étincelle de la divinité, il dut naturellement estimer, admirer l'éclat de cette lumière intérieure, quand elle brillait en elle avant la mort, aussi fut-il permis aux moresques d'Espagne de cultiver la littérature, les beaux arts, la science, la théologie et elles le firent avec grand succès. Quand une d'elles s'était illustrée dans une de ces connaissances la renommée qu'elle avait acquise, le respect dont elle était entourée, lui rendaient moins indispensable; dans le monde, la protection d'un mari; elle jouissait, quoique célibataire, d'une émancipation toute exceptionnelle; frappés de sa supériorité intellectuelle, ce n'était pas son corps mais son esprit que les hommes admiraient. Elle pouvait quitter l'intérieur de sa maison, parcourir la ville, fréquenter les familles étrangères avec une entière liberté (1).

---

(1) Abd-al-Raman III se plaisait à écouter non-seulement les compositions de Mozna, son esclave et son secrétaire, mais celles d'Ayscha, demoiselle noble de Cordoue, la plus sage, la plus belle, la plus savante de son siècle : ainsi que les poésies de Safya, fille d'Abd-Allah-al-Rayi... Waladat, fille du Khalyfe-Mouhamad-al-Mostansir-Billah, était surnommée, vers 860, la Sapho de Cordoue. Sous al-Hakem II, les femmes se distinguaient généralement par leur esprit et la variété de leurs connaissances. Ce monarque possédait dans son alcazar, Lobnah, jeune fille d'une grande beauté, docte en grammaire, en poésie, en mathématique; le khalyfe l'employait à traiter ses affaires les plus importantes; elle surpassait toutes les personnes du palais, en finesse de conception et en habileté de style. Fatima avait des qualités semblables et s'occupait à copier des livres pour le khalyfe... Khadidjah composait des vers remarquables et les chantait avec une grâce infinie. Maryem enseignait les sciences et la littérature aux jeunes filles nobles de Séville; elle mit plusieurs d'entre elles à même de faire les délices des princes et des grands sei-

Nous voilà conduits à étendre aux Arabes d'Espagne l'observation que nous avons appliquée aux femmes, poëtes et philosophes de la Grèce. Pour plaire à des personnes d'un esprit aussi distingué, d'une intelligence aussi haute, il ne suffisait pas au guerrier de vivre constamment à cheval, la hache et le cimetère au poing, comme y vivait le leude germain ; il devait posséder d'autres qualités qu'une bravoure violente et se montrer autre chose qu'un *sans-peur*.

D'après Conde, dix qualités étaient indispensables au croyant pour mériter le nom de chevalier : six d'entre elles, la force, l'équitation, l'adresse à manier la lance, l'épée, l'arc, étaient communes aux guerriers de toutes les races; mais les quatre autres, la *bonté* (ou discrétion), la *gentillesse*, la *poésie*, le *bien dire*, ne furent pas connues des hommes du Nord (part. II, ch. LXVII). Il n'était pas question de la nécessité de la foi, l'homme étant censé alors ne pouvoir exister sans elle.

Ce mélange de tendresse et de valeur, de discrétion et de courtoisie, ce culte de l'amour, dans la solitude et le mystère, éclate dans tous les actes de la vie publique, dans tous les incidents de la vie privée. La littérature arabe en est l'écho le plus fidèle, surtout leur nombreux romans d'aventures et d'amour, parmi lesquels on cite : le *Jardin des désirs*, les *Soupirs d'un amant*, les *Amours de Medjnoun et de Leilah*.

Il est incontestable que les principes de la galante-

---

gneurs. Rhadiah, ou *l'étoile heureuse*, devint célèbre par ses contes et ses poésies. (Conde, partie II, ch. 87 et 93.)

rie et de la loyauté chevaleresque furent, jusqu'à la fin du onzième siècle, beaucoup plus développés chez les Arabes que chez les Espagnols. La race ibero-gothique nous apparaît dans l'histoire, dans un état de grossièreté peu sentimentale et assez semblable à celui des peuples du Nord. Nous n'en voudrions pour preuve que la conduite ignoble des deux gendres du Cid, se vengeant de ce héros en battant ses filles, en les dépouillant de leurs vêtements, en les abandonnant toutes nues dans les bois de Tormès. C'est là un acte de sauvagerie qui fut rare dans les temps chevaleresques, et qui ne pouvait appartenir qu'à une époque de brutalité rapprochée de celle de nos premiers rois.

Le romancero du Cid porte d'ailleurs de nombreux témoignages d'un siècle de transition. Ce héros légendaire marque la fin des temps barbares, et le commencement des temps chevaleresques, et c'est justement ce caractère de révélateur, d'inaugurateur d'une société nouvelle, qui lui a valu sa réputation colossale et justement méritée. Il fut le premier élève de l'école arabe, le premier chevalier espagnol

Quand il paraît sur la scène, il est brave, vigoureux, et dès le premier romancero qui lui est consacré, on devine un émule des chevaliers de la Table-Ronde ; il montre la force athlétique de Roland et de Charlemagne ; mais rien ne laisse pressentir en lui des sentiments d'amour supérieurs aux simples appétits des leudes carlovingiens. Chimène elle-même, la Chimène de l'histoire et du romancero, n'est nullement la Chimène de Guillem de Castro et de Corneille, elle est simplement la fille d'un seigneur féodal, prenant au sérieux tous les devoirs de sa naissance, partageant les préjugés de sa famille, n'éprouvant d'amour ni pour le Cid, ni pour personne, et ne songeant qu'à poursuivre contre le meurtrier de son père une sorte de *vendetta* légale.

« O roi ! dit-elle à Alphonse, je vis dans le chagrin, dans le chagrin vit ma mère ; chaque jour qui luit je vois celui qui tua mon père, chevalier à cheval, et tenant en sa main un épervier, ou parfois un fauçon qu'il emporte pour chasser ; pour me faire plus de peine, il le lance dans mon colombier ; avec le sang de mes colombes il a ensanglanté mes jupes ; je le lui ai envoyé dire, il m'a envoyé menacer qu'il me couperait les pans de ma robe à un endroit honteux, qu'il *forcerait* mes demoiselles mariées et à marier, il m'a tué un petit page sous les pans de mes jupes. — Un roi qui ne fait point justice ne devrait point régner, ni chevaucher à cheval, ni chausser des éperons d'or, ni manger pain sur nape, ni se divertir avec la reine, ni entendre la messe en lieu consacré parce qu'il ne le mérite pas. »

Ne croirait-on pas lire un passage de Grégoire de Tours ? Ce Rodrigue, qui assassine les pages et menace de viol les demoiselles et les dames, n'est-il pas un leude du sixième siècle et non un homme des temps de la chevalerie ?

Savez-vous quelle est l'unique origine de son mariage avec Chimène ? Une bonne inspiration d'Alphonse. Le roi, se trouvant fort embarrassé, — car il n'osait condamner un homme aussi utile, aussi redoutable que Rodrigue, et comprenait toutefois que la justice parlait en faveur de Chimène et de sa mère — veut sortir d'embarras en mariant ces deux adversaires. Le projet était conforme aux habitudes féodales : on n'agissait pas autrement dans la plupart des démêlés..... ; deux familles étaient en guerre, se disputaient un héritage ; on tranchait la difficulté par un mariage.

« Je ferai avec lui un arrangement, dit Alphonse, qui ne vous sera pas mauvais : je lui demanderai sa parole pour qu'il se marie avec vous. »

Si la jeune fille, sincèrement irritée contre le meurtrier de son père l'accepte pour époux, c'est que Rodrigue est déjà célèbre, qu'il ne peut manquer de devenir puissant, de s'enrichir. Chimène nous l'avoue ingénuement : « Je me tiendrai pour bien établie et m'estimerai très-honorée ; car je suis sûre que son bien doit aller s'améliorant et devenir le plus considérable qu'il y aura dans le royaume.... et je lui pardonnerai la mort de mon père, s'il veut bien consentir à cela. »

Il nous semble entendre Pénélope combinant une bonne opération de ménage..... Rodrigue de son côté accepte la main de Chimène un peu pour plaire au roi, beaucoup pour posséder les belles terres qu'Alphonse lui donne en cadeau de noce.

« Voilà Chimène Gomez qui vous demande pour mari en vous pardonnant la mort de son père, dit Alphonse : épousez-la je vous prie ; j'en aurai une grande joie. Je vous accorderai maintes grâces et vous donnerai beaucoup de terres. — Avec plaisir j'obéis, roi et seigneur, répondit Rodrigue ; en ceci et en tout ce qui sera votre volonté ; » puis on les maria.

Plus tard l'amour se développe dans ces deux époux qui n'avaient jamais été amants : encore cet amour tient-il toujours de la prévoyance maternelle beaucoup plus que d'une profonde passion. Chimène est une véritable Andromaque, très-attachée à ses devoirs d'épouse, de mère et de châtelaine ; elle s'inquiète de l'absence continuelle de son mari, et voudrait le retenir près d'elle pour dissiper les inquiétudes bien naturelles à une femme seule, chargée de la direction, de la défense de son manoir, et qui se sent entourée d'ennemis.

Les idées de courtoisie, de loyauté chevaleresque, nous paraissent donc plus avancées chez les Arabes que chez les Espagnols, et ce fut des musulmans bien plus que des chrétiens, que les Provençaux en reçurent la première révélation.

II

DE LA GALANTERIE POETIQUE EN PROVENCE.

Les Arabes, en apportant dans la Provence les qualités morales du parfait chevalier, en tête desquelles figuraient la discrétion et la délicatesse, imposèrent de notables modifications aux mœurs gallo-romaines qui reposaient sur des usages tout opposés.

La femme n'avait exercé jusqu'alors chez les Provençaux d'autre autorité que celle de l'intrigue et d'une coquetterie sensuelle ; elle était avide de fêtes bruyantes, d'applaudissements scandaleux. Le musulman remit en honneur la modestie d'un sexe soustrait aux regards de la foule et au tumulte des fêtes. Il popularisa l'esprit chevaleresque fondé sur le respect de la femme, sur la protection du faible (1), sur l'art de retenir ses sentiments au fond du cœur, et de conserver pur l'amour et le nom de celle qu'on aime. Ainsi, par un résultat aussi étrange qu'inattendu, la courtoisie chevaleresque des musulmans procura à l'amour provençal une purification que la sévérité du christianisme n'avait pu obtenir des Gallo-Romains trop attachés à l'érotisme antique.

La générosité, la courtoisie, rentraient dans le cadre de la charité chrétienne, elles furent assez favorablement accueillies par la noblesse provençale, grâce au reflet poétique dont elles étaient ornées..... Respecter la femme dans le malheur, la protéger quand elle était en péril, sans s'inquiéter d'ailleurs de la

---

(1) Un épisode de la guerre des Maures contre les chrétiens caractérise éloquemment la délicatesse et la générosité du sentiment chevaleresque des Arabes.

Alonzo VIII de Castille, ayant mis le siége devant le fort d'Oréjá en 1139, le Wali de Cordoue réunit quelque troupes afin de débloquer la place : mais au lieu d'attaquer les chrétiens de front, il se dirigea vers Tolède ou la reine Bérengère se trouvait enfermée et hors d'état de lui résister ; il espérait par cette diversion obliger Alonzo d'abandonner Oréjá pour se porter à marches forcées au secours de Tolède. Bérengère, qui connaissait la loyauté des Arabes, envoya un héraut faire observer au prince almoravide que les lois de la bravoure lui faisaient un devoir d'aller attaquer les chrétiens sous les murs d'Oréjá et non à Tolède où il ne rencontrait pour adversaire qu'une femme sans défense. Le Wali rougit de sa ruse de guerre ; il en présenta ses excuses à Bérengère et lui demanda la faveur de la saluer respectueusement avant de s'éloigner. La reine se montra sur les remparts accompagnée de toutes ses dames, et les chevaliers arabes défilèrent devant elles en les saluant. (Viardot, *Histoire des Arabes* t. II, p. 200.)

cause de ce péril ou de ce malheur, furent les premiers devoirs inscrits en tête du bréviaire chevaleresque : ces nobles principes allaient trouver bien des occasions de passer dans la pratique. Un grand nombre d'héritières, orgueilleuses de leur fortune, car, dans le Midi, la femme était habile à succéder, à posséder tous les droits seigneuriaux, même à régner, contractaient des mariages sans tendresse, par pure considération d'avarice ou d'ambition. Nous n'avons pas besoin de dire combien ces sortes d'unions étaient funestes à l'amour, à l'estime réciproque des époux ; elles développaient entre eux le soupçon, la discorde, la jalousie, l'infidélité. La femme qui se mariait, ou qu'on mariait par calcul, prévoyant les troubles qui agiteraient son existence, prenait d'avance toutes sortes de garanties contre un mari beaucoup moins épris de la personne que de la dot.... Le contrat d'amour devenait des deux côtés une simple société d'acquêts et de bénéfices (1).

Or, ces sortes d'unions à la romaine étaient aussi rares chez les Arabes que chez les Franks ; ces deux peuples réduisaient les femmes à une dot très-minime, et les déclaraient entièrement inhabiles à gouverner. Chez eux, l'épouse était choisie en considération de ses qualités physiques et morales, et nullement par rapport à sa fortune.

Le chevalier Almoravide ne pouvait donc com-

---

(1) Quand Mathilde de Bourgogne épousa Guillaume VII, seigneur de Montpellier, en 1156, elle stipula qu'il ne pourrait la répudier sans lui donner des dédommagements considérables et fixés d'avance ; la prudente épouse fit engager dix-huit des principaux chevaliers de Guillaume à prendre sa défense le cas échéant et à lui garantir les compensations prévues. (*Fauriel*, t. I, p. 525.)

prendre l'importance que le noble provençal attachait, dans le mariage, à la question d'argent. Les principes de l'Evangile, fort négligés à cet égard sur les bords de la Méditerranée, se trouvaient d'accord avec les siens ; le chevalier provençal ne pouvait manquer d'être ébranlé dans ses opinions par des arguments identiques qui lui arrivaient des deux extrémités opposées de la civilisation.

L'aristocratie, jeune, généreuse, avide de progrès et de nouveautés, se révolta contre les mariages de spéculation. L'aristocratie, avare, surannée, resta fidèle aux anciens usages lucratifs, et la Provence forma deux camps bien tranchés : les chevaliers de l'école arabe d'un côté, ceux de l'école romaine de l'autre.

Les partisans de la femme aimée pour elle-même, les amis de l'amour indépendant et généreux, entrèrent en campagne contre l'avarice des pères et la spéculation des maris avec une vigueur digne de cette haute question sociale. On peut en juger par le fait suivant.

Pierre de Maenza, chevalier auvergnat de la fin du douzième siècle, servait dans le château de Bernard de Tiercy. La femme de ce dernier lui parut si malheureuse qu'il la prit sous sa protection et l'enleva... Qu'allaient-ils devenir sans secours, sans appui ?... Le Dauphin d'Auvergne, un des chevaliers les plus courtois de son temps, se déclara leur protecteur ; il recueillit les deux amants dans un de ses châteaux. Bernard de Tiercy réclama sa femme, le Dauphin la refusa, soutint une guerre longue et sérieuse contre lui, et comme on était à une époque où le ciel bénissait les soupirs des amoureux, ceux-ci restèrent unis en dépit des réclamations de Tiercy. La générosité du Dauphin obtint complètement gain de cause (1). (Fauriel, t. I, p. 491.)

Mais il n'est pas de bon principe que l'excès ne puisse gâter.

La femme, se voyant protégée avec cette vigueur, prend une hardiesse nouvelle et se met, à tout propos, en révolte contre ceux qui la contrarient... Troubadours et chevaliers, victorieux dans le *redressements des torts*, s'exagèrent singulièrement leurs devoirs et leurs droits. Ils ne se bornent plus à protéger la

---

(1) Boson d'Aguillar, vassal et ami de Boniface, marquis de Montferrat, aimait Isaldina Adhemar; mais les parents de la jeune personne refusaient de la lui donner. Ils la mirent sous la garde d'Albert de Malespina qui s'engagea à rendre tout enlèvement impossible. Boson d'Aguillar, séparé de sa belle, tomba malade et fut près d'en mourir d'amour. Boniface voulut lui donner le seul remède qui pût le sauver ; il lève ses vassaux, fait le siége du château de Malespina, le prend d'assaut, enlève Isaldina, et la donne à l'amant qui n'attendait que cela pour guérir.

Ce n'est pas tout : Boniface, encouragé par le succès, entreprend de redresser tous les torts de son siècle. Aymonet le jongleur lui dit un jour que Jacobina allait être menée de force en Sardaigne et mariée à un homme qu'elle n'aimait pas. Boniface soupire, songe au baiser qu'elle lui a donnée au moment où il la quittait en le priant de prendre sa défense contre son oncle; il fait monter cinq hommes à cheval et court vers Pise où l'on embarquait Jacobina; il l'enlève, et se réfugie chez le seigneur de Puyclair pendant que tous les gens de Pise couraient à sa poursuite. Il donne Jacobina au fils de ce seigneur et contraint son oncle à lui restituer le comté de Ventimile. (Fauriel, *Poésies provençales*, t. II, p. 49.)

femme opprimée ; ils prennent le mariage en suspicion, l'autorité conjugale et paternelle en haine ; ils prétendent leur soustraire le sexe d'une manière générale, assurer toute licence à ses fantaisies, toute impunité à ses caprices. Bientôt il n'y eut plus de jeune fille gênée dans ses amours qui ne trouvât, dans la chevalerie, des champions empressés à l'arracher *au joug paternel*, pour la jeter dans les bras de l'amoureux préféré. Il n'y eut plus de femme surveillée par son mari qui ne criât au secours et ne vît maint galant, armé de pied-en-cap, se mettre à ses ordres.

Les Provençaux furent toujours portés à l'exagération, et aussi prompts à exécuter sans réflexion qu'à s'engouer d'enthousiasme. Initiés au principe de la protection des dames par les Arabes, ils ne tardèrent pas à les dépasser dans cette voie ; ils en arrivèrent à condamner toute surveillance exercée sur elles par les maris, à déclarer injustes les prétentions de ceux qui voulaient posséder exclusivement leur moitié, ce qui renversait complètement les opinions fondamentales des époux de Cordoue et de Grenade (1).

Lancés dans cette voie, les troubadours poursuivirent le cours de leurs déductions logiques, et en tirèrent les conclusions les plus anti-arabes..... Une fois soustraite à la tyrannie du mari, dirent-ils, la dame devait chercher un admirateur ; car il était de principe fondamental que nulle dame ne pouvait vivre sans *servant*. Il est inutile d'ajouter que ces recher-

---

(1) Guillaume de Poitiers, qui mourut en 1127, soutint nettement cette thèse, et se moqua beaucoup de la folle vanité de ceux qui prétendent conserver éternellement la foi de leur dame.

ches étaient toujours heureuses et que toute femme ne manquait jamais de trouver ce qu'elle désirait..... Pour mieux pousser les soupirants des deux sexes sur cette pente, les troubadours, montent, à l'exemple d'Anacréon, toutes les cordes de leur viole sur l'éternel sujet de l'amour..... Pour eux ce sentiment est la base des actions humaines, comme la guerre le fut chez les peuples de l'antiquité ; l'amour est un culte, et le principe de tout mérite, de tout honneur.

Le premier genre littéraire, qu'adoptèrent les troubadours pour le célébrer, fut la poésie lyrique. Les Provençaux eurent donc, comme les Grecs, des Orphée avant d'avoir des Homère, des chanteurs, avant d'avoir des narrateurs. L'amour eut d'autres genres littéraires à son service ; car il les envahit à peu près tous..... La *Ballade* était le récit d'une aventure sentimentale et gracieuse destinée à être chantée en dansant (1).

L'Alba ou *Aubade* était une sorte de romance qu'on chantait le matin pour réveiller le chevalier endormi près de sa dame et l'empêcher d'être découvert par les jaloux ; tantôt ce signal était placé dans la bouche d'une sentinelle qui faisait le guet ; tantôt dans celle de l'un des amants qui exprimait les regrets de la séparation, l'impatience d'arriver à une prochaine rencontre (2). La satire elle-même eut pour mission de

---

(1) Elle a conservé ce caractère dans le rondeau gascon.
(2) La plus belle de toutes est anonyme :
« Dans un verger, sous le feuillage d'aubépine, la dame tient son ami à côté d'elle, en attendant que la guette crie, qu'elle voit l'aube. Oh ! Dieu ! oh ! Dieu ! que l'aube vient vite !
« Ah ! plût à Dieu que la nuit n'eût pas de fin, et que la

condamner les infractions aux lois de la galanterie (1).

Aussitôt que les troubadours ont célébré la puissance de leur dieu et compté ses victoires, ils cherchent à élever leurs fonctions de rapsodes de la galanterie à la hauteur d'une magistrature et d'un sacerdoce. Les voilà sondant, analysant l'amour sur tous les tons : il a envahi la société entière au point *qu'elle semble ne plus pouvoir respirer que de ce côté-là*. On dirait que l'Europe méridionale est transformée en jardins de Daphné, et que toutes les villes sont des Antioches.

Ce n'était plus le temps, où l'amour restait abandonné, aux caprices de la bonne et de la mauvaise fortune comme un enfant perdu, auquel on faisait l'aumône par désœuvrement ou par mégarde. Il était un jeune grand seigneur appelé à gouverner le monde ; chacun s'occupait de lui procurer des professeurs, de composer sa cour, d'organiser son gouvernement....

---

guette ne vit ni jour ni aube ; mon ami ne s'éloignerait pas de moi. Oh ! Dieu ! oh ! Dieu ! que l'aube vient vite.

« Beau doux ami, embrassons-nous au bas de ce pré où l'herbe est fleurie. Réjouissons-nous en dépit du jaloux. Oh ! Dieu ! oh ! Dieu ! que l'aube vient vite.

« Beau doux ami, encore un peu d'amour dans ce jardin où chantent les oiseaux ; voilà la guette qui chante son aube. Oh ! Dieu ! oh ! Dieu ! que l'aube vient vite.

« Il est parti, joyeux et courtois, mon doux ami. Mais avec l'air embaumé qui me vient de là bas, je bois encore un doux trait de son haleine. Oh ! Dieu ! oh ! Dieu ! que l'aube vient vite. »

(1) Nous n'avons pas à nous occuper des poëmes guerriers qui furent peu nombreux, et moins encore du *sirvente*, ou chant des servants et des écuyers, comprenant tous les sujets qui n'avaient pas l'amour pour mobile.

Le seigneur Amanieu de Escas, homme très-expert en cette matière, donnant *leçons d'amour* à un damoisel, plaçait, en tête des devoirs d'un galant chevalier, de *prodiguer louanges aux dames, de leur garder la plus grande discrétion,* si bien que, plus une d'elles montrait de complaisance, plus on devait célébrer ses vertus, ses pudiques rigueurs. (Lacurne de Sainte-Palaye, t. II, p. 141.)

A cet égard, hâtons-nous de le dire, troubadours et chevaliers reviennent complètement au principe arabe : la discrétion et le mystère formeront la base de la galanterie provençale et apporteront des modifications profondes et salutaires au scandale gallo-romain.

Un autre professeur de galanterie recommande l'élégance du costume, la propreté ; surtout celle des yeux et des mains, *premiers ministres d'amour, qui se montrent tout d'abord aux regards.* Il estime fort la générosité, la possession d'un excellent cheval et la bravoure, car les prouesses militaires sont les séductions auxquelles les dames peuvent le plus difficilement résister. (Lacurne, t. II, p. 151.)

Quand le page a reçu cette instruction primaire, on ouvre à son désir de savoir des cours d'études d'un ordre plus élevé ; il passe de l'école à l'université ; il fréquente les parlements *d'amour;* il assiste aux plaidoyers des avocats ; aux arrêts solennels des juges ; car l'amour possède une administration, un gouvernement très-complet. Dans les *parlements de joie* on discute les lois, on les promulgue... A côté de ce pouvoir législatif et judiciaire, fonctionne le pouvoir exécutif de la chevalerie, qui les applique et les fait respecter. Cette association de la *jene*

Provence, ayant pour but l'indépendance des sentiments, pour moyen d'action le bel esprit, pour code l'art d'aimer et de se rendre aimable, inquiète la *féodalité vieille,* qui voudrait arrêter le mouvement... mais chacun est maître dans son manoir au moyen âge... un jeune chevalier, une veuve, une héritière, prêtent leur castel aux conjurés de la nouvelle galanterie; quelques femmes, délivrées de la surveillance conjugale, se groupent autour d'eux... Dès que le tribunal d'amour, véritable académie des grands sentiments, est composé, on lance des proclamations, on adresse des professions de foi; les chevaliers accourent, les troubadours affluent; la renommée ouvre ses cent bouches pour répandre au loin cette nouvelle merveilleuse.

Il devient bien difficile au baron le plus arriéré de refuser sa porte au troubadour ou au chevalier qui reviennent des parlements de Forcalquier, de Narbonne, de Gascogne ou de Bordeaux. Le châtelain est curieux, il prend intérêt au récit. Les chevaliers y ont fait prouesses de beaux discours et de gentils propos, et les barbons y ont eu des conquêtes..... conquêtes de cœur s'entend; on ne s'occupe encore que de problèmes de soupirs et d'espérances..... Le baron peut donc se tranquilliser; on ne demande guère aux dames que des regards de bienveillance et des sourires de commisération; le mari conserve ce qui lui importe le plus, la personne et sa fortune. Pourrait-il bien jalouser un pauvre soupirant qui ne réclame d'autre faveur que celle de chanter des couplets, de résoudre théoriquement des problèmes de tendresse? D'ailleurs les cours d'amour sont à la mode dans la *jeune Provence*; qui aurait le courage de se claquemurer dans les rangs de *la vieille* ; de résister à cette puissance éminemment méridionale et gauloise: *l'usage, le bon ton* !... c'en est fait, le châtelain assistera au prochain *parlement de joie*, il y conduira sa femme sa fille, et toute sa *maynade* (sa famille).

Le jour arrive : le voilà parmi les spectateurs... on se grise aisément au bruit des dissertations érotiques; les mets les plus appétissants en ce genre sont journellement servis aux convives des cours d'amour. Le mari entend discuter les *tensons* ou *jeux partis* les plus aventurés. Les rôles y sont régulièrement distribués, les matières divisées comme dans les conférences théologiques de Sorbonne... Un spectateur avance un sentiment, une hypothèse, son contradicteur en soutient un autre ; un troisième, juge ou bailli de joie, intervient et tranche la question à son point de vue. Les thèses de cette jurisprudence amoureuse sont tout aussi paradoxales et quintenciées que celles de la philosophie du Bas-Empire..... on peut en juger par ces échantillons.

« ... Est-il préférable de voir la maîtresse qu'on aime, mourir ou de la voir épouser un autre amant ?

« Quel est le plus malheureux; le mari qui connait l'infidélité de sa femme ou l'amant que sa maîtresse a trahi... ?

« Celui qui court la nuit au rendez-vous que lui a donné une femme, préférerait-il en voir sortir un autre amant, lorsqu'il s'y présente lui même ou de l'y voir entrer lorsqu'il en sort ?

« L'amant indiscret, qui publie les faveurs qu'il a obtenues, est-il plus ou moins coupable que celui qui se vante de celles qu'il n'a jamais reçues ?

« Grégoire aime une femme qu'il n'a pu conduire

à merci : doit-il l'abandonner pour courir à celle qui lui offre son amour, ou persister héroïquement à servir celle qui le lui refuse ?

« Quel est l'homme auprès duquel une dame peut trouver plus de discrétion et d'assiduité ; deux conditions qui constituent le bonheur... près d'un chevalier ou près d'un clerc (1) ?

« Vaut-il mieux aimer une demoiselle belle, courtoise, sans expérience, mais en voie de l'acquérir ou une belle dame d'une éducation pratique achevée. » (Fauriel, t. II, p. 103.)

Lequel est préférable : d'être aimé d'une dame, d'en recevoir la preuve la plus désirée et de mourir après, ou de l'aimer de longues années sans obtenir de récompense ? »

« Deux hommes sont mariés l'un à une femme aimable et belle, l'autre à une femme laide et disgracieuse : si tous les deux sont jaloux, lequel sera le plus insensé ? »

« Auquel des deux amants l'amour platonique est-il le plus onéreux, à l'homme ou à la femme (2) ?

---

(1) Cette discussion délicate, soutenue en cour d'amour par deux jeunes filles, fut résolue à l'avantage du clerc, attendu que l'esprit aventureux n'attirait jamais celui-ci loin de sa dame, et que sa position l'engageait naturellement à observer la plus grande discrétion. (Legrand Daussy, t. I, p. 254.)

(2) Nous donnerons quelques autres preuves de la subtilité de ces discussions d'amour.

« Quel est, des deux amants de la même femme, le plus malheureux, le premier qui se voit remplacé par un autre, au mépris de sa constance, ou le second, qui est poursuivi

A force de disserter sur l'amour et sur les conditions plus ou moins favorables à l'union de sympathie, on arrive à l'organisation d'une sorte de mariage naturel. L'amour spontané, indépendant, triomphe de toutes les entraves que lui imposait la loi religieuse et civile, et se dédommage avec usure des rigueurs du mariage féodal.

Aussitôt que les dames de Provence, ennemies de la soumission conjugale, trouvent un appui dans les *parlements d'amour*, elles se gardent bien de se réfugier dans le cloître, à l'exemple des châtelaines du nord, et de subir la dure loi de virginité : elles restent dans le monde, et préparent la résistance de concert avec les troubadours et les chevaliers. Toutefois, quelque confiance qu'elles aient en leur révolte, elles voudraient n'effaroucher personne, aussi leurs passions galantes adoptent-elles les formules les plus honnêtes, les allures les plus dignes de respect. L'a-

---

par la pensée de n'avoir que les faveurs qu'un autre a délaissées ? »

Quelquefois l'amour est mis en parallèle avec les devoirs les plus sérieux ou les passions les plus belliqueuses.

« Vingt chevaliers chevauchent par un temps horrible, sans pouvoir trouver un abri. Ils rencontrent deux barons en train d'aller voir leur dame : l'un deux s'arrête, et retourne chez lui pour y recueillir les vingt chevaliers, laissant sa dame l'attendre en pure perte. L'autre, oubliant les devoirs de l'hospitalité, continue son chemin, pour ne pas tromper l'impatience de la sienne ; lequel s'est conduit le plus loyalement ? »

« Qui aimeriez-vous mieux, demandait Guéjo, troubadour provençal, vers 1240, un manteau enchanté qui vous ferait aimer de toutes les dames, ou une lance qui aurait la vertu de jeter à terre tout chevalier qui en serait atteint ?

mour se dégage à la fois du sensualisme qui effrayerait les maris et de l'ambition qui souleverait l'indignation de la chevalerie. Les premières qualités qu'on doit chercher dans une dame, dont on veut faire *sa mie*, ne concernent pas son corps et sont purement intellectuelles ; on cite l'esprit et la douceur, la courtoisie et la bienveillance... la grâce et la beauté ne se présentent qu'en second rang. La dame la plus en vogue sera donc celle dont les troubadours et les chevaliers célèbreront la supériorité de l'âme et du cœur avec le plus d'enthousiasme.

III

COMMENT S'Y PRENNENT LES CHEVALIERS SERVANTS POUR COMBATTRE LE MARIAGE

La guerre est déclarée entre l'amour et le mariage. D'après les règles *des parlements de joie*, l'amour a quatre degrés ; le chevalier en quête d'une *senora* est *feignayre* (hésitant,) *pregayre* (priant,) *entendeire* (écoute,) *druts* (ami), c'est-à-dire admis, heureux.

Ce dernier degré de bonheur adopte des formes, des cérémonies solennelles, qui sont à l'amour galant ce que la bénédiction et les fêtes nuptiales sont au mariage régulier. Les amants échangent des serments semblables à ceux qui lient le vassal au suzerain ; ils se doivent réciproquement fidélité, protection, dévouement ; le chevalier en prononce la formule aux genoux de sa dame, en plaçant ses mains jointes dans les siennes; elle, à son tour, lui présente un anneau, lui donne un baiser, et devient ainsi sa *senora* (1).

Les prêtres provençaux, familiarisés avec ces usages, consentaient souvent à bénir ces unions morganatiques; une considération les justifiait; le sensualisme, nous l'avons déjà dit, n'était pas la conséquence obligée de ces rapports de sympathie. Ces amants n'avouaient au contraire que les sentiments les plus délicats, les plus éthérés. Lorsque Satan les poussait dans une autre voie ils avaient soin de couvrir d'un pudique mystère leurs infractions au principe de spiritualisme qu'ils proclamaient avec ostentation.

L'union d'amour restait assujétie par le code chevaleresque aux lois de fidélité, de modération, et de chasteté, tout comme le mariage y était astreint par l'Evangile. La volupté était déclarée incompatible avec ces sortes d'hymen de cœur; et par une étrange interversion, les amants étaient les pudiques, les spiritualistes, les méritants; les maris étaient les grossiers, les charnels, les coupables.

Ces principes tout conventionnels, qui n'avaient

---

(1) « O vous la plus belle, qui naquit jamais au monde, dit Arnaud de Merveil à Adélaïde; l'espoir que j'ai de vous m'est si plaisant et si doux, que je ne puis tourner ailleurs ma pensée. Mais il serait bien temps que je vous appelle seigneur, et que, les mains humblement jointes devant vous, vous daignassiez me recevoir pour *homme* de la même manière qu'un seigneur daigne accueillir son vassal. »

La comtesse de Montpellier, fille de l'empereur, pour laquelle Foulques de Marseille fit longtemps des vers avec son autorisation, était qualifiée de *chef et guide de toute valeur, de toute courtoisie et de tout enseignement.* (Vaissette, l. XXI, ch. XXI.)

d'autre base que l'engouement et l'enthousiasme, n'en formaient pas moins des liens d'une certaine solidité ; ils auraient été conformes à ceux des Arabes, s'ils n'avaient abouti au mépris du mariage légal.

Le mariage défend son terrain dans la vieille aristocratie ; mais il se discrédite auprès de la *jeune Provence* qui le considère comme entaché de la tyrannie, de la brutalité des mœurs mérovingiennes : aussi les *parlements de joie* le déclarent-ils incompatible avec l'amour, à tel point que la tendresse s'éteint du moment où deux amants, d'abord intimement unis, transforment leur première union chevaleresque en mariage.

Ces Provençaux, tout chrétiens qu'ils se disent, ne tiennent pas la bénédiction religieuse en grande estime. La liberté, la spontanéité, agissant à tous les instants, passent pour tellement indispensables à l'amour vrai que celui-ci n'existe plus, dès que la femme est obligée d'accorder toutes ses bontés, non par amitié ou pour récompenser une grande action, mais par obligation contractuelle (1).

---

(1) Un jugement d'Eléonore de Poitiers poussa ce principe jusqu'aux dernières conséquences.

Un chevalier aimait une dame ; mais celle-ci ne pouvait accepter ses vœux, car elle aimait un autre chevalier. Toutefois, elle voulut bien promettre au premier qu'elle l'accepterait pour ami *si elle venait à perdre l'autre*. Ce qui signifierait, de nos jours, s'il venait à mourir ou à l'abandonner. La jurisprudence amoureuse de cette époque en donna une interprétation bien différente. La dame épousa son chevalier préféré... Ce mariage équivalut à la rupture de ses premiers liens d'amour, et le second soupirant passa du degré d'*hésitant* à celui d'*écouté* : il réclama, en conséquence, l'exécution

Sous l'empire de cette législation, l'amour s'enhardit ; il revendique de tels privilèges, qu'il se place au dessus de toutes les lois civiles, religieuses, et morales. Quand les romanciers ont fait déclarer par une femme à son mari qu'elle en aime un autre, le mari n'a qu'à garder le silence, à battre en retraite pour laisser sa poétique moitié libre de convoler à *son chaste amour* (1).

Grâce au sentiment chevaleresque, la dame prenait carrément sa revanche de sa soumission légale d'autrefois. La *mie*, *la Senora*, étaient placées moralement fort au dessus de l'homme ; si bien qu'elle ne devait jamais accepter pour *servant* un chevalier d'un rang supérieur dont l'autorité politique ou la grande fortune auraient pu diminuer le prestige de la femme, et gêner l'exercice de son commandement. Son *druts* était tenu d'exécuter sans réflexion les ordres les plus capricieux, d'accomplir les actions les plus périlleuses gratuitement, et sans attendre d'autre récompense que le bonheur d'obéir à sa mie selon les lois de *la courtoisie et de l'honneur* (2).

---

de la promesse de la dame, qui s'était obligée à le prendre pour *ami* si elle venait à perdre le premier, et Eléonore fit droit à sa requête, déclarant que celui-ci était passé au rang des défunts d'amour en se mariant ; elle condamna donc la dame à donner à l'*écouté* le titre d'*ami*.

(1) Dans le roman provençal de *Philomena*, Oriunde, femme du Sarrazin Matran, se moque impunément de la défaite de ce dernier par les Franks, en lui disant avec brutalité qu'elle aime Roland, neveu de Charlemagne, et qu'elle se réjouit d'un combat funeste à son mari, mais favorable à son amant.

(2) La dame ne devait à son servant ni remerciements, ni récompenses ; les faveurs qu'elle daignait lui accorder

La puissance des dames surpassait dans le midi l'autorité des suzerains eux-mêmes ; ceux-là ne pouvaient octroyer le titre de chevalier qu'à des preux dont la noblesse égalait la bravoure, tandis que les dames provençales s'arrogaient le privilége de *donner l'accolade* à des troubadours, à de simples bourgeois, poëtes ou hommes d'esprit, qui avaient le mérite de leur plaire.

La littérature et la galanterie provençales devinrent donc, pour les basses classes, ce qu'elles avaient été chez les Grecs : des moyens très-sérieux d'émancipation ; elles préparèrent l'établissement de l'égalité entre la Noblesse et le Tiers-État.

Le culte de la musique et de la poésie jouissait d'un tel prestige, qu'il ne suffisait pas au chevalier du midi de montrer la valeur du chevalier frank, la courtoisie, la générosité de l'Arabe pour mériter le titre si envié *de sans reproche* ; il devait être encore musicien et poëte, afin de ne laisser à personne le soin de célébrer les vertus et la beauté de celle qu'il aimait. Malheur au gentilhomme provençal, qui ne joignait pas ces qualités littéraires à la valeur : un troubadour, un simple bourgeois, mieux favorisé, prenait sa place dans l'estime du sexe et la bourgeoisie tout entière triomphait du succès obtenu par un des siens.

Dans le nord, le Tiers-État ne posséda jamais ce

étaient un pur effet de sa générosité. Elle restait toujours sa *domnei*, ou *domna*, seigneuresse. Le chevalier devait incessamment *domnear*, c'est-à-dire lui rendre le culte, les services qui lui étaient dus, et mériter ainsi le nom de *domneiaire*. (Fauriel, t. I, p. 514.)

moyen de pénétrer auprès des femmes, et de lutter avec la Noblesse ; aussi son émancipation y fut-elle beaucoup plus lente qu'en Provence, en Italie et en Espagne. Le noble frank dédaignait les beaux-arts ; il en abandonnait l'exercice aux trouvères de profession, à des serviteurs salariés, qui n'en retiraient jamais ni grande influence, ni gloire.

Le culte de la poésie completait surtout l'existence du *chevalier errant* provençal, appelé aussi *chevalier sauvage*, (c'est-àdire misanthrope)..... C'était dans cette classe d'amoureux écervelés que les dames, avides de renommée, aimaient à choisir leurs *prégayres* et leurs *druts* ; bien souvent elles abusèrent de l'exaltation de ces malheureux, pour obtenir des preuves d'amour surhumaines. Elles y trouvaient une célébrité dont les coquettes de tous les temps se montrèrent très-friandes. Les souvenirs de la cruauté des femmes romaines, habituées aux égorgements du cirque et au supplice des esclaves, n'étaient peut-être pas étrangers à ces caprices désordonnés. Telle dame ne consentait à répondre à l'amour de son *prégayre* qu'à la condition qu'il se ferait arracher un ongle, et le lui apporterait enveloppé dans un belle pièce de vers; telle autre obligeait le sien à combattre, à moitié nu, contre des adversaires bardés de fer.

Les dames n'avaient d'ailleurs aucune difficulté à obtenir de leurs servants des actes d'extravagance, sanctionnés par la mode : poussés par une émulation exagérée, ceux ci allaient au devant de leurs désirs, et s'ingéniaient à inventer des folies de toute nature. On en vit se couvrir de la peau d'un loup, vivre dans les bois, et jurer de ne quitter cette forme de bête fauve qu'après avoir obtenu l'amour de leur mie ; d'autres s'assujétissaient aux plus dures pénitences (1) ; ils juraient de ne boire que de l'eau, et de ne manger que des pommes d'amour jusqu'à ce que leur dame se fut déclarée touchée de ces témoignages de tendresse.

IV

COMMENT S'Y PRENNENT LES MARIS POUR COMBATTRE L'AMOUR CHEVALERESQUE

Bien que les parlements et les cours d'amour fussent parvenus à faire admettre le droit de la femme mariée à posséder un admirateur, tout au moins aux deux premiers degrés *d'hésitant,* et *de priant,* bon nombre de maris repoussaient cette législation chevaleresque et se retranchaient dans l'ancienne loi de possession conjugale absolue. Pour arriver à leur but ils employèrent deux sortes de complices, les romanciers et les geôliers : les premiers publièrent des romans peu nombreux, il est vrai, où ils célébrèrent l'amour conjugal, et glorifièrent l'épouse dévouée et soumise ; les seconds contraignirent la femme par la force, à respecter ses devoirs, quand les bonnes lectures ne pouvaient l'y décider par la persuasion.

---

(1) Tel fut Pierre Vidal, qui, épris de dame Louve de Penautier, se retira dans les forêts déguisé en loup, et manqua d'être un jour dévoré par des chiens, qui le prirent pour une de ces bêtes fauves.

Berthe, l'héroïne du célébre roman de *Gérard de Roussillon*, est un de ces modèles de l'épouse chrétienne et féodale. Femme du comte Gérard, elle n'abandonne jamais son mari dans le malheur ; il a été vaincu par Charles le Chauve, dépossédé de son château, de ses domaines ; il erre par le monde, proscrit, exposé à toutes les humiliations. Berthe veille constamment sur lui, attentive à lui donner le courage de l'espérance, à l'éloigner du crime et du désespoir...... Berthe tient du caractère d'Éponine et d'Andromaque par la constance, elle y ajoute les qualités de l'épouse chrétienne ; elle rapporte à Dieu la source de toute vertu, de toute félicité, et, comme la musulmane, elle se soumet sans murmure à toutes les épreuves en répétant : *Dieu l'a voulu*.

Signe, dans le roman de Perceval, est un modèle encore plus dramatique d'amour et de dévouement ; inséparable du corps de son mari, qu'elle a fait embaumer, elle consacre son existence entière à le pleurer jusqu'au moment où Dieu, exauçant enfin sa prière, la fait mourir pour que les deux corps soient déposés dans le même tombeau.

Ces leçons étaient touchantes... mais peu de femmes tinrent à honneur de les mettre en pratique ; la plupart des romans de chevalerie, dotèrent la maîtresse de toutes les vertus, de tous les dévouements ; ils n'accordèrent aux époux que la jalousie, la discorde et l'esprit de querelle. Que pouvait-il sortir de ces dangereuses leçons ? l'infidélité... Les maris qui la sentent imminente passent aux moyens d'intimidation et de vengeance... Les uns enferment leur femme dans une étroite prison, les autres exilent leurs adorateurs quelquefois, les mettent à mort pour empêcher qu'ils n'obtiennent les deux derniers titres *d'écouté* et *d'ami*. La jalousie trouble leur tête et il n'est sorte d'excès de pouvoirs et de vengeances qu'ils ne se permettent. Guillaume de Cabestang, brave chevalier, élégant troubadour, aimait la femme de son suzerain, Raymond de Roussillon. Celui-ci, qui n'admettait pas les droits d'amour à la manière de la nouvelle école, tua Cabestang, lui arracha le cœur, et le fit manger à sa femme. Informée de l'horrible festin qu'elle venait de faire, Sirmonde se précipita de la fenêtre de sa tour, et se tua... Loin d'effrayer les amoureux, cette catastrophe les exalta : Pendant plusieurs siècles « tous chevaliers courtois et dames nobles de Catalogne, de Roussillon et de Cerdagne, venaient chaque année faire un service funèbre pour le repos de l'âme de ces amoureux infortunés, dans l'église de Saint-Jean de Perpignan où reposaient leurs cendres. » (Fauriel, t. I, p. 45.)

Les femmes ne se montrent pas moins barbares envers leurs rivales; les malheureuses victimes de l'amour ne peuvent pas même invoquer la violence qu'on exerça sur elles, pour obtenir merci.

La célèbre romance espagnole de *dona Isabelle* nous montre cette jeune fille enlevée de force par le roi, enfermée dans un donjon pendant plusieurs années, et n'y recevant que son seigneur et maître. Il n'est donc pas difficile qu'elle en ait des fils, et que le roi soit certain qu'ils sont à lui. Les circonstances de cet emprisonnement ne peuvent calmer la jalousie de la reine; elle envoie un jour son cousin Rodrigue de Chavela trouver Isabelle, et lui déclarer qu'elle doit mourir. Isabelle se défend avec la plus touchante éloquence ; s'efforce de prouver qu'elle est innocente ;

qu'elle n'a cessé de repousser les sollicitations du roi jusqu'au jour où il l'a fait enlever et enfermer dans ce donjon. Rodrigue est insensible.

« Voici le duc de Bavia, dit-il, et le marquis de Villa-Réal, voici l'évêque d'Oporto qui vous vient confesser : près de vous est le bourreau qui vous doit décapiter et même ce petit page que voilà doit emporter votre tête..... » Après la confession elle marche vers le lieu du supplice ayant « ses trois fils devant elle ; l'un a deux ans, l'autre ne les a pas encore, le troisième est à la mamelle ; elle sort en lui donnant le sein, toute vêtue de deuil et c'est pitié que de la voir.... Adieu, adieu mes enfants ; d'aujourd'hui vous resterez sans mère. — Chevaliers de noble sang, veuillez prendre intérêt à mes fils ; car enfin ils sont fils de roi, bien que leur mère soit d'humble naissance. »

« On l'étend sur un tapis pour lui trancher la tête, et c'est ainsi que mourut cette dame qui ne méritait aucun mal. » (romance d'Isabelle, traduite par Damas-Hinard) (1).

---

(1) La romance du comte Alarcos n'est pas moins lamentable... L'infante Soliza avait aimé le comte, et celui-ci devait l'épouser ; cependant, il l'abandonne, et le voilà marié avec une autre femme. L'infante en est dévorée de jalousie ; le roi, son père, remarque sa mélancolie et lui en demande la cause : l'infante lui avoue son amour malheureux pour le comte et la haine qu'elle ressent pour la rivale qu'il lui a préférée. Le roi partage son ressentiment ; son orgueil froissé l'exaspère. Il mande le comte, et lui ordonne de faire mourir sa femme, pour apaiser la juste colère de l'infante. Alarcos veut résister, le roi demeure inflexible ; le comte, malgré son désespoir, donne une preuve à la fois héroïque et sauvage d'obéissance. Il promet de tuer la femme qu'il adore,

Ces terribles légendes ne sont pas les seules que rapportent les chroniques et les romances ; il n'était guère de castel qui ne pût ajouter quelque chapitre sanglant à ces complaintes dramatiques.

La prudence, aussi bien que l'imitation arabe, fit donc une loi aux chevaliers troubadours, d'envelopper de mystère leur admiration romanesque ; ils prirent l'habitude de célébrer la haute naissance, la distinction, les rares vertus de leurs dames ; mais ils turent leur nom, l'enveloppèrent des nuages de la métaphore (1).

Ils employèrent toutes les ressources de leur esprit, et ils en avaient beaucoup, à cacher leur *senora* et à se cacher eux-mêmes sous le nom d'une fleur, d'un

---

la mère de ses fils : il va la joindre au château, et, après une lutte des plus pathétiques, il l'étrangle de ses propres mains, afin que cette mort, considérée comme un accident naturel, ne retombe ni sur le roi, ni sur lui. (*Romance d'Alarcos*, trad. de Damas Hinard.)

(1) « J'admire comment je puis me retenir de montrer mes désirs à ma dame, dit le troubadour Bernard de Ventadour, au commencement du douzième siècle ; quand je la regarde, quand je vois ses yeux si doux, de peu s'en faut que je ne me précipite vers elle : je ne suis arrêté que par la peur...

« Si j'avais le pouvoir d'enchanter le monde, je transformerais mes ennemis en enfants, afin que nul d'eux ne put rien imaginer qui portât préjudice à ma dame ou à moi-même ; je contemplerais à loisir sa beauté, sa couleur vermeille et ses beaux yeux ; je la baiserais sur tous les points de sa bouche, et si bien, que la marque y paraîtrait pendant un mois. »

« Oui, dame, je vous aime en secret, disait Arnaud de Merveil à Adélaïde de Béziers. Personne ne le sait, si ce n'est l'Amour et moi ; vous-même l'ignorez ; et puisque je n'ose rien vous dire en cachette, je vous parlerai en chansons. (Fauriel, t. II, p. 48.)

oiseau, tel que le rossignol, le perroquet, l'étourneau, l'hirondelle, afin de prodiguer plus à l'aise, sous ce déguisement, l'expression de leur galanterie passionnée.

Le ressentiment du mari n'est pas le seul qu'ils redoutent ; ils craignent parfois la colère ou l'insensibilité de la dame ; et veulent éviter un refus brutal, qui leur serait cruel; ils rejettent, sur un autre troubadour, la responsabilité des *aubades* et des *ballades* dont ils sont eux-mêmes les auteurs (1).

Arnaud de Merveil, amoureux d'Adelaïde de Bezier, lui adressa d'abord des vers sous le nom d'un autre poëte... Bientôt cependant, leur succès l'enhardit, il fit l'admirateur pour son propre compte, et n'eût pas

---

(1) Devenu amoureux de dame Béatrix, dit un ancien auteur provençal, le troubadour Raimbaut l'aima beaucoup et la désira fort, prenant bien garde que la chose ne fut sue ; si bien qu'il la mit en grande estime et lui gagna maints amis et amies. Elle lui faisait très-honorable accueil ; et lui se mourait de désir et de crainte, n'osant pas *la prier d'amour*, ni faire paraître qu'il avait mis son cœur en elle. A la fin, tant fut pressé *d'amour*, qu'il lui dit un jour: « J'aime une dame de grande valeur, je jouis familièrement de sa compagnie, mais je n'ose ni lui montrer que je l'aime, ni lui présenter amoureuse requête, tant je redoute sa sévérité. Donnez-moi conseil, et dites-moi si je dois lui montrer mon cœur, lui exprimer mon désir, ou mourir en l'aimant et sans le lui dire.

Béatrix a bien compris que c'est pour elle que Raimbaut se meurt, et comme elle est loin de désirer un dénouement si funèbre, elle l'encourage à déclarer ses sentiments à la belle inconnue. Raimbaut tombe à ses pieds. Loin de se courroucer, elle lui dit de se tenir pour bien venu, qu'il n'a qu'à s'efforcer de bien faire, de bien dire, qu'elle le prendra pour chevalier et serviteur. (Fauriel, t. II, p. 60.)

à s'en repentir. Adelaïde écouta ses prières, *mit le pauvre poëte au harnais*, (c'est-à-dire lui donna de beaux vêtements et des chevaux) et voulut qu'il continuât à *trouver* pour elle. (Fauriel, t. II, p. 48.)

Voilà donc les dames du douzième siècle qui prennent des allures indépendantes, et mettent leurs adorateurs dans leurs meubles ; ce n'est pas une raison pour qu'ils puissent se permettre de dire tout ce qui se passe entre eux : la dame les punit quelquefois de leur indiscrétion en leur retirant ses bontés (1).

Alors si la déception du troubadour est trop cruelle, si une nouvelle *senora* refuse de le consoler des rigueurs de la première, ce qui ne manque jamais d'arriver, quand le front se ride et que les cheveux blanchissent, il se prend d'un dégoût tardif pour les femmes qui trouvent ses regards moins passionnés, ses vers passés de mode, et *n'émouvant plus d'amour*. Le proscrit fuit le monde, endosse un cilice, et se retire dans un cloître pour y tonner à son aise contre l'ingratitude des hommes et la vanité des plaisirs.

---

(1) « Belle dame, dit le même Arnaud de Merveil à Adélaïde, bien me tuâtes le jour où vous me donnâtes *un baiser*, qui a laissé dans mon cœur un trouble éternel. Mais bien fol ai-je été, moi, quand je me suis vanté de ce baiser, et je mériterais d'être tiré à quatre chevaux... O doux objet, merci pour le coupable ! Remettez-moi en joie et en espoir ; car je ne serai plus rien au monde, jusqu'au jour où je pourrai vous servir de nouveau. » (Fauriel, t. II, p. 53.)

V

MOYEN INGÉNIEUX DE METTRE LA PRATIQUE D'ACCORD AVEC LA THÉORIE

Nous venons de montrer l'amour chevaleresque sous un aspect sentimental et épuré, tel qu'il était en effet dans la théorie, et tel que la femme l'observa fréquemment dans la pratique : mais pour être troubadour ou chevalier on n'en était pas moins homme ; c'est-à-dire ami du changement, disposé à l'inconstance, et atteint de certaine impatience physique qui s'accommode assez mal de la loi de chasteté ; à côté de l'amour purement sentimental se glissa donc la galanterie volage.

Le chevalier troubadour, condamné par sa dame à une sagesse excessive, cherchait deux sortes de soulagements. Les uns, purement illusoires, agissaient sur son imagination ; les autres plus réalistes sur sa constitution humaine.

Pour trouver les premiers, il se mettait à la recherche de la plus légère faveur de sa dame, il attachait un prix inestimable à l'échange d'un ruban, d'un bouquet, d'un serrement de main, d'un baiser (1). Une des fa-

---

(1) Dans le roman de Perceval, la mère de ce héros, lui donnant leçon d'amour, au moment où il entreprend un long voyage, lui dit d'aimer les dames bonnes et belles, mais toujours d'amour chaste, borné à la réception d'anneaux, de baisers, d'embrassements, mais sans autre : déclarant « que demander ou ravir davantage serait un grand mal, contraire à tous les devoirs de chevalerie. »

veurs les plus convoitées était celle d'assister au coucher de la *mie*, de lui délier sa chaussure, à l'imitation des vassaux qui prisaient tant l'honneur d'aider leur suzerain à se deshabiller et à se mettre au lit (1). Réduit aux simples ressources de la contemplation, le soupirant se nourrissait d'extases voluptueuses, et de tous les fantômes séduisants que lui fournissait le culte du merveilleux. Il évoquait les fées, les anges, et toutes les phalanges des protecteurs surnaturels ; il se désaltérait à des fontaines de nectar, se balançait sur des ailes de sylphides, nageait avec de l'eau jusqu'au cou dans des fleuves d'amour.

Dans la seconde classe de soulagements, il s'en prend à des objets un peu moins étherés ; et leur donne la chasse à travers les champs et les prairies : mais ce sont là de simples aventures de rencontre,

---

(1) « Ma dame a tant de ruse et d'adresse, qu'elle me fait toujours croire qu'elle va m'aimer, dit Bernard de Ventadour. Elle me trompe agréablement, elle m'égare par ses doux semblants... Dame, laissez la ruse et la tromperie ; de quelque manière que souffre votre vassal, le dommage vous en revient.

« Oh ! mal fera-t-elle, ma dame, si elle ne me fait venir là où elle se déshabille, et si, m'ayant permis de m'agenouiller près de son lit, elle ne daigne me tendre le pied, pour que je lui délie ses bien chaussants souliers. » (Fauriel, t. II, p. 31.)

« Il ne sait de *donnoi*, c'est-à-dire d'amour, vraiment rien, celui qui désire la possession entière de sa dame ; cela n'est plus amour qui tourne à la réalité, et le cœur ne se donne ni ne donne jamais rien par devoir. C'est assez qu'un ami ait de sa dame anneaux ou cordons pour s'estimer l'égal du roi de Castille. S'il reçoit d'elle des joyaux, et quelques baisers dans l'occasion, c'est beaucoup, c'est presque trop pour l'amour vrai. La moindre chose de plus est pure merci. » (Fauriel, t. I, p. 512.)

des pécadilles sans conséquence : les pauvres paysanes ne sont pas des femmes ; un baiser qu'on dérobe furtivement à cette *chose*, qu'on appelle une bergère ne saurait constituer une infidélité envers la noble *dame du cœur* à la quelle on garde l'amour sentimental tout entier.

La galanterie champêtre, on le devine sans peine, est d'allures bien autrement simples, naïves que celle de la haute société, toute hérissée de conventions, de réticences et de sentiments composés. Dans les champs l'amour se fait, au moyen âge, comme il s'est fait à toutes les époques du monde, les paysans ne suivent la mode en rien, et comme les poëtes d'alors la cherchent en tout, cet amour là ne leur paraît pas assez distingué pour qu'ils daignent y jeter les yeux… Exclusivement occupés de châteaux et de grandes dames, comment supposeraient-ils qu'il existe des sentiments et des joies dignes de leur attention chez des laboureurs en haillons ou des paysanes en sabots. Celles-ci ont un corps ; mais possèdent-elles une âme ?… Aussi nul troubadour ne se permettrait d'introduire dans ses poésies des moissonneurs ou des pâtres, des troupeaux ou des champs, des vignes ou des blés. La nature champêtre n'existe pas pour eux, on croirait en lisant leurs poésies, qu'ils n'ont jamais aperçu des ruisseaux ou des forêts, des villages ou des montagnes ; l'univers ne renferme que des dames, vêtues de belles robes, ayant des yeux d'azur, des cheveux de jais, et des cœurs d'ange. Si le soleil brille c'est uniquement pour éclairer leur beauté ; si la lune se montre c'est pour guider les amants qui vont au rendez-vous.

Et cependant ces poëtes consentent à prononcer quelquefois le nom d'une simple bergère ; mais c'est à l'occasion d'un chevalier, condamné par sa chaste dame à la dure continence d'amour et qui, saisi d'un appétit furieux, à la vue du fruit défendu, descend de cheval, jette à la pauvre vachère quelques paroles de bonté, arrive *à la prier d'amour*, et se procure enfin selon l'expression consacrée, *joie de chambre en pâturage*. Bien souvent le noble soupirant échoue dans sa tentative ; la jeune fille l'éconduit poliment pour rester fidèle à son lourdaud de berger.

Il arrive même assez fréquemment que la merci des bergères ne suffit pas à calmer l'impatience des chevaliers ; ils se montrent exigeants envers leurs dames et veulent autre chose que des rubans et des soupirs (1).

La Provence devient alors le théâtre d'une lutte assez vive entre l'amour sans façon et positif, legué par le Bas Empire, et l'amour sentimental, délicat, jaloux, apporté par les Arabes, et déjà répandu dans toute l'Espagne chrétienne

---

(1) « Que ma dame, dit Hugues de Rhodes, se souvienne de moi dans son cœur : le reste je l'attendrai, pourvu seulement que les regards et les soupirs s'entre-baisent, afin que l'amoureux désir ne se rebute pas. »

« J'ai vu le temps qu'un cordonnet, un anneau, un gant payaient un amant des signes, des témoignages, des protestations d'amour, des couplets et des vers amoureux de toute une année. Aujourd'hui, tout est perdu, si l'on n'obtient sur-le-champ ce qu'on veut. Dans cet heureux temps, qui n'est plus, on aimait mieux espérer le bien suprême que de l'obtenir ; pourquoi ? L'amant trop tôt satisfait aurait perdu les douces pointes dont il est piqué par ses désirs. Pourquoi ? Je le répète encore, c'est que le long temps tenu en réserve par l'amour honnête vaut mille fois celui que l'autre amour prodigue. » (Hugues Brunet, Lacurne, t. II, p. 71.)

A dire vrai, l'amour purement contemplatif, qui faisait le fondement officiel de la chevalerie, éprouva toujours de rudes atteintes de la part de l'amour physique. Les sentiments immatériels jouaient un rôle très poétique dans la théorie ; ils baissaient souvent pavillon dans la pratique. La société provençale renfermait un certain contingent de désordres, et de licence qu'on ne peut contester..... Le résultat moral le plus positif de l'amour chevaleresque fut d'apprendre aux amans à substituer le mystère et la discrétion à l'ostentation et au cynisme de l'époque gallo-romaine ; à étendre le voile des convenances et de la pudeur sur les désordres des passions. Ce résultat tout extérieur et néanmoins considérable ; souvent il constitua toute la supériorité des siècles *de bonnes mœurs* sur les époques de *dissolution*.

Mais ce culte apparent de la décence perdit peu à peu de son prestige : la chevalerie se relâcha dans ses paroles comme dans ses actions. Les amants finirent par déchirer le voile du mystère. Les cours d'amour prirent plaisir à traiter des questions fort réalistes avec certaine crudité. Nous ne les suivrons pas, et pour cause, dans ces dissertations sur la nature du bonheur physique, et dans ces investigations *de visu* que les demoiselles les mieux élevées osaient traiter avec une grande netteté d'expression.

Pendant que la philosophie érotique faisait des merveilles dans les débats des *parlements de joie,* que la poésie trouvait les formes aussi subtiles qu'harmonieuses pour exprimer les sentiments et les plaisirs ; que devenait l'amour lui-même, l'amour simple et vrai tel que Dieu l'avait créé?... Les tribunaux officiels, après l'avoir modifié, bouleversé, l'avaient déclaré incompatible avec le mariage féodal et nous sommes portés à prononcer avec eux son oraison funèbre..... Se portait-il mieux dans l'atmosphère d'une galanterie quintescenciée, passée à l'alambic du bel esprit, des jeux de mots et des passions à la mode? Pas davantage. Le pauvre amour, partant du cœur et non pas de la tête; poussant tout seul comme l'herbe dans les champs, et non comme un produit chimique chauffé dans un fourneau, semblait avoir quitté le monde; il n'existerait plus pour l'histoire du treizième siècle, si un bon chanoine de Maguelonne ne lui avait donné asile dans le petit roman d'*Aucassin et Nicolette*. Ce bénéficier de bon sens, arrivait au treizième siècle pour enterrer l'amour conventionnel de la chevalerie provençale, comme Cervantes parut au seizième pour ensevelir la chevalerie tout entière. Son ouvrage est une perle littéraire où fleurit un sentiment vrai, un amour pris sur nature, tel qu'il n'en germait plus dans la serre chaude des cours d'amour.

Aucassin fils du comte de Beaucaire n'a qu'une idée dans la tête; qu'une passion dans le cœur : l'amour de la simple Nicolette, esclave sarrazine achetée par un vicomte et baptisée par ses soins.

Le seigneur de Beaucaire ne néglige aucune menace, aucune rigueur pour dissiper le détestable aveuglement de son héritier qui dérange tous ses projets d'ambition; il emprisonne Nicolette et menace de la faire périr sur un bûcher à titre de magicienne; il enferme son fils, et lui déclare qu'il sera déshérité;..... rien n'ébranle la constance de Nicolette; rien n'intimide l'ardeur d'Aucassin; pas même la crainte de l'enfer; il préfère cent fois y descendre pourvu qu'il y trouve Nicolette, que de monter en paradis s'il ne doit pas l'y rencontrer.

Et cependant leur mariage d'amour n'a eu aucune des formes adoptées par la chevalerie ; il s'est fait, au contraire, contre toutes les règles des gens de bon ton...

Nicolette est une simple esclave ; Aucassin est le fils d'un grand seigneur ; ils s'aiment de toutes leurs forces, sans se l'être juré officiellement. Aucassin n'a fait aucune grande action sur l'ordre de sa dame ; pas le moindre géant pourfendu, pas le moindre Sarrasin mis en pièce ; tout s'est passé entre eux le plus trivialement du monde, sans préméditation, sans chercher d'avance l'effet produit. Aussi comme cet amour est pur et vrai ! comme il coule de source ! « Belle douce amie, dit un jour Aucassin, c'est chose qui ne peut se faire que vous m'aimiez tant comme je vous aime. Femme ne peut aimer homme tant comme peut homme aimer femme ; l'amour de la femme est en son œil, au bout de sa mamelle, et en l'orteil de son pied : l'amour de l'homme est enraciné dans le cœur et n'en peut sortir. » Aussi ne veut-il pas permettre à Nicolette d'aller en pays étranger ; le premier homme qui la verrait, pourrait la prendre, la mettre dans son lit. Et alors, il n'attendrait pas d'avoir un couteau pour se donner la mort ; il se briserait la tête contre une muraille.

Quand le chanoine de Maguelonne apprenait à ses contemporains à quitter la galanterie guindée, pour revenir à des sentiments plus conformes à la simple nature, on était déjà au treizième siècle et la Provence avait subi les terribles épreuves de la guerre des Albigeois, sur lesquelles nous aurons l'occasion de revenir.

Cet examen un peu détaillé de l'amour dans la Provence nous dispense de l'étudier longuement en Espagne et en Italie. Nous l'avons déjà dit, une seule nation, une seule race semblait occuper tous les bords de la Méditerrannée depuis Grenade jusqu'à Palerme. La même langue retentissait sur les rives de l'Arno et du Rhône, sur celles du Tibre et de l'Ebre. les troubadours y régnaient avec leurs prétentions psychologiques, leur jurisprudence érotique, leur métaphysique sentimentale. Le centre de cette grande nationalité *du gai savoir* fut successivement transporté à Florence et à Marseille, à Toulouse et à Barcelone, à Naples et à Montpellier. Dans le XIme siècle, le poëme espagnol *d'Alexandre*, par Juan Lorenço, est une vaste lice de disputes et de sentences *in amore*; tous les cas, toutes les circonstances d'une aventure amoureuse y sont prévus, analysés, débattus, comme des thèses de philosophie, ou des aphorismes de médecine. Deux interlocuteurs posent les questions, un arbitre intervient, s'égare encore un peu plus dans les paradoxes, sous prétexte de les éclaircir et tranche, tant bien que mal, la difficulté en litige. C'est donc un parlement de joie, moins la pompe et la publicité, il a ses conférences, (*preguntas et respuestas*) : ses plaidoyers (*pleytas*) ; ses échecs (*escaques*), et toutes les formules des thèses d'amour (1)

---

(1) Des subtilités littéraires conformes au mysticisme du sentiment règnent en Espagne comme en Provence. Enrique Villena, le régenteur du Parnasse espagnol, en 1430, ne parle pas plus intelligemment dans sa *Gaya ciencia, o arte de trobar*, que Guillaume Molinier, le Toulousain, n'avait parlé sur le même sujet en 1356.

(De Puybusque, *Histoire de la littérature espagnole* t. 1. p. 41 49.)

L'art de sentir à la mode, au lieu de sentir selon la nature, ne domina pas moins en Italie : toutefois il offrit une modification. Dans ce pays, l'amour galant, gracieux, un peu léger de la Provence prit un caractère particulièrement mystique et finit par transformer le sentiment humain en contemplation céleste. Les causes de cette différence sont aisées à comprendre. A Florence on était beaucoup plus éloigné de l'influence arabe et beaucoup plus rapproché de celle de Rome : les préceptes chrétiens, bien qu'assez combattus par le souvenir des mœurs païennes, imposaient à toutes les passions quelque chose de plus conforme aux idées bibliques ; les amants crurent rehausser leurs dames en les considérant à travers les visions des prophètes ; leurs chansons d'amour prirent une couleur apocalyptique très-prnoncée.

De 1190 à 1265 des milliers de poëtes travaillèrent la langue avec ardeur ; toutes les formes poétiques qu'ils lui donnèrent, ballades, sonnets, cantiques, furent consacrées à peindre le sentiment qui nous occupe. L'empereur Frédéric II fut un des premiers à chanter l'amour en italien ; (1190) il ne manqua pas de le faire avec la discrétion honnête mise en honneur par les troubadours provençaux (1). Tous ses contemporains

---

(1) Si je m'incline avec tant d'amour, dit-il, ce n'est pas sans raison ; car j'espère et vis en espérant que mon courage et mon attente deviendront plus allègres et plus vifs... En aimant, je suis en votre possession et soumis à votre volonté. En voyant

suivirent son exemple et cachèrent pudiquement leur dame sous le nom d'une fleur ou d'une étoile. Ils réussirent même à la déguiser si bien, à force d'images et de métaphores nébuleuses, que le sentiment disparaissait dans les ténèbres en même temps que le nom de leur *mie*.

Guido Cavalcanti est à la tête de ces métaphysiciens amoureux ; il ne se fie pas aux simples lumières de la nature humaine pour étudier une passion que chacun comprend si bien quand on n'emploie pas la logique à l'obscurcir : « il cherche un connaisseur intelligent parce qu'il n'espère pas qu'un homme dont le cœur manque d'élévation puisse faire atteindre son intelligence jusqu'à un tel *rayon de lumière...* » Il se demande « si un homme peut *le manifester par ses yeux...* » Il finit par reconnaître que l'amour « prend son état dans cette partie où est la mémoire, se formant comme la lumière diaphane de l'obscurité ; lumière qui vient du ciel de mars, où elle réside ordinairement : il est créé, il a un nom plein de sens, il contracte les habitudes de l'âme, et a la volonté du cœur... il résulte d'une forte vue, ce qui veut dire qu'il prend place et demeure dans *l'intellect passible universel*, comme dans un sujet, ne reposant jamais dans cette partie, parce qu'il ne dérive pas de la qualité... Un effet perpétuel resplendit en lui ; il n'a pas de plaisir, mais il est considéré ; en sorte qu'il ne peut pas répandre et donner la ressemblance. »

---

vos beautés, sphère brillante, j'attends de recevoir une joie entière, et j'ai confiance que mon service sera agréé par vous, qui êtes *la fleur des fleurs*, et qui l'emportez sur toutes les autres dames par votre mérite.

C'est en dire assez pour montrer le pathos incompréhensible où tombent les précurseurs de Dante, et dont lui-même ne saura pas complètement se dégager. Le chantre de la *Divina comedia*, dans son respect pour l'amour, sera presque toujours dans ce mysticisme d'école; Béatrix deviendra la personnification d'une tendresse éthérée qui n'aura presque rien d'humain. Soyons justes toutefois! L'amour qui tient une place immense dans les ouvrages de Dante, s'y présente sous deux aspects bien différents. Considéré au point de vue personnel du poëte, c'est-à-dire du haut de sa théorie contemplative, il se noie dans des métaphores et des subtilités qui le rendent insaisissable. Béatrix est un philosophe théologien qui disserte sur la *volonté mixte et absolue*, et répète souvent le pathos de Guido Cavalcanti. Dante confond si bien son amour pour Béatrix avec la religion, qu'il se rappelle toujours avoir rencontré cette femme *un jeudi saint* et qu'il considère cette circonstance comme un avertissement céleste. C'est sous l'empire de cette pensée qu'il publie sa *Vie nouvelle*, longue dissertation dogmatique sur la passion quintescenciée que renferme un cœur de poëte mystique. L'amour est l'objet de ses études les plus approfondies; il l'introduit jusque dans les paraphrases des *Psaumes de la pénitence et du Credo*. Dante se montre enfin un des *fidèles d'amour* les plus ardents; il marche à la tête de cette secte de rêveurs et de métaphysiciens *in amore* qui remplissent le treizième et le quatorzième siècle.

Il est curieux de voir ces contemporains des troubadours disserter sur *la galanterie chaste* par demandes et réponses comme les parlements de Provence discutaient sur un amour plus réaliste et plus humain. Dante ouvre le débat en demandant « à chaque âme éprise, à tout noble cœur à qui ce présent sonnet parviendra, de lui dire leur avis au nom de leur Seigneur qui est amour ; »..... voilà Cavalcanti, Cino de Pistoïa, Dante de Maiano, qui lui répondent mille sonnets sur ce sujet qu'ils embrouillent à l'envi. Cent autres sophistes d'amour se mettent de la partie ; ils s'interrogent, se répondent alternativement, et dissertent à perte de vue sur l'enfant terrible qui ne justifia jamais si bien son surnom *de trouble raison universel*. Si Dante lui-même perd un peu la tête à force de vouloir approfondir, par la seule opération de la dialectique et de la théologie, un sentiment qui veut être étudié aussi au point de vue physique et terrestre, il retrouve en revanche toute la puissance de son génie quand il le considère dans la nature, dans l'histoire et qu'il descend de la théorie pour s'attaquer au fait... alors il peint l'amour avec une vigueur digne de l'éloquence antique, et dépasse du premier coup Sapho et Théocrite, Ovide et Virgile.

Le page et Francesca de Rimini sont un tendre Aucassin, une naïve et passionnée Nicolette, et nullement de prétentieux *fidèles d'amour* ; ils s'aiment sans s'être demandé comment ils doivent s'y prendre, et qu'elle forme il est bien séant d'adopter pour se l'exprimer. Cet épisode de la *Divina comedia* fit une révolution dans la langue érotique ; les troubadours assez discrets à l'égard des noms des personnes, se montraient d'un prolixité sans mesure dans l'analyse des sentiments et la description des détails. Dante revint dans ce passage au véritable génie classique : la sobriété, le laconisme.

On sent à chaque mot que les deux amants s'adorent, sans que le poëte ait l'air de s'occuper de leur amour ; quand il prononce enfin le fameux vers *quel giorno non piu legemmo avanti* ; le sous-entendu exhale mille fois plus d'ivresse et de volupté que toutes les exclamations, toutes les indiscrétions qu'il aurait pu prodiguer sur ce sujet. Cette pudeur, cette réserve de langage, augmentent, non seulement le charme du récit, mais la puissance de la passion. Le poëte se borne à mettre le lecteur sur la voie et lui laisse le soin de s'identifier lui-même avec les troubles, le délire de ces cœurs placés tout ouverts devant lui..... Sa curiosité, cherchant à découvrir ce qui se passe après le *non piu legemmo avanti*, découvre mille fois plus de mystères, ressent mille fois plus d'émotions que tous les développements indiscrets n'auraient pu lui en réveler. Pourquoi ? C'est que le travail d'investigation part du lecteur au lieu d'être fait tout entier par le poëte ; ce lecteur est obligé de s'incarner dans les deux amants, de vivre de leur vie, de palpiter de leur délire...... Il y a donc deux hommes bien tranchés dans Allighieri, le métaphysicien de sentiment et le réaliste d'amour. Le second est aussi net dans sa forme pudique que le premier était nébuleux dans la pensée et obscur dans l'expression. Les deux éléments de la nature humaine, se livrent combat, dans sa vie privée tout comme dans ses écrits : le chaste amant de Béatrix est en même temps l'époux fort assidu de Gemma, dont il n'eut pas moins de sept enfants. Nous ne le présenterons pas, avec certains de ses biographes, (quelque ennemi personnel probablement), comme digne de prendre place dans *le cercle des luxurieux* de son enfer : nous ne pouvons toutefois nous empêcher de remarquer que ses traits si connus indiquent un penchant lascif prononcé. Cette circonstance nous donne peut-être l'explication de l'obscurité de ses écrits sur l'amour sentimental.... Elle révèle les troubles causés en lui par la lutte d'un esprit vraiment chrétien, essayant de dompter les tentations d'un tempérament fougueux.

Cette observation ne pourrait-elle pas s'appliquer également à ces *fidèles d'amour* professant dans leurs dissertations un spiritualisme exalté, et ne se faisant faute de pratiquer dans la vie réelle un matérialisme sur lequel ils gardent un prudent silence.

Ainsi se généralise, même chez les plus grands poëtes, le principe des troubadours et de la chevalerie qui ont déjà divisé la vie de l'homme en deux parts distinctes : la vie de l'âme, la vie du corps : à l'une la galanterie chaste, purement sentimentale, hautement avouée, célébrée ; à l'autre l'amour sensuel, l'amour qui empêche le monde de finir, l'amour que Dante consacrait à Gemma mais que l'on cache dans l'ombre.

Cette passion en partie double, nous la retrouverions assurément chez les chevaliers les plus spiritualistes de cette époque. En sondant un peu leur vie privée, nous verrions d'un côté se ranger *les dames du cœur, les fleurs, les étoiles, les adorées, les sénoras*, dont ils célèbrent les attraits, les vertus, la supériorité incomparable, qu'ils proclament *reines de beauté*; en un mot.... De l'autre apparaitraient, cachées dans les recoins obscurs de la vie privée, dans l'alcôve du foyer, quelquefois derrière les buissons, ou les granges de la basse-cour, *les femmes du corps*, honnêtes mères de famille ; les filles de compagnie, les servantes ou les bergères d'occasion.

VI

INVASION DES TROUBADOURS DANS LE PAYS DES TROUVÈRES

C'est avec un intérêt particulier que nous suivons la marche de la civilisation provençale en Europe ; nous la voyons passer successivement dans la Bretagne, dans l'Isle de France, en Normandie à la suite de grandes dames du Midi, mariées à des seigneurs de l'autre langue. Vers l'an 1000 Constance de Toulouse épouse Robert de France. En 1043 Agnès de Poitiers se marie avec Henri III d'Allemagne. En 1152 Eléonore de Guienne, répudiée par Louis VII, prend Henri II duc de Normandie, et conduit à sa suite un certain nombre de poëtes, notamment Bernard de Ventadour. En 1229 Alphonse, frère de Saint-Louis, épouse Jeanne de Toulouse.

Le luxe bizarre des Provençaux, leurs mœurs élégantes et faciles scandalisaient les hommes du nord (1). La société germanique était un mélange de rudesse belliqueuse et de dévotion exaltée ; elle opposa une vive résistance à l'introduction de cette galanterie élégante, relachée, moitié gallo-romaine, moitié musulmane. Chez les Franks proprement dits, tels que

---

(1) « Et ce sont là, dit Rigord, historien du temps, les hommes dont les exemples ont tellement séduit la nation des Burgondes et celle des Franks, jusque-là la plus réglée de toutes, qu'elle est devenue tout entière semblable à eux en perversité et en turpitudes, et si quelque âme pieuse essayait de s'opposer aux corrupteurs qui donnaient de tels exemples, elle était traitée d'insensée p. 30. »

nous les représentent les Romans contemporains, l'opposition eut des résultats efficaces : l'honneur féodal, la bravoure, l'ardeur de la foi absorbaient tous les actes des chevaliers.

Quand l'amour se glissait à travers ces passions fondamentales, ce n'était jamais sous la forme d'une courtoisie délicate, prétentieuse, éthérée; mais sous un aspect brutal, violent, qui rappellait le concubinage grossier des rois de la première race; il n'était pas un sentiment mais un appétit. Dans le roman Carlovingien que l'héroïne soit franque ou sarrasine, elle se montre d'une impatience en ses désirs, d'une netteté dans ses propositions, qui rappellent les servantes de la classe de Frédegonde. Elle déclare son amour au premier venu et n'hésite guère à fuir sa famille pour suivre son amant, à se défaire d'un tuteur ou d'un mari, même à changer de religion, pour courir les aventures à la suite de celui qui sait lui plaire (1).

---

(1) Dans de ces récits, Luziane et sa mère, la comtesse Isabeau, voyant passer dans la rue le pauvre *Aiol*, tout déguenillé, reconnaissent un beau gaillard bien bâti sous l'accoutrement de l'aventurier et l'engagent à venir prendre gîte au castel : Luziane se charge même de faire le lit du voyageur et de l'y conduire. (« *Damoiseau, venez ça huimais dormir;* » *par le poing le mena jusques au lit, puis le fit déchausser, nud devêtir, et quand il se coucha bien le couvrit.*)

Nous n'oserions dire en quels termes elle le prie de se tourner vers elle, de l'embrasser; lui déclarant *qu'elle n'eut jamais d'ami en nulle terre et que sienne veut être*, s'il lui vient à plaisir qu'elle le serve.

Aiol a la pudeur de refuser des offres faites en style d'une fille de joie, et Luziane, obligé de revenir dans la chambre de ses femmes, s'écrie tout en colère : « *Je ne vis homme de votre âge, qui ne voulut femme vers lui tourner; bien pouvez être moine si vous voulez; allez prendre l'habit; pour qu'attendez ?*

L'histoire, complétement d'accord avec la littérature, établit que le plus grossier libertinage régna dans tous les rangs de la société, depuis les Mérovingiens jusqu'au douzième siècle. Les armées trainaient à leur suite des masses de courtisanes et de gongleresses, avides de luxe et de pillage; on sait tous les désordres dont elles furent la cause dans les premières croisades. Le moine de Vigeois en comptait quinze cents à la suite d'une seule armée en 1180. Leurs vêtements fastueux, et leurs bijoux, s'élevaient à des sommes énormes pour l'époque. Une reine de France, se trouvant, à l'église, à côté d'une d'elles, un jour de *baiser de paix*, se laissa tellement tromper par la richesse de son manteau, qu'elle la prit pour une dame noble et l'embrassa fraternellement. Le roi, contrarié de cette erreur, interdit à ces sortes de personnes l'usage du grand manteau, qui fut réservé aux femmes des gentilshommes.

La corruption et la vénalité du sexe étaient d'ailleurs si générales, si avouées, disent les poëtes du temps qu'il n'était presque pas de maison qui n'eût à juste titre porté une enseigne infamante (1).

Saint Louis entreprit le premier d'arrêter ces débordements, à l'aide des ordonnances de police les plus sévères; mais il n'eut guère à se louer de ses efforts.

C'était d'une autre source, que devait sortir la réforme du cynisme public et du scandale. La cour-

---

(1) On raconte, sur la foi de l'historien Malmesbury, que Guillaume de Poitiers, qui forme une sorte de transition entre les Provençaux et les hommes du nord, avait, par une imitation sacrilége, organisé des maisons de débauche à l'instar d'un monastère, avec des *abbesses* et des *sacristines*, etc.

toisie provençale, fondée sur la discrétion et les convenances, obtint une partie de ce résultat.

Les chevaliers du nord, toujours à cheval et bardés de fer, avaient beau mépriser les vêtements recherchés, les étoffes de velours et de soie, le doux langage efféminé des gentilshommes d'Italie et de Provence ; l'influence des manières élégantes, de la littérature harmonieuse, était parvenue, dès le onzième siècle, à amollir la rude écorce des natures germaniques. Certains romans du cycle carlovingien s'en ressentirent ; ils faisaient aimer leurs héros à la manière provençale, c'est-à-dire avec le culte de la beauté pour mobile et le spiritualisme prétentieux pour conséquence. Afin de compléter l'imitation, ils reconnaissaient que cet amour, tout d'admiration et de dévouement, était impossible dans le mariage, qu'il ne pouvait vivre qu'avec une entière liberté de sentiment ; mais ces romans étaient rares, peut-être même ne furent-ils que des traductions d'ouvrages provençaux.

L'influence de la chevalerie méridionale agit plus directement sur les romans bretons *d'Arthur* ou de *La table ronde* ; la courtoisie du midi s'y trouve généralement mêlée à la rudesse belliqueuse du nord ; l'action roule sur l'amour chevaleresque inspirant les passions les plus nobles, les sentiments les plus généreux. Celui de *Tristan*, composé vers 1150, est le récit d'un amour ardent qui rappelle celui de Berthe et de Signe, la tendresse survit aux épreuves de la vieillesse, à tous les malheurs de l'existence ; la mort elle-même n'est pas assez forte pour l'ébranler.

Toutefois, à côté de cette classe de romans qui montrent la chevalerie bretonne se consacrant toute entière à l'amour, il en exista d'autres réunis sous le nôm collectif de *romans du Graal* (1) où, l'esprit chevaleresque s'inspirait de la seule exaltation religieuse, sentiment étranger au caractère provençal. Ceux-ci revendiquaient l'institution de la chevalerie, dit Fauriel, au bénéfice exclusif du clergé et de la religion, tandis que la poésie provençale la consacrait à la défense, à l'élévation des femmes, et à l'exécution des arrêts d'amour..... Le culte du *Graal* recommandait l'observation de la virginité, les cours d'amour ne s'en mirent jamais en peine ; il produisit enfin un ordre de chevaliers *templistes* marchant aux ordres du clergé. La Provence ne connut que les *chevaliers errants ou sauvages*, uniquement soumis aux ordres des dames qui les employaient à exécuter en leur nom des prouesses portées jusqu'à l'extravagance. (Fauriel, t II, p. 330 à 342.)

Prise dans son ensemble, la poésie bretonne marquait par conséquent une sorte de transition entre la chevalerie essentiellement galante du midi, et la chevalerie belliqueuse et dévote du nord. L'introduction des mœurs provençales parmi les races germaniques, tout en diminuant l'âpreté du libertinage ; ne soulevait pas moins l'opposition et la colère de la féodalité. Celle-ci reprochait à la courtoisie de favoriser l'émancipation du sexe, de placer la femme au niveau, et presque au dessus de l'homme. L'aristocratie du nord, habituée à exercer dans la famille un despotisme

---

(1) Le *Graal* était le vase de la scène de Jésus-Christ qui avait été miraculeusement apporté en Europe où sa conquête et sa défense exaltaient les chevaliers et leur inspiraient des traits d'audace et d'héroïsme.

absolu, comprit que cette civilisation brillante, courtoise, cachait le germe d'une grave révolution ; elle voulut l'empêcher d'éclore. Elle combattit d'abord l'importation *des cours d'amour* et y réussit assez bien; mais, ces filles de l'érotisme antique ne conservaient pas moins leur foyer dans le midi de la France ; les gens du nord songèrent à aller l'y éteindre... ils y procédèrent avec une terrible brutalité.

Saisissant le prétexte religieux de l'hérésie des Albigeois, ils publièrent la croisade qui ensanglanta le midi de la France, bien autrement que ne l'avaient fait les Visigoths, les Vandales et les Sarrasins.

Nous ne contestons nullement la part que la question spirituelle et la question politique prirent dans les malheurs de cette triste époque : les descendants des Germains voulaient compléter la conquête de l'Europe méridionale, en étouffant une grande hérésie, en dépouillant de leurs domaines de riches seigneurs descendants des Romains : mais, nous assurons que la question morale se mêla aux deux autres, dans des proportions considérables. La féodalité carlovingienne, fondée sur le pouvoir absolu du seigneur, sur la soumission entière de la femme, voulut dissoudre la ligue des troubadours et des chevaliers, qui proclamaient l'indépendance, la supériorité du sexe, lui dressaient le piédestal de l'admiration et livraient aux caprices de la galanterie, la foi conjugale et l'autorité domestique. Il suffit de lire les plaintes des évêques et des dominicains contre la dissolution provençale (1),

---

(1) Ils reprochaient aux Provençaux d'accorder une telle autorité aux femmes qu'ils les reconnaissaient capables de prêcher l'Évangile, tout comme les prêtres et de donner

pour être convaincu que les considérations morales furent les principaux stimulants de la guerre de Simon de Montfort.

La croisade éclate, le nord triomphe ; les cours d'amour sont dissoutes, leurs membres périssent dans le sang.... Mais de même que les Romains, vainqueurs de la Grèce et de l'Orient, s'étaient vus asservis par les mœurs des vaincus ; de même les Français et les Allemands se trouvèrent peu à peu dominés par la galanterie chevaleresque de ceux qu'ils pensaient avoir anéantis..... Ils avaient tué les chevaliers ; les troubadours leur survivaient, et ils continuaient, en dépit des douleurs de la guerre, à chanter l'éternel, l'invincible amour.

La croisade contre les Albigeois ne servit donc, au point de vue moral, qu'à mettre les trouvères en présence des troubadours, à les faire instruire à leur école, et à propager plus rapidement dans le nord les coutumes et la poésie galante qu'on était venu combattre dans le midi.

Ces trouvères, qui n'avaient chanté jusqu'alors que la guerre et la dévotion, apprirent à célébrer sur un ton plus élégant et plus tendre, *cette musique du sang*, comme disent les Espagnols, que les hommes de toutes les races écoutent avec transport. Ils traduisirent les *tensons* et les *ballades* du Midi, et copièrent ses romans tout empreints de tendresse (1).

---

la *consolation hérétique* en *baisant deux fois au travers de la bouche*, ils les accusaient aussi de s'abandonner à toutes les subtilités des cours d'amour. (Don Vaissete, l. XXI, c. 8 et 11.)

(1) Les deux plus célèbres ouvrages de l'époque, *La chanson d'Antioche* (1180), et *Le roman de la Rose* (1260), renfermant

Les gens du nord empruntèrent même aux Provençaux leur cour d'amour en leur donnant la forme *du tournois*. La lice, au lieu d'être un tribunal, devint un champ de guerre ; les personnages au lieu de porter la toge ou le chaperon, endossaient la côte d'arme et le haubert ; on n'y rendait pas des arrêts on y faisait des *pas d'armes*........ La femme de Provence applaudissait aux beaux discoureurs, aux habiles logiciens d'amour ; celle de l'Isle de France se passionna pour les vaillants champions difficiles à désarçonner, experts à donner coups d'estocs, et coups de lances, et fiers de se faire tuer pour un caprice de *la beauté*.

Ces deux luttes, de caractère différents, étaient basées sur le même principe : l'élévation, la glorification de la femme.

VII

DE L'ÉMANCIPATION DES DAMES PAR L'AMOUR BELLIQUEUX

Sous les deux premières races, les joutes et combats simulés étaient de simples exercices militaires étran-

---

chacun plus de 4,000 vers, caractérisent énergiquement cette révolution. Le premier poëme ne contient pas un mot d'amour, le second n'a pas un vers, une phrase qui ne soit consacrée à cette interminable allégorie de la femme aimée, représentée par *la Rose*, et qu'on ne peut cueillir qu'après des épreuves, des tourments infinis.

gers à toute idée de galanterie, à tel point que les femmes n'y étaient pas plus admises que dans les jeux de la Grèce.

Geoffroi de Preuilly chevalier tourangeau en donnant les règles des tournois, à la fin du onzième siècle, s'occupait exclusivement de l'armure, de la tenue, de la marche des champions, de l'usage des armes, en un mot des questions purement militaires..... quand les cours d'amour du midi eurent répandu leur renommée dans le nord; les chevaliers de cette contrée tinrent à honneur de transporter l'éclat, la courtoisie de ces académies de beaux sentiments et de belles manières dans les *joutes* et *festes estours*. La femme y joua peu à peu le rôle qu'elle avait rempli dans les débats érotiques des *jeux partis* provençaux. Du treizième au quinzième siècle, les trouvères, héritiers des troubadours, introduisent peu à peu les règles de la galanterie à travers les ordonnances plus sérieuses de Geoffroy. Les dames prennent place dans les tournois, non-seulement parmi les spectateurs, mais comme organisatrices et juges de la lutte. Examinons les moyens qu'elles mettent en usage pour conquérir dans le nord l'autorité qu'elles avaient exercée dans le midi.

Le premier principe que le page apprend en recevant leçon de courtoisie, chez un châtelain, *c'est l'amour de Dieu et celui des dames*. Les femmes sont chargées de cette partie fondamentale de son éducation, nous raconte Jehan de Saintré; elles lui apprennent à la fois l'art d'aimer et le catéchisme..... Afin de réaliser des progrès plus solides le damoisel doit choisir pour protectrice une dame aussi vertueuse qu'experte en la galanterie, il lui soumet ses émotions morales et physiques les plus secrètes, elle lui donne en retour sages conseils et bonne direction.

Les demoiselles reçoivent, à côté des pages, des leçons analogues ; on leur enseigne à priser la bravoure et à panser les chevaliers de leur blessures ; à les désarmer au retour du combat et à leurs procurer consolations et moments agréables... Les dispositions naturelles aidant, Dieu sait les progrès rapides que les deux sexes font dans ces cours d'études.

Le jour où le jeune *chevalier* est officiellement investi de son titre, il reçoit l'armure des mains des dames et des demoiselles ; jure de ne jamais médire ou permettre qu'on médise du sexe ; il s'oblige à le secourir dans le danger, à le délivrer de l'oppression.

La veille des tournois, les champions doivent exposer leurs armes sous le porche d'une église, afin que les dames qui auraient à se plaindre de l'un d'eux, apprennent son nom et puissent le dénoncer aux juges comme indigne de prendre part à la lutte de valeur et de courtoisie...

Pendant le combat, les dames siégent sur des *hours* particuliers ; elles voient les *tenans* faire caracoler leurs destriers devant elles, leur présenter les armes et réclamer *leurs faveurs* (1), *devises et cris de guerre*. Quelquefois ces vaillants serviteurs du sexe se font conduire enchaînés au milieu de la lice par leurs *mies*, en signe de soumission absolue : elles détachent leurs liens pour leur permettre de combattre, et s'ils vien-

---

(1) Les faveurs, appelées aussi noblesse ou enseignes étaient une écharpe, un ruban, une manche, une coiffe, une boucle, ou tout autre objet de toilette, que la dame donnait comme encouragement à son chevalier préféré, et que celui-ci attachait à son heaume.

nent à perdre les *faveurs* dans la mêlée, elles leur en envoyent d'autres, afin de rallumer leur courage. La première ardeur des combattants semble-t-elle se refroidir, la foule réclame à grands cris *la lance des dames*, et cet appel à la galanterie excite les *servants d'amour* à de nouveaux prodiges... Dans les questions douteuses, les juges des pas d'armes renvoyent le jugement définitif aux *souveraines du tournois*. Ce sont elles, dans tous les cas, qui sont chargées de remettre les prix aux vainqueurs, en y ajoutant la consécration suprême *du baiser* : le lauréat, à son tour, désigne la *reine de beauté*, et contraint ses adversaires à confirmer ce titre.

Ainsi les femmes interviennent officiellement dans tous les incidents du tournoi. Les champions leur appartiennent ; elles les guident du regard, les punissent, les récompensent ; elles restent le point de mire de toutes leurs actions. Vaincre ses rivaux est glorieux, sans doute ; mais plaire à sa dame, accomplir en son nom des hauts faits impossibles, est la suprême ambition des *tenans*.

Les tournois furent donc, du douzième au seizième siècle, des combats de galanterie, comme les cours d'amour l'avaient été du dixième au treizième. L'esprit belliqueux gagnait beaucoup au changement ; l'amour était loin d'y perdre quelque chose ; au contraire ; en passant du midi dans le nord, il se fortifiait, s'ennoblissait ; il abandonnait son caractère oisif, discoureur, bel esprit ; il prenait des allures viriles et martiales, plus conformes au caractère général du temps et aux destinées de l'Europe.

La protection et les encouragements du sexe accompagnent les chevaliers bien au-delà des tournois.

Qu'il s'agisse de croisades, de siéges de villes ou de batailles, ils partent exaltés par les promesses de leur *mie*, portent fièrement leur portrait, leur devise ; et adoptent le titre de *poursuivant d'amour*. Durant les plus sérieuses expéditions, ils oublient fréquemment la question politique, et provoquent leurs adversaires en combat singulier, pour les contraindre à reconnaître leur *Diane* supérieure à toutes les créatures du monde. Ces prétentions excentriques sont à ce point respectées, qu'on voit des armées suspendre le combat pour permettre à deux chevaliers de vider la grave question, de savoir lequel des deux est le plus éperduement amoureux. (Froissard.)

Que les mânes des Provençaux se consolent ; les chevaliers du nord n'ont rien à reprocher à leurs extravagances ; ils sont tout aussi prétentieux en leur galanterie, tout aussi fous dans leur manière d'exprimer l'amour.

Cette passion passe pour si noble et si élevée, même aux yeux des pères de famille ; qu'il n'est pas de souffrances qu'on ne soit heureux de lui offrir, de dangers qu'on ne soit fier de braver pour elle.

Dans le *Lai des deux amants*, Marie de France nous montre un père qui ne veut accorder sa fille qu'au beau chevalier ou jouvencel qui la prendra dans ses bras et la portera sans s'arrêter au sommet d'une montagne. Une foule de jeunes gens essayent de remplir la condition ; car la bachelette est belle et digne d'inspirer les plus grands exploits : presque tous s'arrêtent à moitié course, ils sont obligés de s'avouer vaincus.

Un jeune homme de la vallée de Pistres, en Normandie, fut plus heureux. Il est vrai que la jeune fille seconda sa tentative de toutes ses forces; elle diminua le poids de son corps en se soumettant au jeûne le plus rigoureux; elle ne prit le jour de l'épreuve « qu'une chemise pour tout vêtement. » Le jouvencel eut la gloire de porter *sa mie* au haut de la montagne, aux applaudissements de la foule accourue sur le lieu du spectacle; mais les forces l'abandonnèrent dès qu'il eut atteint le but, et il mourut d'épuisement, d'un excès de bonheur, peut-être, aussitôt qu'il se vit en possession de la belle enfant dont le corps moëlleux palpitait dans ses bras. (1)

---

(1) L'héroïsme de l'amour est plus éclatant encore dans le *Lai du chevalier à la chemise*. Trois rivaux sont épris de la même femme. Leur passion est telle, que chacun d'eux lui promet par serment de faire pour l'amour d'elle des actes de courage que jamais femme n'aura obtenus avant ce jour. La dame accepte, et assujettit le prétendant à un trait d'audace étrange, preuve de son extrême orgueil plutôt que de sa tendresse : elle exigea qu'il combattrait au tournoi prochain sans autre armure que la chemise qu'elle lui faisait remettre. Deux des champions refusèrent une épreuve qui équivalait à leur condamnation à mort,..... le troisième s'y soumit avec délire. Le véritable amour, pensait-il, ne considère que l'objet aimé; jamais les obstacles qu'il doit franchir pour l'atteindre. Le chevalier *à la chemise* se lance dans l'arène, il est criblé de coups et reste mourant sur le sable. Transporté dans un lit, il refuse de se laisser enlever la chemise pour le pansement, déclarant « qu'il aime mieux mourir que de se séparer de ce gage d'amour. La dame parvient cependant à hâter sa guérison, en lui envoyant la promesse d'un rendez-vous pour le jour où il sera convalescent ; elle lui accordera son amour et lui en donnera la preuve par un doux baiser. » Elle tint parole, et, plaçant fièrement sa passion au-dessus des convenances et des droits de son mari, elle parut à la cour plénière, couverte de la chemise ensanglantée de son amant, rendant ainsi publiques et la passion

L'amour devient dans les questions nationales, comme dans les affaires intimes, le grand levier de l'héroïsme et du dévouement... voulez-vous obtenir d'un chevalier un courage, une abnégation surhumains, ne faites briller à ses yeux ni des provinces à gouverner, ni des récompenses honorifiques à obtenir ; les décorations sont alors inconnues, la croix de Saint-Louis tout comme l'ordre du Saint-Esprit... les statues et les pierres commémoratives ne sont plus en usage, le mobile de tous les sentiments c'est la femme.

Au moyen-âge, les limites des états sont incertaines, variables, les races très-amalgamées, les idées de patriotisme mal définies : on n'a guère d'autre patrie que celle du Ciel, témoin la fureur des querelles religieuses. Sur la terre il n'existe pas d'affaire plus importante que la conquête de celle qu'on aime et la conservation de son amour quand on l'a obtenu... La mie est donc la véritable patrie terrestre, la seule souveraine reconnue ; le chevalier met à la disposition de ses volontés, de ses caprices, le courage que Léonidas et les Horaces mirent au service de leur pays. L'héroïsme est le même, l'objet seul est changé.

Froissard nous raconte qu'un chevalier du Bourbonnais, nommé *Bonnelance*, ayant appris qu'une demoiselle, *qu'il avait en grâces*, désirait recevoir quelques Anglais prisonniers en cadeau, fait des

---

et la récompense qu'elle avait accordée au plus loyal des amis *écoutés*. Ce qui nous paraîtrait un acte cynique fut jugé très-édifiant : l'audace de la dame, assure le fabliau, augmenta l'estime dont on l'entourait et contraignit le mari à fermer les yeux sur l'aventure.

prodiges de valeur pour la satisfaire et ne manque pas d'y réussir... ce héros-là ne sert pas la France, il sert sa dame.

Dans le *Vœu du héron*, poëme anglo-normand de 1338, Salisbery prie une demoiselle qu'il poursuivait inutilement d'amour, de lui fermer l'œil droit avec un de ses doigts puis il jure de ne le rouvrir qu'après avoir obtenu sa merci; serment extravagant qu'il exécuta à la lettre. On le vit se surpasser dans plusieurs combats, bien que son œil restât fermé comme s'il avait été borgne. Dans ce même *Vœu du héron* la fille de lord Derby jure de n'écouter aucun seigneur avant que le roi d'Angleterre ait reconquis ses terres de France ; elle s'engage, dès que la condition sera remplie, « à donner à son amant toute sa personne sans réserve. »

L'amour est la consécration de toutes les vertus, sans lui l'honneur et la gloire demeureraient stériles, comme ils le seraient de nos jours sans la probité. Il est le baptême de la vie sociale : son absence constitue une hérésie pour la punition de laquelle le poëte Eustache Deschamps a découvert un purgatoire tout spécial ; celui de *l'échelle d'amour*.

Guyener, un des plus valeureux chevaliers de la cour d'Arthus, raconte Marie de France, et tel que la Lorraine, la Bourgogne, la Gascogne et l'Anjou, n'en auraient pu fournir un semblable « a néanmoins un défaut ; il n'a pas encore songé à aimer ; il n'est pas cependant de dame ou de demoiselle qui ne fût heureuse d'être sa mie ; plusieurs lui ont fait des avances à cet égard ; mais il dédaigne leurs bonnes dispositions, et persiste à rester sans amour. La chose était si étrange que personne ne pouvait la concevoir, et l'on craignait qu'il n'arrivât malheur au chevalier indifférent. La providence fit un miracle tout exprès pour l'avertir du mauvais pas où il s'engageait. Un jour, dans une partie de chasse. Il blesse une biche, se blesse lui-même, et la biche prenant la parole prophétise « qu'il ressentira autant de douleurs qu'il en a fait éprouver aux femmes ; il n'obtiendra sa guérison que lorsqu'une amie aura enduré pour lui de telles souffrances qu'elles exciteront la surprise des amants de tous les âges..... » On ne saurait donner une plus naïve contrefaçon de la rédemption du monde par le Christ.

L'amour est d'ailleurs de si noble lignée qu'on ne peut atteindre jusqu'à lui sans méditations sérieuses. C'est un sacrement qui demande la foi de son culte et une sorte d'état de grâce. Le chevalier Graelent n'ose pas encore aimer, bien qu'il soit admiré de toutes les dames « parce que tenir les promesses d'amour n'est pas une frivolité. Il doit être vertueux celui qui s'entremet d'aimer ; plus de cinq cents personnes parlent de ce tendre penchant, et toutes ignorent ce qui le constitue. La paresse, la nonchalance, la fausseté, le détruisent ; il ne peut vivre et prospérer qu'avec la chasteté observée dans les paroles aussi bien que dans les actions. « (Marie de France, *Lai de Graelent.*)

Peu à peu les préceptes provençaux passent tout entiers dans le nord ; ce code est accueilli avec engouement, promulgué par l'esprit d'imitation. « Le véritable amour est un don du ciel, disent les adeptes ; il doit rester ignoré du monde et se communiquer spontanément de corps à corps, de cœur à cœur, sans quoi il ne serait d'aucun prix. » L'amour enfin exige une si grande loyauté, une si parfaite vertu, que le chevalier

Graelent n'a jamais osé se vouer à son service.

Pour ajouter l'exemple au précepte, le beau Graelent, sollicité par la reine, repousse ses propositions ; il entreprend de la détourner de ses désirs en lui faisant une dissertation psychologique, tout aussi quintessenciée que celle des *fidèles* de Toscane.

Il analyse la chaste fusion de deux existences qui s'unissent dans les liens de la vertu ; qui vivent exclusivement l'une pour l'autre, comme s'il n'existait qu'elles au monde ; elles n'ont qu'une seule âme, n'expriment qu'une volonté unique... Les engagements dictés par la tendresse sont pour lui d'une telle importance qu'il ne veut les contracter qu'après s'en être préoccupé longtemps, et s'y être préparé par de sérieuses épreuves. Bref l'amour de Graelent est un traité complet de perfection morale où l'Évangile a gravé profondément son empreinte ; il en donne la preuve en déclarant « que le service du roi auquel il a juré fidélité, et dont il a promis de défendre l'honneur ne lui permet pas d'encourager l'humeur galante de la reine. »

Graelent fait acte de loyal chevalier en gardant la foi à son suzerain : mais il manque aux lois d'amour en laissant passer les années sans s'attacher à l'existence d'une mie. Il est d'autant plus coupable à cet endroit qu'il lui serait extrêmement facile de remplir son devoir sans violer les obligations du vasselage. Les mœurs du Nord commencent à faciliter l'usage de la galanterie comme le faisaient celles de la Provence.

Tout chevalier ne pouvant être parfait sans s'attacher au service d'une dame, il devient naturel que toute femme courtoise se fasse un devoir de l'aider à remplir le programme de la galanterie ; il n'y a donc mariage, veuvage ou vœux de virginité qui tienne : toute dame doit accepter les offres d'un *servant*, si elle ne veut pas se brouiller avec la chevalerie.

Dès qu'elle a reçu le titre de *mie*, elle devient la *consors*, la femme de par l'amour de celui qui l'aime, tout comme elle est la fille du père qui l'a engendrée, la femme, de par le sacrement, du mari qui la possède. Le mari est-il âgé, par conséquent jaloux (le pauvre homme n'a que de trop bonnes raisons pour l'être), elle ne doit pas mettre la plus légère hésitation à rompre un lien tyrannique, et à jeter son écharpe à quelque vaillant champion..... Tant pis pour le *grison* qui commet la faute d'épouser une jeune fille. La bonne Marie de France le déclare nettement : « tel est l'arrêt de la nature, tous les vieillards sont nécessairement jaloux et lorsqu'ils épousent de jeunes femmes personne n'est étonné d'apprendre qu'elles les ont trompés (1) » (*Lai de Guyener*, t. I, p. 65.)

Le bel Equitan, qui doit s'y connaître en sa qualité de Roi de Nantes, professe une opinion analogue ; « il n'est point de belle dame, tant méchante soit-elle, dit-il, qui ne veuille se faire un ami ; que serait sa courtoisie, si elle n'aimait tendrement. Aussi n'existe-t-il point de femme sur la terre qui ne sacrifie à l'amour. » (*Lai d'Equitan*, p. 119.)

La virginité, si honorée, dans les premiers siècles

---

(1) Dans le *lai d'Ywenec*, la dame prisonnière du mari jaloux se rappelle avoir entendu dire « que, dans les temps anciens, il arrivait souvent aux femmes affligées des aventures qui mettaient un terme à leurs chagrins. Les chevaliers trouvaient des maîtresses charmantes, et les dames n'étaient jamais blâmées pour faire choix d'un amant jeune, beau, vaillant et libéral. » (*Lai d'Ywenec*, p. 281.)

du christianisme, assez en vogue sous les Mérovingiens, est moins à la mode ; l'amour sentimental, la tendresse poëtique la remplacent (1). Le libertinage n'est plus admis comme dans les siècles précédents ; on ne se vante pas des grossières aventures d'autrefois ; on place un voile convenable sur ses fantaisies ; on cache ses désirs matériels aussi soigneusement qu'on célèbre son adoration sentimentale ; mais chaque chevalier doit avoir sa mie, chaque femme son servant ; la chose est obligatoire comme un règlement d'administration publique.

Le courant de la galanterie entraîne la société tout entière ; s'il est du devoir de toute femme courtoise de se faire un amoureux, la logique condamne nécessairement les maris à laisser leurs femmes aimer librement qui bon leur semble, sous peine d'être rangés dans la classe des jaloux « que personne n'a le courage de plaindre lorsqu'ils sont trompés. » Les hommes du nord doivent en prendre leur parti, tout aussi philosophiquement que ceux de Provence ; ils peuvent se demander à quoi leur a servi de faire la guerre des Albigeois et de dissoudre les cours d'amour...

Le roi de Nantes, Équitan, épris de la femme de son sénéchal, se tranquillise sur le courroux de cet officier, dans le cas où il viendrait à découvrir son intrigue en se disant « qu'il ne doit pas avoir certainement la

---

(1) La femme, une fois résolue à devenir la mie d'un chevalier, lui en donne un premier témoignage, en mangeant avec lui dans la même assiette, comme on le voit dans le *Lai de la mule sans frein ;* puis la dame fait asseoir l'ami sur le lit, à côté d'elle, sans qu'on puisse inférer de trop graves conséquences de cette dernière politesse, attendu que le lit est *le sopha, la causeuse* du moyen âge.

prétention de garder sa femme pour lui seul. » Il est très-conséquent en ces principes, ce jeune roi de Nantes, et a la plus haute opinion de ses prérogatives royales ; il assure « qu'il n'est point de femme bien née qui puisse se dispenser d'accorder sa tendresse à un prince. » (*Lai d'Équitan*, p. 119 à 121.)

Il y a mieux que cela ! les époux de France et d'Angleterre semblent conspirer dans l'intérêt des amants, tant ils se montrent fiers des beautés de leurs femmes, et empressés à les produire au grand jour (1) ! ils les mettent sous les yeux des chevaliers, et provoquent leur admiration.

Le grand Arthus, ayant appris que le chevalier Lanval plaçait la beauté de sa *mie* bien au-dessus de celle de la reine Genèvre, entre en fureur et tient cour

---

(1) L'aventure du roi Candole se reproduit dans une foule de fabliaux. Dans le *Lai de Graelent*, le roi de Bretagne tire vanité de la beauté de sa femme ; il a coutume de la placer, dans les jours solennels, sur une estrade, de lui enlever son manteau, afin que la simplicité de son vêtement permette aux membres de sa cour et aux étrangers de bien apprécier l'élégance de ses formes. Puis il leur demande s'ils ont jamais rencontré dans leur course une femme qui puisse lui être comparée.

> Quant mangié aveint le jur
> La roine faiseit munter
> Sor un haut banc et d'elfubler,
> Puis demandeit à tus ensemble :
> Segnur barun, que vus en sanble,
> A sous ciel plus belle roine.
> (Marie de France, *Lai de Graelent*.)

On n'a pas oublié que ces sortes d'expositions étaient fort appréciées par le roi Assuérus ; mais beaucoup moins par la reine Vasthi, qui refusait de s'y soumettre.

plénière, pour faire constater le crime et condamner Lanval à mort. Le chevalier allait subir la terrible sentence, quand sa mie, qui n'était autre qu'une fée, vint éblouir les juges par l'éclat de ces charmes dont on contestait l'existence ; elle leur prouva que Lanval n'avait pas si grand tort de la placer au-dessus de la reine. (Marie de France, t. Ier, p. 229, 207.)

Si tout chevalier se fait une maîtresse sans se demander si elle est libre ou non de se donner à lui. Si chaque femme se procure un chevalier sans se préoccuper beaucoup du mari qu'elle trompe. Nous voilà dira-t-on dans un siècle de dissolution effrayante... Quelle différence y a-t-il entre ce libertinage et celui de la décadence des Grecs et des Romains ? Une différence considérable... L'amour du moyen-âge n'est pas essentiellement physique, même dans sa dernière période ; il est plus sentimental que sensuel. La fidélité, le dévouement, la générosité, la grandeur d'âme, toutes les vertus, en un mot, lui forment un cortége dont il ne se mettait guère en peine dans les temps anciens.

Cette fidélité, dans l'amour illégal, était d'origine toute récente, et tenait à la fois du christianisme et de la chevalerie. Avant la publication de l'Evangile, l'amour, en dehors du mariage, n'était, pour les deux sexes, qu'un passe-temps qui n'astreignait à d'autre devoir qu'à celui de se plaire ; chacune des deux parties conservait latitude entière de trahir et de quitter l'autre : témoin toutes les poésies érotiques de la Grèce et de Rome... A dater des premiers chrétiens, l'amour se confondit avec le mariage, et n'avait pas droit de cité en dehors de ce lieu légal. Le moyen âge, admit, respecta les deux législations : il prit l'amour indépendant et non éternel à l'antiquité ; il l'embellit de la constance, du dévouement, et des autres vertus que lui avait apportées le christianisme.

Ce n'est pas que le chevalier du nord ne se permette certaines infidélités *physiques*, envers la dame de son cœur ; mais cela ne tire point à conséquence et n'obscurcit pas le tableau de l'amour parfait ; la tache reste cachée sur le dernier plan... Ses bonnes fortunes passagères avec des suivantes sont considérées comme tout aussi simples que celles que se permettait le chevalier provençal avec les bergères des champs. Nous voyons, même de nobles châtelaines favoriser quelquefois ces sortes de rencontres avec une naïveté qui recevrait parmi nous une dénomination peu honorable.

Mais les mœurs du temps passent l'éponge par là-dessus, et si elles n'admettent guère la tolérance en religion, elles la pratiquent sur la plus large échelle en amour.

Les lois de l'hospitalité faisaient un devoir aux dames courtoises de déchausser et de délacer le chevalier voyageur, qui se présentait à leur castel. Elles lui servaient des rafraîchissements, le mettaient dans un bain tiède, préparaient son lit et l'y installaient le plus douillettement qu'il était possible ; mais on assure qu'elles allaient quelquefois au delà de ces prévenances, car nous lisons dans un fabliau :

> Et la comtesse à chief se pose (se met à son chevet),
> Appelle une soue pucelle :
> La plus courtoise et la plus belle
> En consouil lui dist : Belle amie,
> Allez tost, ne vous ennuie, mie,
> Avec le chevalier gésir.

La chose est véritablement si étrange qu'on a quelque peine à la considérer comme d'un usage un peu général ; nous voulons bien croire qu'elle resta toujours à l'état d'exception.

Quittons ces particularités pour revenir à l'aspect général du temps. Tournois et cours d'amour avaient produits les mêmes résultats ; ils popularisaient la passion sentimentale et délicate, poétique et chevaleresque ; les beaux-arts et l'urbanité y trouvaient leur compte, certains préceptes religieux y semblaient respectés, bien que la morale des Pères de l'Eglise ne pût applaudir à ces capitulations de conscience. De là sortait une civilisation toute particulière, qui s'étendait de l'Angleterre à l'Italie, de l'Espagne à la Saxe, constituait une Europe bien caractérisée, bien définie ; une Europe à la fois courtoise, élégante, loyale et chrétienne. C'était l'hymen des deux grandes races latines et germaines qui se mêlaient après s'être combattues, se confondaient dans une homogénéité d'usage, de formes extérieures, de doctrines religieuses et politiques, à laquelle l'amour et la galanterie ajoutait l'unité de littérature et de mœurs.

Grâces au triomphe de cet élément civilisateur, la femme a conquis une émancipation complète en Europe, et telle qu'elle ne pouvait l'espérer... Ce n'était pas l'indépendance seulement, c'était le pouvoir suprême qu'elle possédait. L'homme, le maître absolu de l'époque carlovingienne, devenait esclave à son tour ; il n'osait plus rien concevoir, projeter, exécuter sans l'assentiment formel de l'autre sexe. Il ne se faisait plus en Europe une action un peu saillante sans un décret de *la beauté*. Jamais révolution ne fut plus profonde, plus radicale. A deux siècles d'intervalle, la femme était passé du dernier degré de l'oppression au comble de la puissance ; une exagération succédait à une autre, tant il est difficile à l'homme de réaliser, l'*in medio consistit virtus* d'Horace.

Certains fabliers philosophes formulèrent énergiquement cette revanche du sexe ; ils montrèrent l'amour étendant sa domination sur les maîtres de la science de l'antiquité, comme il l'avait fait sur Abeilard, et chantèrent une sorte de romancero de ce trouble raison universel.

Aristote s'était permis de blâmer les amours d'Alexandre ; la belle Indienne, qui le captivait alors, jura de se venger du philosophe. Elle descend dans un verger sous le costume transparent et léger dont les climats chauds facilitent l'usage ; Aristote la regarde cueillir des fleurs, il l'entend chanter les chansons les plus engageantes. Saisi de fascination, troublé dans tous les sens, il palpite, se rend au jardin, cherche, regarde, et, poussant un gros soupir, envie le *bonheur* de son roi après avoir blâmé sa *folie*. L'indienne s'approche, entend ses *hélas!* reçoit sa déclaration ; mais elle ne consent à l'écouter qu'à une condition ; c'est qu'il se courbera à quatre pattes, se laissera placer une selle sur le dos, une bride autour de la tête et qu'il lui permettra de monter sur lui comme s'il était un quadrupède obéissant. Le philosophe a perdu toute sa philosophie ; il accepte, et la jeune fille a la satisfaction de montrer au roi et à ses officiers, attirés par la singularité du spectacle, le philosophe, ennemi de l'amour voluptueux, réduit au rôle de bête de somme. Tant il est vrai, conclut le fabliau

Qu'amor vainc tôt, et tôt vaincra,
Tant com le monde durera.
(Legrand, t. I, p. 218.)

Une dame gauloise, établie à Rome, voulait se venger d'Hippocrate ; elle se vanta qu'elle dompterait sa gravité, et parvint, en effet, à lui inspirer des sentiments très-vifs. Mais certaine surveillance l'empêchait, disait-elle, de disposer de ses heures ; elle pria le médecin de se rendre la nuit au bas de sa fenêtre, promettant de lui jeter une corde munie d'un panier, à l'aide duquel il serait hissé jusqu'à son balcon. Le grave Hippocrate prend facilement à l'amorce : il arrive sous la fenêtre, fait le signe convenu, se blottit dans la corbeille et la sent s'élever..... Arrivé à moitié chemin de cette ascension amoureuse, la corbeille s'arrête, ne bouge plus, et le malheureux reste exposé jusque bien avant dans la matinée, sur ce pilori aérien, aux regards de la foule qui se rend au marché et salue l'homme suspendu de ses huées et de ses éclats de rire. (Legrand, t. I, p. 252.)

Les poëtes du moyen âge n'étaient pas aussi ignorants qu'on le pense. Ils s'occupaient de l'antiquité beaucoup plus qu'on ne croit. Ils avaient notamment puisé des leçons de galanterie badine aux meilleures sources de la littérature classique, et connaissaient Ovide et Anacréon tout aussi bien que l'*Enéide* et l'*Odyssée*.

Un fablier avait traduit avec infiniment de grâce l'histoire de Narcisse métamorphosé en fleur des fontaines. Rien de naïf et de passionné comme l'amour naissant de la jeune fille, éprise, sans savoir pourquoi, de la beauté de l'insensible garçon (1).

---

(1) « Triste et pensive, elle se retire pour soupirer ; tout son corps frissonne, elle se sent brûler, et ses tourments sont tels qu'en peu d'heures son visage a pâli ; la nuit qui survient ne la soulage point ; car elle songe incessamment à

Le *Lai de Lanval* rappelle, avec la plus grande exactitude, l'aventure d'Ulysse chez l'enchanteresse Calypso, et témoigne, chez son auteur, d'une connaissance approfondie du merveilleux employé par Homère.

Le chevalier Lanval, un des preux de la cour d'Arthus, s'était couché dans une prairie pendant un de ses voyages. Il voit tout à coup venir à lui deux charmantes demoiselles, qui lui disent dans le plus doux langage que leur maîtresse, aussi belle que gracieuse, le fait prier de venir en son château. Lanval obéit, et

---

Narcisse… Dans l'espoir que le sommeil effacera cette image, elle se couche, mais Amour ne la laisse point reposer. En vain elle cherche une situation qui la calme ; toutes lui sont également insupportables ; toutes ne font qu'augmenter son malaise, et accroître l'agitation de son sang.. Qui trouble ainsi mon repos, s'écrie-t-elle? D'où viennent ces tressaillements, ces palpitations involontaires? Un feu intérieur me dévore, je sens ma raison se troubler, et je ne sais plus ce que je suis; pourquoi m'occuper sans cesse d'un homme qui fait mon tourment?.. Eh que m'importe qu'il soit beau, s'il n'a point la bonté… Ainsi se passa la nuit à pleurer et à gémir, jusqu'à ce que les vents frais du matin vinrent calmer un peu cette douloureuse angoisse… Epuisée d'accablement et de fatigue, l'infortunée princesse s'assoupit : mais l'image de Narcisse la poursuit jusques dans le sommeil; elle se réveille plus agitée qu'auparavant… »

« Elle ne se relève que pour maudire son rang et se désespérer!… Hélas! s'écrie-t-elle! on m'avait dit que l'amour était si doux… Quel état affreux!… non je ne puis plus le supporter : je veux faire instruire ce jeune Thébain du doux penchant que sa vue m'inspire…. »

La princesse finit par le joindre; elle lui fait une brûlante déclaration. Narcisse reste insensible; épris de sa propre beauté, il reçoit le châtiment des égoïstes qu'Ovide a rendu célèbre. (Legrand, t. I, p. 196.)

arrive dans un pavillon dont Marie de France décrit le luxe oriental avec tout le coloris de sa palette enthousiaste. Mais le plus bel objet de ce palais enchanté c'est la demoiselle du lieu. Sa beauté surpasse la fleur du lis et la rose nouvelle ; elle est couchée sur un lit magnifique, dont le plus beau château ne saurait égaler le prix ; sa robe laisse apercevoir l'élégance d'une taille faite au tour ; un superbe manteau doublé d'hermine et teint en pourpre d'Alexandrie couvre ses épaules ; la chaleur l'a forcée de l'écarter un peu, et, à travers cette ouverture qui lui met le côté à découvert, l'œil aperçoit une peau plus blanche que la fleur d'épine. Qui l'aurait empêchée d'être la plus belle personne du monde ? elle était de la famille des fées !... Elle fait brusquement sa déclaration d'amour à Lanval ; celui-ci jure de lui obéir aveuglément. Pour mieux cimenter cette double promesse, ils agissent comme de vieilles connaissances, ils restent étendus jusqu'à la fin du jour... Marie de France a soin d'ajouter que « Lanval ne s'était jamais trouvé si bien ; il aurait conservé longtemps cette délicieuse position, si son amie ne l'avait invité à la quitter... » Plus tard, on se met à table, et « bien que le repas fut assaisonné d'appétit et de bonne chère, Lanval avait un mets qui lui plaisait beaucoup plus que tous les autres : c'était d'embrasser son amie et de la serrer dans ses bras. »

VIII

LA GALANTERIE DÉVOTE.

Il ne suffisait pas que l'amour chevaleresque eût amené une exagération ; le fanatisme devait en causer une autre beaucoup plus regrettable. Le premier, amour joignait, à l'émancipation de la femme, le culte du courage et des nobles sentiments. Le second allait corrompre ces éléments civilisateurs et y substituer le libertinage.

Quand les hommes du nord eurent introduit chez eux l'urbanité méridionale, ils se trouvèrent divisés en deux camps : les partisans de la courtoisie chevaleresque, dont nous venons de nous entretenir, et les partisans de la galanterie dévote. La première était un produit des cours d'amour mêlée à la bravoure querelleuse des romans carlovingiens. La seconde fut celui de ces mêmes cours d'amour se mêlant aux romans bretons du *Graal*, aux *ouvrages de dévotion* espagnol et au mysticisme *des fidèles d'amour* d'Italie. Les trouvères débutèrent dans ce genre par une imitation très-fidèle des parlements de joie ils osèrent la transporter dans le paradis. La scène est tellement légère d'allures, qu'on la prendrait pour l'œuvre satyrique d'un précurseur de Voltaire ou de Parny, si la date du manuscrit ne nous rappelait qu'au treizième siècle, la naïveté de la foi marchait de pair avec celle de l'amour, et se rapprochait fréquemment de la profanation... Les poëtes, prirent avec une sorte d'enfantillage, les vierges et les martyrs pour héroïnes de leur galanterie, les apôtres pour juges de ces luttes érotiques, le Christ et sa mère pour présidents des débats (1).

Ce mélange de dévotion et de badinage amoureux ne fut pas circonscrit dans le fabliau-mystère. Il en-

---

(1) Dieu a choisi le jour de la Toussaint pour faire convoquer les bienheureux des deux sexes, « dans leurs chambres et oratoires, » à venir prendre part à *sa cour plénière*... Anges et archanges, vierges et martyrs, hermites et religieuses, se rendent à l'heure indiquée dans la salle où Marie et son fils les attendent. Les patriarches ouvrent la marche en chantant une chansonnette, alors populaire, comme toutes celles qui suivent :... *Je vis d'amors, en bonne espérance*. Puis viennent les apôtres; ils engagent les *amies* à ne jamais se repentir *d'aimer loyalement* ; « car de bien amer vient solas (plaisir). »

Les martyrs qui ont fait une si rude expérience de la souffrance, estiment que celui-là

   Doit bien joie mener
  Qui joie attend des maux qu'il sent.

Quant aux confesseurs, *ils n'ont jamais été sans amor* et se promettent de conserver cette bonne habitude.

Les saints Innocents, eux-mêmes savent deviner, malgré leur inexpérience, que :

   Tout ainsi va,
  Qui d'amors vit et qui bien aime.

Les vierges martyres enfin, les Catherine et les Cécile, les Agnès et les Marguerite, passent en chantant sous la conduite de la grande repentie Madeleine, et « *joyeusement s'en vont à leur ami.* »

Ceux qui croient trouver dans le Cantique des cantiques l'allégorie de l'attachement de l'Eglise pour le Christ, chercheront peut-être, dans cette *cour plénière* du paradis, le symbole de l'amour mystique des anges et des bienheureux pour leur amant céleste ; mais la suite du fabliau leur permettra difficilement de s'attacher à cette interprétation. La fête va prendre des allures si légères, qu'elle sera l'image d'une

vahit toute la littérature, comme il occupait déjà les mœurs... En abandonnant le roman de la table-ronde pour passer dans le fabliau, la poésie des Trouvères

---

folle soirée du Pré-aux-Clercs. La veuve, la tête couverte du voile noir, s'écrie avec naïveté :

> Si j'ai aimé follement,
> Sage suis, si m'en repens.

Les épouses, mortes dans les bras de leurs maris, se présentent « *comme dames qui vont vers leurs amis*. Les invités, se trouvant en nombre, Dieu ordonne à saint Pierre de fermer les portes, d'engager tous ceux qui aiment à se mettre en danse, et de laisser dehors ceux qui se permettent d'être sans mie... Marie, donnant la main à Madeleine, parcourt la salle en répétant :

> Tous cil qui sont inamourez
> Viennent danser ; li autres non.

A quoi les évangélistes, placés aux portes, répondent qu'ils sont là pour empêcher.

> ... Que nul n'emporte
> Chapel de Flors, s'il n'aime.

Le Christ pousse les choses jusqu'à dire aux convives :

> Embrassez-vous de par amor,
> Embrassez-vous.

Et Madeleine ajoute du ton le plus engageant :

> Que suis-je donc, regardez-moi,
> Ne me doit-on pas bien amer.

Il ne pouvait suffire à la mère du Christ, à la libératrice des affligés, de contempler cette joie enfantine des bienheureux ; elle veut procurer quelques instants de distraction aux prisonniers du purgatoire, et obtient de son Fils qu'ils auront quelques jours de liesse. Mais l'auteur de ce fabliau héroï-comique a soin d'ajouter, pour donner la preuve de son orthodoxie « que ce bienfait resta spécial au Purgatoire ; les

laissa à la vaste épopée ses passions batailleuses, ses grandes aventures, et ne conserva que le sentiment d'amour uni à l'ardeur religieuse *du Graal*. Ces deux mouvements du cœur s'élançant vers le Créateur et vers la créature, formèrent le fabliau mystique et galant.

Disons-le tout de suite : c'est dans les contes et les fabliaux français et bretons, dans les (*cancioneros*) espagnols qu'il faut chercher le tableau moral du moyen âge, bien plus que dans les romans de chevalerie... Le *lai* ou *fabliau* n'est en effet, comme le disent les conteurs eux-mêmes, dans leur entrée en matière, que le récit d'un fait vrai, au fond, légèrement arrangé, modifié dans la forme. Le roman au contraire, immense machine littéraire à grands effets de mise en scène, est un véritable déchaînement de tous les enfantillages de l'imagination. L'auteur s'y montre enivré de coups d'épée, d'odeur de combats, ébloui d'apparitions, de monstres et de géants; les inondations, les incendies, les cataclismes physiques lui donnent le vertige, il les place dans des paysages impossibles. Les écarts d'une fantaisie, qui se bat les flancs pour être terrible ou grandiose, ont tout gâté, tout corrompu. Dans le fabliau, au contraire, la simplicité d'un récit naïf, quelquefois touchant, embellit la vérité de toute la grâce des sentiments pris dans la nature.

L'école littéraire, qui allait mêler la dévotion et l'amour, ne faisait pas sa première apparition dans le monde.

---

damnés, attachés à des souffrances sans relâche, ne pouvant obtenir un instant de répit. (Legrand, *Fabliaux*, t. V, p. 87 à 104.)

Nous avons vu le théâtre se réveiller au dixième siècle, pour produire, sur la scène, des luttes de la même nature.

Une religieuse avait consacré ses connaissances théologiques à cet accouplement du sensualisme et de la foi. Les moines, auteurs de la plupart des fabliaux mystiques, portèrent encore plus loin la confusion du libertinage et de la piété.

Ce n'est nullement par désir de scandale que nous examinons l'amour sous ce nouvel aspect, mais comme une étude de mœurs qu'on ne saurait passer sous silence dans le sujet qui nous occupe. Nous n'aimons pas à trouver le prêtre et le religieux oublieux de leurs devoirs, même dans une heure d'égarement. Nous préférons les montrer repoussant les souvenirs qui les assiégent, et les assauts qu'ils attribuent eux-mêmes à Satan.

Reconnaissons-le tout d'abord : le clergé ne néglige aucun moyen pour soumetttre les réclamations de la nature aux règles religieuses ; il s'y fait de toutes ses forces, quand il faut combattre les embûches des démons qui le poussent à s'insurger contre ses vœux de chasteté.

Il ne se borne pas à leur opposer le jeûne, l'abstinence et les macérations, il a recours, pour calmer la chaleur du sang, au remède énergique de la saignée... Dans le moyen âge, chaque couvent a *ses jours malades, ses jours de la minution del'sang*. Dès l'époque du concile d'Aix-la-Chapelle, en 817, cette coutume prenait des proportions si contraires à la santé des religieux, qu'on défendit de la pratiquer hors des cas de nécessité et sans l'ordre des médecins, mais les cénobites, ne tinrent aucun compte de cette défense. Les Chartreux et les Prémontrés se permirent la *minution* et le *cautère* cinq fois l'année, les Clunistes et les Chanoines quatre. (Roquefort, *note de la traduction de Marie de France* t. Ier, p. 129.)

La manie de la saignée passa même des monastères chez les laïques ; quelques maris, jaloux, l'employèrent à calmer les impatiences inquiétantes de leurs femmes... Une jeune mariée, fort mécontente d'avoir un vieil époux, prétendait le plier à son joug, et arriver à prendre un amant sans qu'il osât y trouver à dire. Le bonhomme subit patiemment un premier acte de despotisme, puis un second ; mais quand la femme crut l'avoir soumis à son obéissance et qu'elle se permit un troisième acte d'insubordination, le mari appelle un chirurgien et fait appliquer une forte saignée à la rebelle ; la malheureuse tombe sans connaissance... Quand elle revient à la vie, pâle, exténuée, comme si elle eût approché de son heure dernière, le mari lui demande si elle se propose de continuer son système de rébellion. Il lui promet, quant à lui, d'appliquer le réfrigérant dont il vient de faire usage, toutes les fois qu'elle se permettra de le tyranniser... La dame, qui se voyait près de mourir, dès la première saignée, promit de ne pas s'exposer à une seconde, et ne songea plus à se donner le luxe d'un chevalier servant (1). (Legrand, t. III, p. 177 et 188.)

---

(1) La saignée eut même son temps de vogue parmi les chevaliers ; ils ne la destinaient pas, il est vrai, à calmer l'ardeur du sang, mais à maintenir son équilibre. Ils se retiraient d'ordinaire dans un couvent pour vaquer à cette précaution hygiénique ; quelquefois, ils restaient dans leurs familles, près de leurs *mies*, qui se montraient fort attentives à les soigner. On prétextait aussi la saignée comme un expé-

Les calmants intellectuels et moraux, appliqués aux impatiences physiques furent, peut-être moins efficaces. Les auteurs de fabliaux édifiants avaient, à l'imitation de Hroswita, une manière de prôner la vertu et de combattre le vice, dont il est permis de contester les bons résultats. Ils présentaient, avec une effrayante vigueur de pinceau, les tableaux du plus affreux libertinage ; puis, appelant le Christ et les anges, les vierges et les martyrs au secours du pécheur, ils les traînaient sans vergogne dans la boue de l'orgie....... Dieu et Satan, la chasteté et la luxure, se livraient des combats acharnés dans l'âme et le corps du mortel ; le ciel l'emportait enfin ; mais le paradis recevait le pécheur dans un état de souillure déplorable.

L'auteur ne s'inquiétait guère du contraste ! plus la lèpre du vice était hideuse, plus le succès du libérateur céleste devenait miraculeux, et son renom de sainteté considérable.

Cette lutte des saints contre la débauche, est racontée avec une énergie brutale dans une série de fabliaux, qui eurent pour auteurs des moines d'une grande piété ; pour auditeurs les châtelaines dans

---

dient propre à détourner les soupçons, à favoriser les rencontres secrètes... Comment supposer qu'un chevalier qu'on dit être dans *son jour de remède* s'enferme dans sa chambre pour y rester seul avec sa dame ?... Toutes les fois que le roi de Nantes, Equitan, désirait faire bon accueil à la femme de son sénéchal, il annonçait aux gens qu'il était en jour de lancette, et les priait de le laisser en repos... Quelquefois, la partie était plus sérieuse : le roi se faisait piquer de concert avec son chambellan, comme on prend son déjeuner, ou qu'on joue une partie d'échecs, en tête-à-tête. (Marie de France, t. I, p. 127, 135)

16.

leur manoir, les religieux dans leur réfectoire.

Saint Antoine s'était vu poursuivi, dans le désert, par les souvenirs du luxe de Rome et de ses courtisanes. Saint Jérome raconte que, sous l'empereur Décius, les persécuteurs ayant entrepris de faire succomber un martyr à une tentation analogue, lui avaient attaché les pieds et les mains pour l'exposer aux provocations d'une femme perdue ; le martyr en détresse, n'ayant sous sa main aucun projectile à lancer à la courtisane, se coupa la langue entre les dents, et la lui jeta toute sanglante au visage.

Ces légendes qui passaient pour très-édifiantes au moyen-âge, devinrent le point de départ et le modèle des fabliaux qui nous occupent ; leurs auteurs, dévots jusqu'au fanatisme, les soumirent à toutes les amplifications du mauvais goût.

Un certain duc mahométan, nommé Malaquin, racontent-ils, s'était emparé de l'ermite de la montagne Noire ; il entreprit de l'arracher à Dieu, et de le conduire au diable par le chemin de Gourmandise et de Volupté. A cet effet il lui dépêcha une de ses favorites *pour savoir, s'il voudrait de la char avoir*, « la demoiselle se place à ses côtés, prend ses mains dans les siennes, l'embrasse malgré lui et l'accable de caresses pendant une demi journée entière. » Mais le solitaire ne daigne dire mot, et tourne constamment le dos à la tentatrice.

Malaquin, instruit de l'insuccès de la belle, en envoye une seconde qu'il estime plus experte, et la tentation est poussée avec une vigueur dont les convenances nous interdisent de reproduire les détails. Toutefois elle n'obtient pas plus de résultat : une troisième met en jeu les suprêmes ressources de sa profession ; l'ermite sentant la résistance faiblir a recours au moyen indiqué par saint Gérôme ; il se coupe la langue et la jette toute sanglante au visage de la concubine qui s'enfuit épouvantée. (Legrand d'Ausy, *Fabliaux*, t. V, p. 154-164.)

La conclusion est assurément fort touchante ; mais la moralité n'arrive qu'après une longue analyse du cynisme le plus éhonté, et l'on se demande si l'édification du dénouement efface complètement le déplorable effet du début.

Un ermite d'Aquilée fut soumis à une épreuve non moins dangereuse et beaucoup plus étrange. Après vingt ans de solitude, de mortifications inouïes, il croyait de bonne foi être devenu le plus saint homme du monde, quand il apprit que certain prévot d'Aquilée menait, avec sa femme, une vie plus sainte que la sienne.

Un peu scandalisé de cette prétention, il voulut vérifier les choses par lui-même et se dirigea vers Aquilée.

Le justicier partait à ce moment pour aller attacher des coupables au gibet ; mais il lui remit une lettre pour sa femme, afin qu'elle le reçut comme elle recevrait son mari, et le cénobite, enchanté, continua son voyage..... il fut admirablement hébergé, choyé par la prévote qui porta la courtoisie jusqu'à lui donner place dans son lit. Que le lecteur se garde bien de toute interprétation malséante : la sainte femme professait une si grande vertu, qu'elle conciliait le mariage avec le vœu de chasteté ; le prévot, parfaitement d'accord avec elle, pouvait dire comme Edwars d'Angleterre « que depuis bien longtemps, il ne savait plus s'il était un homme. »

L'ermite n'était pas au courant de ces prodiges de continence ; les bontés de la prévote le mettaient dans un état d'esprit qui se conciliait mal avec ses vœux de pureté. Les démons le tourmentaient ferme et le piquaient fort. Il se permit de le faire comprendre à la prévote. Celle-ci, pleine d'un saint courroux, le repoussa si vigoureusement, qu'elle le renversa dans une baignoire d'eau glacée, disposée à cet effet, dans la ruelle. Et l'on était au mois de décembre !..... Ce n'est pas tout d'être vertueuse, il faut encore se montrer charitable ; la prévote se rappelle que la loi chrétienne ne permet pas qu'on laisse un frère mourir de froid dans un bain ; elle fait remonter l'ermite dans son lit, et s'efforce de le réchauffer et de le consoler de sa chute... Le malheureux, soumis au supplice de Tantale, reprend courage, cède de nouveau aux tentations du malin ; mais au premier mot il est de nouveau jeté dans la baignoire.

A la troisième épreuve, il finit par comprendre toute la sainteté que la prévote réalisait par ces oppositions de conduite. Afin de rendre ses mortifications plus méritoires cette chrétienne exaltée s'imposait le jeûne et l'abstinence dans un palais luxueux, près d'une table somptueusement servie, et restait chaste malgré le voisinage intime des étrangers qu'elle accueillait dans son alcôve.

L'ermite était confondu de cet excès de perfections terrestres, il demanda pardon à la prévote des fâcheuses suppositions qu'il s'était permises à son endroit ; il la tint pour la plus étonnante des saintes, et revint dans son ermitage convaincu qu'il lui restait bien des prodiges d'abstinences à s'imposer pour égaler les mérites de la dame d'Aquilée. (Legrand, t. V, page 141, 150.)

La lutte du sensualisme et de la chasteté, souvenirs de la primitive Église, se continue donc à travers le moyen-âge et les progrès de la galanterie ; les poëtes eux-mêmes la célèbrent jusque dans leurs romans les plus mondains.

Le chevalier Gauvain de la cour d'Arthus avait reçu l'hospitalité, chez un châtelain aux habitudes suspectes ; Gauvain était installé dans la plus belle chambre du manoir et avait pour servante la fille unique de son hôte, chargée par son père de lui obéir en tout.

Gauvain se sentait assez embarrassé de répondre à tant de confiance et de courtoisie, sans s'exposer à certain danger contre lequel les bergers du pays l'avaient prié de se tenir en garde. Les prévenances excessives du châtelain cachaient, lui avaient-ils dit, des projets mystérieux, terribles ; on voyait souvent les voyageurs sortir de chez lui, portés sur des brancards, dans la direction du cimetière.

Sa fille, mise en chambre close avec Gauvain, ne tarda pas à lui tenir le même langage ; elle commençait à ressentir quelque brin d'amour pour lui, et n'aurait pas voulu pour rien au monde qu'il arrivât malheur au gentil chevalier. Aussi le pria-t-elle de ne rien exiger d'elle ; la moindre de ses complaisances devant être son arrêt de mort.

Gauvain réfléchissait à ces mystères inquiétants, quand le soir, au sortir de table, le châtelain mit le comble à ses prévenances en l'engageant à prendre sa fille pour *mie ;* et afin que l'alliance s'arrangeât plus aisément toute seule, il prétexta une course à faire, laissa sa fille au château avec l'étranger, et lui recommanda *de le distraire.* Gauvain ne pouvait avoir de doutes sur le genre de distractions qu'il leur conseillait ; il avait fait dresser un lit dans la pièce, allumé douze bougies, et fermé les portes sur eux, comme s'il était question d'une nuit de noces.

On s'enhardit aisément en semblable tête à tête : Gauvain devient entreprenant en dépit des avis qu'il a reçus ; la jeune fille le repousse. Ils ne sont pas seuls, dit-elle ; quelque chose veille sur eux et ce quelque chose est un estoc enchanté, véritable épée de Damoclès, suspendue au plafond ; il est prêt à tomber sur les téméraires qui osent profiter des faux encouragements du châtelain pour courtiser trop familièrement la jeune fille.

« C'est la dernière épreuve que réserve mon père à ceux qui ont eu le bonheur d'échapper aux autres, ajoute la bachette ; dès qu'on s'oublie envers moi, l'épée sort du fourreau et vient percer le coupable : sur vingt chevaliers qui ont passé la nuit dans cette chambre en des circonstances analogues, aucun n'en est sorti vivant. »

Comme la demoiselle aime Gauvain, elle veut lui éviter cette destinée, et le supplie de ne pas s'exposer aux coups de cette arme jalouse. La position était grave ; Satan se mêlait de la partie, et donnait à Gauvain des conseils tout opposés à ceux de la prudente jeune fille... Il s'avance d'un pas très-résolu. L'estoc se détache du plafond, fait une égratignure à l'imprudent et remonte à sa place. Le chevalier s'arrête, passablement refroidi ; mais ces maudites bougies éclairent la plus belle jeune fille du monde ; il s'exalte de nouveau, l'épée descend encore et lui fait une blessure plus profonde... Gauvain devient sage tout de bon ; lorsque le châtelain pénétra le lendemain dans la chambre pour retirer le vingt-unième cadavre, il fut assez surpris de trouver le galant en pleine santé.

Il ne faut pas se figurer que cette extermination d'amants fût l'acte d'un homme méchant et corrompu : le châtelain se livrait à cet horrible métier dans les intentions les plus pures et les plus paternelles. Cette nuit de noce provisoire était destinée à mettre les prétendants à l'épreuve ; l'épée miraculeuse veillait sur la vertu de sa fille ; elle tuait sans miséricorde les impudiques, les déloyaux ; elle épargnait ceux qui réunissaient la continence à la courtoisie. Gauvain remplissant les conditions fondamentales d'un chevalier sans reproche, il était digne de devenir l'époux de la jeune fille ; la noce fut célébrée, le régime de la continence aboli... Le soir, quand les deux amants se retrouvèrent seuls, l'épée n'était plus suspendue sur leur tête.

IX

INTERVENTION DE LA VIERGE DANS LA GALANTERIE DÉVOTE.

Ce n'était pas sans motifs sérieux que les chrétiens du moyen âge, vivement poussés à la galanterie, par les tournois et les cours d'amour, appelaient la dévotion à leur aide.

Les Provençaux se passaient volontiers de l'intervention des anges et des saints, par la raison qu'ils invoquaient encore à cet endroit les divinités du paganisme.

Les hommes du nord, plus franchement orthodoxes, n'avaient pas gardé le moindre souvenir de cette mythologie grecque et romaine, qui jamais, il est vrai, n'avait été la leur. Or, les peuples jeunes, nous dirons même enfants, comme l'étaient ceux du moyen âge, ne savent guère s'aventurer à travers les tribulations de la vie, les difficultés des passions, sans chercher des protecteurs célestes... Franks et Bourguignons, Bretons et Allemands, avaient bien à leur disposition les fées de la mythologie germanique ; mais leur pouvoir bienveillant, gracieux n'était pas de nature à lutter contre cette puissance des démons évoqués à tout instant par l'Eglise du treizième et du quatorzième siècles. L'amour, réduit à l'appui des sylphes et des fées, portant robes de perles et manteaux rayons de soleil, aurait couru grand risque de tomber sous les griffes de Satan s'il n'avait trouvé des défenseurs divins de premier ordre, habitués à vaincre les démons.

Les amoureux se montrèrent à cet égard aussi prudents que hardis ; ils cherchèrent dans le ciel le plus grand des appuis après celui de Dieu, le plus bienveillant des patrons, le plus sensible aux larmes et aux prières. Ils choisirent la consolatrice des affligés, la mère du rédempteur... Nous éprouvons quelque peine à le dire, mais nous faisons ici de l'histoire, et non point une étude ascétique. Bon nombre de chrétiens sacrifièrent l'Evangile à un fanatisme intéressé. Ils mirent la vierge à la place des anciennes divinités érotiques et réclamèrent de la *Rosa mystica* des bontés analogues à celles qu'Apollon et Jupiter accordaient jadis aux amoureux.

L'intervention de la Vierge, dans les bonnes fortunes scandaleuses, est d'autant plus curieuses à étudier, qu'elle coïncide avec une innovation introduite dans le culte.

La dévotion à Marie, son rôle dans le ciel comme médiatrice, étaient restés pendant les onze premiers siècles de l'Eglise dans les limites que l'Evangile et les Pères lui avaient tracées : mère de Dieu, particulièrement bienveillante envers les pécheurs, elle était la première des saintes, la reine des anges, *regina angelorum, regina sanctorum omnium*. Au douzième siècle, sous l'influence de l'enthousiasme que le sexe inspirait aux troubadours et aux chevaliers, la dévotion à Marie prend des proportions extrêmes. Elle n'est plus seulement la mère du Christ, mais sa souveraine, de par le droit exagéré de l'autorité maternelle. Toutes les églises, toutes les cathédrales, la plupart des cérémonies lui sont consacrées; ses fêtes deviennent incontestablement supérieures par leur pompe et leur importance à celles du créateur et du rédempteur.

Lancés dans cette adoration de la reine du sexe, la galante chevalerie, le peuple jaloux de suivre ses traces, s'abandonnent aux conceptions les plus exagérées. Ce siècle enfant croit agrandir la puissance de Marie, en lui faisant aveuglément protéger, contre l'enfer et contre les jugements de Dieu, tous ceux qui l'adorent du bout des lèvres.

Voulez-vous être impunément libertin, même dans les ordres de l'Eglise, montrez-vous dévot à la Vierge, saluez ses statuettes, donnez-lui pieusement un souvenir chaque soir; vous pourrez continuer vos fredaines, mourir dans l'impénitence si vous voulez, Marie n'oubliera jamais la confiance que vous avez mise en elle, elle accourra au moment critique pour vous arracher à Dieu, quand il voudra vous punir, à Satan lorsqu'il vous tiendra déjà dans ses griffes; elle vous installera triomphalement dans le paradis.

De toutes les histoires qui touchèrent les cœurs sensibles au moyen âge, il n'en est pas de plus étrange que celle d'une jeune sacristine que la Reine du ciel sauva d'une grande honte, en dérobant ses désordres aux yeux des chrétiens.

La jeune religieuse avait longtemps édifié la communauté par sa dévotion à la Vierge, mais un jour vint où elle sentit encore plus d'attraction pour un beau mortel, si bien qu'elle le suivit loin du cloître, afin de connaître, sous sa direction, cette vie du monde, si merveilleuse pour ceux qui ne l'ont pas expérimentée.

Ce fut en vain que Satan crut l'avoir conquise, la Vierge se préparait à la lui arracher.

Au moment où la jeune étourdie s'enfuyait avec son suborneur, Marie prend son visage, sa voix, ses habits et vient occuper sa place au monastère, remplir ses fonctions à la chapelle, afin qu'on ne s'aperçoive pas de son absence.

La femme est fantasque, elle se lasse de tout, même de la volupté; après dix ans d'un amour très-sensuel, la sacristine prit le péché en dégoût, comme l'avaient pris la Marie et la Thaïs de Hroswita; elle quitta son amant, et retourna vers le cloître... Elle frappe, toute tremblante, on ouvre; elle tombe à genoux, accablée de confusion, de remords, et demande pardon de ses égarements, de sa fuite... De quelle fuite, de quels égarements est-il question? A-t-elle perdu la tête; jamais la sacristine n'a quitté le couvent, et commis la faute la plus légère; pour preuve, on la lui montre vaquant à ses fonctions de tous les jours. La pénitente resta confondue; quand on l'eût laissée seule, Marie s'offrit à elle et lui raconta la transformation qu'elle avait prise pour empêcher qu'on ne remarquât son absence... La repentie se jette aux pieds de la Vierge;

saisie d'admiration et de reconnaissance; elle reprend ses habits, ses fonctions; jamais on n'aurait eu le moindre soupçon de cette aventure, si la sacristine ne l'eût plus tard racontée, pour glorifier la protection toute spéciale de la Reine du ciel (1). (Legrand, t. V, p. 109.)

---

(1) On pourrait citer des milliers de faits analogues ; nous nous bornerons à rappeler les suivants.

Un chanoine de Chartres abusait de la protection de Marie pour se livrer au libertinage le plus effronté, si bien qu'à sa mort, le chapitre refusa de l'ensevelir en terre sainte. Son cadavre fut jeté dans un fossé hors de la ville. Mais la Vierge prit la défense de son protégé; elle reprocha vivement à un membre du chapitre le traitement qu'on lui avait fait subir, et menace la cathédrale de son courroux, si l'on ne réparait cet outrage. Le chapitre se hâte de retirer le cadavre du fossé... O surprise ! le corps a la fraîcheur de celui d'un bienheureux ; une rose odorante sort de sa bouche ; les chanoines, frappés de ce miracle, reconnaissent leur faute et ensevelissent le corps le plus honorablement du monde, dans l'endroit privilégié de leur cloître. (Legrand, t. V, p. 55.)

La bonne Marie porta plus loin encore sa bienveillance... Un moine traversait chaque soir une rivière en bateau, pour aller joindre une dame qu'il n'était nullement chargé d'instruire en la vie religieuse. Une nuit, ce nouveau Léandre tombe de sa barque et se noie. Si jamais chrétien passa dans l'autre monde par le chemin de damnation, c'était assurément ce navigateur nocturne. Heureusement, il avait la prudence de recommander son âme à la Vierge au commencement de toutes ses actions; cette précaution ne resta pas sans récompense. Au moment où les démons venaient prendre son corps, la Vierge accourt, le réclame comme étant celui d'un de ses fidèles ; les démons repoussent cette prétention, se plaignent à Dieu de ce que sa mère leur enlève leurs sujets les plus incontestables; le Christ donne raison à Marie, et, renouvelant la sentence de Callimaque, il renvoie le moine sur la terre, pour qu'il s'y purifie, en menant une vie plus convenable.

Qu'on ne s'avise pas de jouer avec les promesses qu'on a faites à la Vierge, fût-ce dans un moment d'étourderie ; elle tient à ses prérogatives *d'amie*, de senora, elle prend pour mari les chrétiens qui se donnent à elle, tout comme le Christ accepte pour fiancées les jeunes vierges qui se consacrent à lui : l'hymen mystique une fois consommé, il faut se garder de le rompre, l'épouse céleste est exigeante et connaît la jalousie.

Le pape saint Grégoire, craignant que les Romains, encore entachés de paganisme, n'adorassent les statues des saints placées dans les églises, les en fit retirer ; puis on les dressa sur les places publiques comme de simples objets d'ornement.

Un jeune romain, nouvellement marié, s'amusait un jour sous les portiques avec ses camarades ; il ôta son anneau de mariage pour ne pas l'endommager dans la lutte, et le mit au doigt d'une statue en lui disant en manière de plaisanterie : « Femme, je t'épouse. » Mais le marbre ne plaisantait point, et lorsqu'à la fin des courses, le jeune homme voulut reprendre l'anneau, la statue, qui n'était autre que celle de la Vierge, plia son doigt, et retint le gage.

Marie ne devait pas borner la revendication de ses droits de fiancée à la conservation de l'anneau ; le soir, le jeune marié revint près de sa femme et voulut l'embrasser, comme il pensait en avoir le droit. Tout à coup, une main invisible sépare les époux... La jeune femme épouvantée saute à bas du lit et court chercher de la lumière. Pendant sa courte absence, la Vierge apparaît au jeune homme, bien qu'il fût païen ; elle lui rappelle leur mariage de la place publique et le somme d'avoir à lui rester fidèle. L'époux s'irrite de cette prétention ; la nuit suivante, il réclame le secours d'un prêtre chrétien, afin que, muni de prières et d'eau bénite, il éloigne l'intervention de ce qu'il prend pour l'esprit malin. Le prêtre se met en sentinelle à la porte espérant procurer toute sécurité aux époux ; mais la Vierge ne s'inquiète guère de ces efforts ; elle vient de nouveau faire valoir ses droits et empêcher *le mari* de lui être infidèle.

Le pape saint Grégoire dut intervenir dans le débat ; il engagea le jeune homme à élever une statue à la Vierge, à l'apaiser par des prières, des offrandes ; Marie consentit enfin à rompre ce mariage assez morganatique, et le mari ne fut plus troublé dans la libre possession de celle qu'il aimait. (Legrand, t. V, p. 71 à 73.)

Dans ces aventures de galanterie *édifiante,* nous ne voyons jamais appliquer de punition corporelle, gibet, bûcher, ou cachot. La pénitence et le repentir volontaires sont les seules peines infligées au plus grand désordre. Dieu se montre clément d'ordinaire, et lorsqu'il penche vers la sévérité, la Vierge intervient pour qu'il passe le rachat du péché au plus bas prix.

La galanterie chevaleresque était parvenue à mettre en honneur dans les classes élevées les sentiments épurés, notamment la discrétion. Mais les souvenirs de l'époque mérovingienne combattaient cette tendance et maintenait dans quelques hommes grossiers, les habitudes d'un libertinage sans pudeur ; les efforts du christianisme étaient impuissants à redresser des mœurs pareilles. Des poëtes populaires et des moines, plus simples d'esprit que mal intentionnés, cherchèrent à raccommoder la religion avec la volupté sans s'effrayer de ce qu'elles offraient de diamétralement opposé. Les apôtres faisaient marcher de front la foi et l'amour légal : eux voulurent confondre la foi et le sensualisme ; ils crurent y parvenir en transformant la religion en superstition, en mettant les cérémonies à la place du dogme, en couvrant les passions physiques du voile des apparences religieuses.

Cette confusion adultère conduisit les amants à invoquer Dieu au début des actions les moins orthodoxes ; ils semblaient vouloir le contraindre, par la prière, à protéger leurs rendez-vous. Il fut convenu qu'on ne saurait être voluptueux sans être bon chrétien ; et qu'il était indispensable de recevoir les sacrements pour être digne des faveurs de sa dame. Toute femme qui se respectait ne trahissait jamais son mari avant de s'être assurée de l'état de conscience de son *servant*. Dans *le lai d'Ywenec* de Marie de France, la dame de Caerwent « consent bien à accepter ce chevalier pour son *ami* ; mais elle veut d'abord être certaine qu'il croit en Dieu... Celui-ci trouve qu'elle a parfaitement raison ; il ne voudrait pour nulle chose au monde qu'elle conservât des doutes sur sa foi, et se met à réciter le symbole des apôtres... « Je crois fermement au Créateur qui mourut pour nous racheter du péché de notre père Adam, causé par le manger d'une pomme bien amère. Il a été, il est, il sera éternellement la vie et le refuge des pécheurs. S'il vous restait quelque incertitude sur ma ferveur, poursuit-il, faites dire à votre chapelain que vous êtes malade, et que vous désirez recevoir l'Eucharistie qui efface les fautes. Je prendrai vos habits, votre figure, je communierai après avoir récité mes prières, et j'ose espérer que vous serez parfaitement convaincue de la pureté de mes sentiments religieux.»

La dame accepte la proposition ; le chapelain arrive, il donne la communion à l'amoureux, et après cet acte concluant d'orthodoxie, la comtesse de Caerwent oublie complètement son vieux mari, « se repose auprès du chevalier, et l'on ne vit jamais un si beau couple (1). » (Marie de France, p. 287.)

Il n'y a pas jusqu'à l'art d'aimer lui-même, ou pour mieux dire, l'art de courtiser, de voltiger à l'exemple d'Ovide, qui ne soit mis sous la protection de la Vierge. Le trouvère Guiare, dans son poëme didactique sur l'amour, enseigne toutes les ruses de la galanterie : la manière de lancer les œillades, de dresser les piéges aux jeunes filles, de leur dérober des baisers, et de traverser victorieusement les trois périodes les plus importantes de la vie. *La première* est celle où l'on se fait une mie ; *la seconde*, celle où l'on s'occupe de la conserver après l'avoir faite, *la troisième*, celle où l'on s'occupe de servir Dieu et les Saints. Guiare recommande alors la confession, les sacrements, la pénitence, et clôture le tout par une belle prière à la vierge Marie. (Legrand, t. II, p. 225, 229.)

A quel résultat final conduisit cette confusion du libertinage et du mysticisme? à l'organisation des *Turlupins*. On sait que les quiétistes du quatorzième siècle

---

(1) Ces *touchantes* précautions se reproduisent dans une foule de romans et de fabliaux. La fée Mélior, étendue près de Partenopex de Blois, mêle les plus ardentes protestations d'amour à sa profession de foi chrétienne. (Legrand, t. IV, p. 284.) La dame des Belles-Cousines ne consent à rendre Jehan de Saintré complètement heureux qu'après lui avoir demandé s'il pratique exactement ses devoirs de religion. (*Roman de Jehan de Saintré*, t. I, ch. v, p. 32, ch. ix, p. 72.)

débarrassèrent leur lubricité de tous les obstacles que leur opposaient l'Évangile et la simple morale naturelle ; ils déclarèrent que la dévotion pouvait élever l'homme à un état de perfection où il était *impeccable,* et qu'une fois dans cette situation commode au suprême degré, le corps pouvait se permettre toutes sortes de licences et d'abominations : l'âme restait intacte en sa pureté, et le corps irrépréhensible.... on peut se figurer aisément le bel état social qui serait sorti de ce *dogme* nouveau, si Grégoire IX, effrayé des désordres commis par les membres de cette secte, ne les avait excommuniés en 1371. Charles V, portant contre eux un arrêt analogue, les poursuivit, le fer, la corde à la main, et les traita comme Phinée, fils d'Éléazar, avait traité les filles de Moab et leurs complices. L'histoire néanmoins n'a pas eu, cette fois, à l'exemple de la Bible, vingt-quatre mille morts à enregistrer. (Voir notre t. I, p. 62.)

Il est facile de comprendre tout ce que l'exaltation mystique des Espagnols dut produire d'étrange dans le genre dévot de nos fabliers, et combien ils rencherirent sur ce mélange de piété et d'érotisme. Nos faiseurs de fabliaux conservaient certaine naïveté et une simplicité logique de composition, qui n'était pas sans mérite ; les Espagnols firent un pêle-mêle inextricable dans *les ouvrages de dévotion,* les *canciones,* les *motets,* les *pleytas* et les *vilancicos.* Le marquis de Santillane célèbre les *sept joies de la Vierge,* et Rodriguez del padron chante *les sept joies de l'amour.* Ferran Sanchez disserte sur la prescience divine, Macias *l'enamorado* convoque les cœurs sensibles à pleurer sur ses amours illégitimes, non moins infortunées que celles d'Abeilard.

« L'antiquité prêtait à l'amour la figure d'un enfant aveugle qui se jouait de tous les dieux ; l'enfant a grandi ; c'est un docteur fourré d'hermine et de sophismes, dont l'unique étude est d'égarer l'esprit, pour tromper le cœur ; il a un culte réglé sur celui de l'Église, on lui a composé un évangile, dix commandements, des cantiques, une messe, un *villancico*. Juan Manuel assimile les peines qu'il cause sur la terre à celles de l'éternité. » (De Puybusque, *litt. Espa.*, t. I, p. 63.)

Juan Ruiz, archiprêtre de Hita, brouille, amalgame les invocations à doña Vénus et les prières à la Vierge, les scènes de libertinage et les sermons. Il fait, tout au long le récit de ses aventures galantes chez la veuve Enduña et se loue des bons offices de don Cupidon et de la vieille *trota-coventos*.

Cette intervention des saints et des anges dans les entreprises d'amour était, il est vrai, plus nécessaires en Espagne que dans les autres parties de l'Europe : les peuples jeunes ne purent jamais, ainsi que nous l'avons dit, se passer de protecteurs célestes dans les actes les plus intimes de l'existence ; or les Espagnols n'avaient à leur service ni les génies ni les dieux lares des Italiens, ni les fées et les magiciens des peuples germaniques (1). La vierge, les anges, les patrons devaient donc répondre aux sollicitations de tous les amoureux dans l'embarras, et Dieu sait si les protecteurs célestes entendaient des prières étranges, des révélations que les chrétiens n'oseraient pas se faire à eux-même aujourd'hui.

---

(1) Voir Damas Hinard, le *Romancero du Cid*, préf.

Ce n'est pas dans la littérature seulement que la galanterie chevaleresque et la galanterie dévote ont laissé des traces profondes. L'art du moyen âge en reçut des empreintes caractéristiques.

Quand on examine la peinture et la sculpture toute sentimentale des treizième, quatorzième et quinzième siècles, on est frappé de l'unité de style, de l'homogénéité de principe qui y domine... Qu'il s'agisse d'œuvres de sainteté, de portraits ou de bustes de simples mortels, la toile et le marbre n'expriment d'autre sentiment que celui d'une émotion purement contemplative. Les saints admirent et adorent Dieu, les mortels, couchés sur leur tombeau, ou peints dans les ex-voto des triptiques, à côté de leurs enfants et de leurs femmes, considèrent celui ou celle qu'ils aiment ils échangent entre eux des soupirs et des élans de tendresse chrétienne.

Dans l'art égyptien, avons-nous dit (t. I, p. 82), « les têtes n'ont qu'une expression : celle d'une volupté calme et constante... esclaves et servantes, rois et princesses, demandent, accordent et se complaisent dans les douceurs d'un sensualisme réciproque..... leurs bouches souriantes et coquettes se renvoient délicieusement le mot *j'aime.* »

Dans l'art du moyen âge, les personnages se renvoient aussi ce mot éternel ; mais sans expression de volupté ; et sous la seule impulsion d'un amour respectueux et chevaleresque. Rien de lascif dans l'attitude ou le sourire, pas la moindre coquetterie d'ajustement : jamais de robe fendue ou relevée sur le côté, le vêtement couvre si bien le corps qu'on le prendrait pour une gaîne. La forme matérielle est en quelque sorte supprimée ; on sent que ces châtelaines, au regard baissé, furent aimées pour leur âme, leur cœur, leur doux regard, beaucoup plus que pour leur beauté. Les membres sont grêles; la gorge et les formes complétement cachées sous les draperies, la statue ne cherche à faire rien voir, rien deviner ; l'expression du visage lui suffit pour dire ce qu'elle est, ce qu'elle ressent. On voit aussi percer à travers la tendresse humaine cette préoccupation de Dieu que les *fidèles d'amour* mêlaient à leurs passions : il y a partout un retour évident à l'esprit de l'Évangile... Que la femme soit épouse ou qu'elle soit *amante*, son amour semble réclamer l'intervention de la Vierge protectrice, non dans le sens abusif et grossier de certains fabliaux (1), mais dans celui des sentiments honnêtes et délicats, tel que nous les trouvons chez Dante et chez Pétrarque. Tel est, pris dans son sens le plus général, l'amour de la fin du moyen âge ; l'amour de la bourgeoisie, celui de ces *dames* et de ces *mies*, respectées, adorées, qu'on célèbre en vers, qu'on célèbre en prose sous le nom symbolique d'une étoile, ou d'une fleur. Les poëtes les chantent comme si elles étaient de purs esprits célestes, à tel point qu'on a de la peine à reconnaître une femme sous les métaphores éthérées

---

(1) On peut juger de la pureté de cette poésie sentimentale et religieuse par cette chanson de l'amant de Laure : « Vierge douce et ennemie de l'orgueil que la charité t'inspire ! Aie pitié de l'humilité d'un cœur abattu! Ah ! si j'ai aimé avec tant de constance et d'ardeur un morceau de terre fragile, juge combien je t'aimerai, ô toi, qui joins la divinité à la noblesse. Oui, si tu me relèves de l'état d'abaissement où je suis tombé, je purgerai, pour les consacrer à ton nom, mes soupirs, mes larmes, mes pensées et mes écrits ; exauce-moi, et prends en miséricorde le changement de mon cœur. »

dont ils les enveloppent (1), pas la moindre discription de la personne... Pas de détails sur son costume, son maintien. Pourquoi les *fidèles d'amour* se permettraient-ils ces indiscrétions? Le mystère est leur loi fondamentale... « Ne parle pas des choses d'amour dit Guido Orlandi, à Maiano : aime en secret et tu auras beaucoup de joie... ». « Si cette belle est vivante et de chair dit Baglione à Dante de Maiano ; je pense que tu le sais, et je te loue beaucoup de ne point le dire. »

Le portrait de la personne n'aurait pu manquer de mettre les indiscrets sur la voie. L'amant gardait pour lui seul tout ce qu'il en savait..... Son admiration contenue, muette, restait purement contemplative.

Ce n'est pas que le cynisme fut entièrement inconnu au moyen-âge : certes la passion brutale qui apparait dans les fabliaux de la galanterie dévote et dans les sales récits des cent *Nouvelles* de Louis XI, se retrouve aussi dans l'histoire des bandes mercenaires qui parcourent l'Europe agitée : elles déchaînent sur les malheureuses villes prises d'assaut des accès de

---

(1) Voici dans quels termes Dante parle de Béatrix :

« Je la voyais s'avançant avec tant de noblesse et de dignité, dit-il dans la *Vita nuova*, que l'on pouvait lui appliquer justement les paroles d'Homère : elle ne semblait pas être la fille d'un mortel, mais celle d'un Dieu... »

« ... Cette merveilleuse dame m'apparut, ajoute-t-il plus loin, vêtue d'un habit d'une blancheur éclatante, et placée entre deux nobles dames plus âgées. En passant dans la rue, elle tourna les yeux vers l'endroit où j'étais. Je me tenais plein de crainte respectueuse, et, par l'effet de son ineffable courtoisie, qui reçoit maintenant sa récompense dans le ciel, elle me fit un salut qui produisit sur moi tant d'effet, que je crus toucher aux termes de la béatitude. »

rage licencieuse que les habitants de Sodome et de Gomorrhe n'auraient guère dépassés. Les faubourgs des grandes villes renferment des repaires infâmes d'où s'échappent de nauséabondes bouffées d'orgie ; mais tout cela se cache dans les bas fonds de la société. A une époque où la noblesse et la bourgeoisie forment la nation véritable : où le peuple ne prend aucune part à la marche de la société et de l'État, cette corruption de quelques fractions des masses peut-être retranchée du tableau général de l'humanité.... Historiens et poëtes se gardent de nous révéler des secrets qui leur semblent aussi peu intéressants que les vices ou les misères des esclaves l'étaient pour les Romains de la décadence.

L'art du moyen âge osa jeter néanmoins quelques reflets du cynisme qui lui arrivaient des bouges les plus méprisés; mais ce fut l'art secondaire, l'art badin et sans façon de la carricature ; tout ce qu'il osa se permettre dans cet ordre d'idées, il le relégua dans les figurines des chapitaux, à travers les feuillages et les branches des corbeilles. C'est là que l'œil attentif découvre ces moines luxurieux, ces damnés enlacés par des reptiles, ces êtres immondes que les démons s'amusent à nourrir d'excréments ; mille audaces, en un mot, qui dépassent tout ce que les gamins se permettent de charbonner sur les murailles des grandes villes. Nous nous bornons à mentionner ces hardiesses des carricaturistes sans leur attribuer sur l'art et sur les mœurs générales une influence dont il soit nécessaire de se préoccuper ; nous ne les citons qu'à titre de note complémentaire.

QUATRIÈME PARTIE

—

L'AMOUR DEPUIS LA RENAISSANCE

L'AMOUR DEPUIS LA RENAISSANCE

I

RETOUR A L'AMOUR PAYEN

L'époque mérovingienne et carlovingienne avait été celle des *concubines* et *des gouges* (1).

Le moyen-âge, fut celle des *amantes*, des dames du cœur, des adorées.

La renaissance inaugura *l'ère des maîtresses*. Toutefois les amantes de la chevalerie reparurent un instant au début du XVIIe siècle sous Louis XIII; mais elles cédèrent de nouveau la place aux maîtresses sous Louis XIV. Le siècle de Louis XV appartint à une nouvelle classe de favorites; il fut le siècle des courtisanes.

Rappelons en quelque mots les caractères de ces quatre sortes de personnes. *La concubine* est la femme sans éducation, sans délicatesse, dont les passions brutales conviennent aux hommes barbares et violents. C'est la femme qu'on n'estime pas, qu'on n'aime guère; qu'on redoute quelquefois, mais qui laisse toujours votre cœur froid, votre esprit indifférent.

---

(1) La *gouge*, d'après la signification que ce mot a conservée dans l'idiôme gascon, est la servante grossière de formes et peu sévère dans ses mœurs.

L'amante, un vieux mot passé de mode, et que la vérité historique nous oblige à ressusciter, est la femme distinguée, estimée, admirée pour son caractère plus encore que pour sa beauté ; toujours de bonne naissance, on la respecte, elle est l'objet de ce culte qu'on appelle la *galanterie* ; on lui dédie des sonnets et des poëmes épiques, on entoure son nom d'un pieux mystère, afin de la contempler à travers une sorte d'auréole..... Sous son règne, l'amour sentimental est le seul qu'on ose avouer ; l'amour sensuel est obligé de se cacher comme une denrée de contrebande, que l'on transporte en secret et qui se consomme de même.

La maîtresse, aimée pour sa beauté plus que pour ses qualités intellectuelles ou morales, est moins respectée que l'amante, mais beaucoup plus que la concubine ; elle est un peu la femme du cœur, beaucoup celle du corps ; l'amant ne cherche pas à la placer sur le trône poétique élevé à la *senora*, à la *mie*. Sortie ordinairement des classes élevées ou moyennes de la société, douée d'une éducation convenable, quelquefois supérieure, elle n'a pas connu le besoin, comme la grossière concubine ; aussi ne cherche-t-elle pas à recevoir de l'or, mais à avoir du luxe, de la renommée, du pouvoir ; elle ne se vend pas, elle se *ligue* avec son amant pour lui faciliter le chemin de l'autorité, des honneurs et en partager avec lui les avantages.

Moins vile que la courtisane, elle est plus redoutable aux individus, plus dangereuse pour les États : elle occupe une sorte de juste milieu entre la concubine et *l'amante* ; bien que venue chronologiquement en troisième ordre, elle leur sert de trait d'union au point de vue moral.

Ce résultat, qui paraît tout d'abord illogique, n'en est pas moins dans la nature des choses. Les opérations de l'esprit et celles du cœur ne suivent pas une progression régulière, elles procèdent au contraire par saccades et par enjambées ; toutes les fois qu'une idée politique ou morale, religieuse ou philosophique, se présente dans le monde, elle s'élance vigoureusement du point de départ au point opposé ; ce n'est que par un nouvel effort, que l'homme, frappé de l'excès de sa course, revient sur ses pas et s'arrête au point intermédiaire.

Le passage des *amantes* de la chevalerie à celui *des maîtresses* fut un de ces retours de l'homme en arrière, et ce retour, disons-le tout de suite, le rapprocha de la triste époque des Mérovingiens... Cette révolution morale imprima son reflet, comme les précédentes, dans l'art, dans la littérature et dans les lois.

Le caractère général du moyen âge avait été le mystère, la crainte, la timidité, le sous-entendu..... La faiblesse est obligée de se cacher, d'user de ruse pour tromper la force et l'oppression, qui pèsent sur elle. La féodalité avait produit l'extrême en toute chose ; l'exagération du despotisme avait amené la soumission aveugle : soumission à la règle, à la tradition dans les formes religieuses, soumission au suzerain en politique, soumission à la jurande en industrie... dans la famille enfin, soumission absolue au maître... un premier germe d'indépendance se produisit dans l'amour. Nous avons montré cette passion, adoptant la hardiesse poétique et chevaleresque comme moyen d'attaquer la jalousie conjugale et l'emprisonnement féodal,..... ce souffle de liberté dut fréquemment s'abriter sous le mystère : troubadours et *fidèles d'amour* couvrirent leurs sentiments des nuages du mysticisme, enveloppèrent de métaphores le nom de leurs dames afin de les consoler sans les compromettre ; tout le monde s'empressait d'aimer presque personne n'osait le dire.

Le seizième siècle arrive et proclame brusquement des principes tout opposés. La curiosité, l'indiscrétion deviennent son code et ses dogmes ; le désir de tout connaître, de divulguer ce qu'on sait, dominent toutes les lois ; le libre arbitre a brisé ses entraves. En politique, vassaux et commune se dégagent de leur suzerain ; en religion, on s'arroge le droit de tout discuter, de tout nier. L'amant lâche la bride à son admiration ; il pense tout haut, crie bien fort, en prose et en vers, en face des pères et des mères, le nom de celle qu'il aime ; il ne cherche pas à donner le change sur ses véritables intentions en se couvrant du voile d'un amour platonique ; il indique nettement le but de ses soupirs peu éthérés, et quand sa stratégie galante a réussi il embouche la trompette pour l'annoncer au monde.

Quelle hardiesse, quel courage !... artistes et philosophes, dépouillent le cœur et le corps humain des voiles dont on avait jugé à propos de le couvrir. Ils veulent se dédommager de la longue contrainte que leur imposa le moyen âge. Chacun porte la tête haute, le poing sur la hanche et formule sa manière de voir et de sentir ; tant pis pour qui s'en fâche, ce n'est pas impunément qu'on a une dague au côté. Si quelqu'un y trouve à redire on s'alignera contre un ormeau, au coin d'une rue, sous les rayons du soleil ou sous ceux de la lune ; l'amant ne cessera de répéter ses indiscrétions, le libre penseur ses arguments, le jaloux ses protestations, que lorsqu'ils seront couchés dans la poussière. Les don Juan sont beaucoup plus nombreux qu'on ne pense ; ce qu'on a pris pour une exception est le caractère général, le type humain du seizième siècle. Ce dévergondage en amour, presque tout le monde le partage et s'en vante ; ce coup de rapière dans la poitrine d'un commandeur qui n'est pas de votre avis, personne ne se fait scrupule de le donner ; aujourd'hui pour une question de rendez-vous, demain pour un démenti religieux ou politique. Benvenuto Cellini, dans de simples questions de métier ou des accès de colère futiles, avait tué, nous raconte-t-il lui-même, une douzaine d'individus, les uns en duel, les autres assassinés, sans que sa conscience en ressentît le plus léger regret.

Est-il un gentilhomme, un bourgeois de cette époque de guerre civile universelle qui n'ait mis à mort plusieurs adversaires politiques ou amoureux ?...

Le seul côté par lequel don Juan n'est pas bien l'homme du seizième siècle, c'est l'athéisme.... Par là il touche à notre temps, il est une exception que les poëtes et le public d'alors ne reconnaissaient pas et qui les effraye. Leporello qui jouait le rôle d'homme de bon sens, le rôle du public, n'avait jamais pu s'y habituer ; tandis qu'il ne trouvait rien à dire à la multiplicité de ses maîtresses ; il facilitait ses sérénades, ses trahisons, ses enlèvements, ses violences : elles lui semblaient tout à fait acceptables et à la mode.

Il faut bien le dire ! la populace des villes, cette caste des aventuriers qui vit sur le compte des passions, des grands seigneurs partage complétement les opinions de Leporello ; toutefois la distinction de don Juan ne va pas bien à ses allures ; elle se fait un don Juan particulier, celui de la rue, le célèbre Polichinelle. Afin de le rendre plus libertin, plus brutal, plus ivrogne, plus impie, elle l'a pris tout fait à la décadence romaine; c'est le *Maccus* de la plèbe de Rome, de cette plèbe instruite à la débauche et à la cruauté par les jeux du cirque : Maccus était un Dionisios devenu bossu, un Sylène déluré, un satyre plein d'esprit. Polichinelle, son héritier direct, a tous les défauts de don Juan : mais au lieu d'assombrir ses vices par une sorte de misanthropie de bon ton qui ne peut convenir au peuple, Polichinelle les embellit, les égaye par des éclats de rire inépuisables, une joyeuseté fanfaronne, des espiégleries de bon enfant, de bon luron. Ces qualités séduisent la foule, la passionnent à tel point qu'elle laisse ce type de l'indépendance licencieuse tuer sa femme, tuer son enfant, tuer les sergents et les juges, tuer le bourreau, le diable lui-même, et qu'elle n'a que des applaudissements à donner à cet assassin, toujours joyeux.

Don Juan et Polichinelle sont le grand seigneur et la vile populace du seizième siècle qui se trouvent parfaitement d'accord pour faire des fredaines ; l'un paye le *panem et circences*, l'autre fournit *les bravi* et *les bouffons*.

Cette association, joviale à la surface, produit d'assez lugubres conséquences : les *Vies des dames galantes* de Brantôme débutent par une série de meurtres et de vengeances qui font dresser les cheveux à la tête : les maris y tuent leurs femmes au plus léger soupçon d'infidélité avec des raffinements de barbarie qui dépassent ceux des Romains de l'époque des Césars; parfois ils substituent le poison au poignard afin de prolonger le supplice de la coupable et de jouir plus atrocement des longueurs de son agonie. Tous ces crimes se commettent au grand jour sans qu'on prenne la peine de les cacher ; leur impunité établit donc, plus clairement que ne le faisait la loi des Douze Tables, le droit de vie et de mort, usurpé par l'époux sur sa moitié (1).

Si les maris oppriment leurs femmes, bien souvent celles-ci leur tiennent tête et prennent de bonnes revanches. Favorisées par la solidité des tempéraments, les passions montrent dans les deux sexes une fougue à laquelle rien ne peut résister ; ni les lois qui voudraient les punir, ni les dangers qui devraient les intimider.

---

(1) L'Arioste, qui connaissait si bien son siècle, était effrayé de ce déchaînement de meurtres et de vengeances conjugales ; il s'écriait au début du cinquième chant : « Doux lien de la nature, attrait divin qui réunis par ta chaîne cachée un sexe à l'autre sexe, dans tous les animaux, toi qui fais reposer doucement l'ourse et la lionne dans le même antre que l'ours et le lion, toi qui fais vivre en paix la louve vorace et le loup carnassier, qui fais bondir la génisse près du fier taureau, dont les cornes et les violentes caresses semblent la menacer... Toi qui devrais également régner sur tous les êtres sensibles, par quelle horrible fatalité, parais-tu ne plus exister dans le cœur de l'homme ? Quelle furie a porté ses serpents dans le cœur de l'homme et de la femme qui devraient te servir de temple... Peut-on voir sans indignation ce sexe charmant exposé aux fureurs d'un mari brutal... Quoi, ce lit nuptial, préparé pour la félicité parfaite par l'amour et le mariage, est souvent baigné des larmes d'une épouse malheureuse, et quelquefois rougi de son sang... Homme féroce, frémis et reconnais que ta fureur offense Dieu, la justice et la nature... Peux-tu frapper ce beau visage où l'amour s'est peint pour ton bonheur ? N'es-tu pas pire que les démons lorsque tu répands le poison dans son sein, ou que tu enfonces le poignard dans ses flancs. »

Brantôme est l'Homère de ces amants et de ces grandes dames sans remords et sans crainte qui s'abandonnent à leurs emportements, courent au rendez-vous comme au champ de bataille, ne sachant trop s'ils reviendront heureux ou massacrés..... ce qui nous étonne le plus, même en nous plaçant au point de vue fanatique et violent de cette époque, c'est que la religion, pour laquelle chacun sacrifie héroïquement sa vie, n'inspire aucune inquiétude à tous ces violateurs des lois divines et naturelles ; la conscience élastique de nos *bons aïeux* met le libertinage et l'assassinat en parfait accord avec la dévotion et l'honneur (1) : on dirait qu'à force de se battre pour ou contre le Saint-Siége, dans l'intérêt de la forme religieuse, on en a oublié le fond moral. Quand un chrétien a tué sa demi-douzaine d'hérétiques, il croit avoir acquis le droit de satisfaire toutes ses fantaisies amoureuses ou sanguinaires, absolument comme un écolier, chargé de bons points et d'exemptions, se permet une foule d'incartades en compensation de ses semaines de succès.

La passion et la volonté individuelle, voilà les seules lois reconnues dans la renaissance ; la force corporelle et l'épée en sont le pouvoir exécutif. Le bourgeois,

---

(1) Les Espagnols excellèrent comme les Français dans cet accouplement du meurtre, de la piété et de l'adultère.

Dans une pièce de Torres-Naharro, le galant Hyménée n'entre chez sa maîtresse Phœbé qu'en se signant sur le front et sur la poitrine... Le marquis promet au vrai dieu, et foi de gentilhomme, d'égorger l'amant de sa sœur, dès qu'il le rencontrera ; et lorsque Dorine accorde un rendez-vous à son amant, elle le salue des mots « adieu ! ayez bon courage ; notre Seigneur est mort pour tous... »

armé de sa dague, se croit l'égal du gentilhomme ; le gentilhomme, armé de sa rapière, s'estime l'égal du roi... Mais si les sujets s'enorgueillissent, le roi s'exalte à son tour, et ne reconnaît d'autre loi morale et civile que son bon plaisir.

Si nous en croyons Brantôme, François Ier porta ce despotisme du monarque libertin à ses dernières limites. Le héros de Marignan, rencontrant un jour certain mari dans le couloir qui conduisait à la chambre de sa femme, se jette sur lui, applique la pointe de son épée sur sa poitrine, et le menace de mort à l'instant s'il ose mettre obstacle à sa visite nocturne ; il ajoute qu'il le fera assassiner plus tard s'il se permet d'y trouver à redire..... que répondre à ces arguments péremptoires ? le mari se tut et se garda bien de troubler des relations basées sur le privilége du plus fort.

Chez nous François Ier fût le héros de l'amour cynique et violent ; mais on sait qu'il trouva son maître en Angleterre dans Henri VIII.

La passion des Valois et des Tudor était un appétit exclusivement physique, plus ardent que voluptueux, et qui restait complètement étranger à toute affection de l'âme. Avec eux l'amour galant d'autrefois devient *l'amour gaillard* : les chevaliers sont de redoutables *diable-à-quatre*, les femmes sont des statues de chair vivement colorées, dont ils se rendent les pygmalion. Ils contemplent, ils admirent toutes leurs qualités physiques en très-habiles connaisseurs ; ils les aiment comme Lucullus aimait le vin de Falerne et les murènes.

Peu soucieux d'ailleurs qu'elles soient respectées ou méprisables, ils ne cherchent en elles que les dispositions de Cléopâtre et de Messaline ; leur infidélité ne les troubleraient guère si elle ne froissait leur orgueil ; aussi les regardent-ils mourir sans verser une larme ; on sait combien Henri VIII les y aide quand elles l'ennuient.

Ce roi Tudor, le grand maître du genre, dépasse le cynisme de Sylla qui chassait froidement de son palais sa femme Métella au moment de son agonie, et l'envoyait mourir ailleurs, afin de ne pas attrister ses joyeux convives : il égale Catilina qui se débarrassait de sa femme et de son propre fils, afin d'épouser Aurelia Orestilla qui flattait mieux ses goûts dépravés et son ambition.

Il y a de ces maladies morales qui reprennent l'humanité à différentes époques de l'histoire : la société montre, à plusieurs siècles d'intervalle, les mêmes instincts, et les mêmes fureurs, les mêmes superstitions et les mêmes vertus ; les âmes sont identiques, l'acteur qui les porte s'est contenté de changer de nom et de costume. Les Romains des guerres civiles reparaissent sur les bords de la Seine et du Rhin, de la Tamise et du Tibre, sous les Valois, les Tudor et les Borgia : les contemporaines de Brantôme et de Charles IX sont des Sempronia, des Fulvia, des Orestilla ; les Guise ont quelque chose de Catilina dans l'âme. François Ier est un mélange d'Antoine et d'Auguste.

Cette importation des passions romaines, au milieu de l'ère chrétienne, n'est pas difficile à expliquer. L'invasion des Germains, en détruisant l'empire, n'avait pas entièrement changé ses mœurs ; l'Italie était restée romaine ; sa capitale, surtout, la cité la plus immuable de toutes, était encore la ville des Césars, de Constantin et de Théodose. Or, nous savons combien les femmes avaient joué un rôle important, hardi, plein d'audace et d'intrigue, durant toute l'époque impériale; ce rôle politique, elles ne s'en étaient jamais dessaisies, même sous la nouvelle république des Papes. L'histoire de la capitale du catholicisme est toute remplie de conspirations féminines, d'amours et d'adultères audacieux. Patriciennes et courtisanes occupent le premier rang dans les agitations politiques; les unes cherchent à capter l'aristocratie, les autres à soulever la populace.

Toutes les villes italiennes suivent l'exemple de Rome, quand Charles VIII envahit la péninsule : quatre femmes y excitaient les passions et dirigeaient les événements. Dans la Lombardie, Béatrix d'Este et Isabelle d'Aragon sa rivale, fille du roi de Naples et femme du jeune duc de Milan; dans la Toscane, Alphonsine Orsini, femme de Pierre de Médicis; dans la Romagne, Catherine Sforza qui combattit héroïquement pour arracher cette province à la domination française.

Ne suffit-il pas de prononcer les noms de la favorite Vanozia, de sa fille Lucrèce Borgia, si prompte en ses divorces, pour réveiller dans notre esprit tout ce que l'ambition et l'intrigue peuvent ajouter d'odieux au libertinage et à la cruauté? Ces licences étaient tellement acceptées par l'aristocratie que Lucrèce Borgia fit un jour une entrée triomphale dans Rome suivie de deux cents dames des plus grandes familles, ayant chacune à sa gauche un brillant cavalier.

La péninsule a donc un siècle d'avance sur la France et le reste de l'Europe, en libertinage, comme en littérature et en beaux arts; la dépravation des hautes classes est toujours celle des patriciens des derniers siècles de l'empire. On fait paraître dans les festins des courtisanes entièrement nues qui servent les convives, dansent et luttent comme dans les *florales* antiques. Les gentilshommes à la mode portent l'imitation des fêtes romaines jusqu'à tuer à coups de flèches des prisonniers (*gladiandi*) après les avoir enfermés dans des cours... Au dessert, ils passent sur le balcon et tirent sur ces malheureux dont les frayeurs, les contorsions, les cris de pitié les font beaucoup rire.

Ce fut là que nos soldats allèrent prendre ces belles leçons de démoralisation qu'ils rapportèrent ensuite dans leur pays, pour y préparer l'avènement de la renaissance. A la prise de Capoue par Charles VIII, toutes les femmes éprouvèrent les dernières conséquences de ce qu'on appelle les *droits de la guerre* ; quarante furent exceptées ; les Borgia les réservèrent pour embellir, Dieu sait à quel titre; les fêtes de la ville éternelle.

Quelle preuve plus effrayante de dépravation que ce crime de Cenci un des nobles les plus puissants de Rome. Sa fille, Béatrix, ne trouvant aucune autorité qui voulût l'arracher à une passion furieuse, contre partie de celle de Myrrha, consentit à laisser assassiner ce père dénaturé. Clément VIII ne voulut pas reconnaître des circonstances atténuantes dans ce parricide ; il fit traîner sur l'échafaud Béatrix, sa belle-mère et son frère ainé (1599).

La noblesse de Rome ne se contente pas d'organiser la licence avec les femmes d'intrigue et les grandes dames bien dressées à ces immoralités, elle s'en prend à la bourgeoisie qui repousse ces habitudes de coupe gorge. Les femmes honnêtes ne peuvent mettre le pied dans la rue sans être poursuivies, insultées et quelquefois victimes des derniers outrages. Sous Innocent VIII, on ne comptait pas moins de cent assassinats et autant de viols par semaine ; aussi les femmes étaient-elles retenues dans leur maison plus soigneusement que dans les anciens gynécés ; les jeunes filles restaient même couvertes d'un voile devant les étrangers et leurs prétendants.

Nous trouvons des preuves frappantes des dangers auxquels étaient exposées les femmes honnêtes, dans quelques actes du règne de Sixte-Quint. Ce pape voulant mettre un terme au brigandage des jeunes dissolus, prit des moyens extrêmes pour garantir à la pudeur autant de sécurité dans la rue que dans le cloître.

Une servante était sortie la nuit munie d'une lanterne ; elle allait chercher une sage-femme ; *l'estafier* d'un gentillhomme la rencontre, renverse sa lanterne et veut l'embrasser ; la fille crie, se sauve, et va se plaindre à son maître : celui-ci ne juge pas l'offense assez grave pour en avertir la police. Mais Sixte-Quint eut connaissance de cet attentat et voulut faire un exemple ; il fit saisir l'estafier, puis on le battit de verges, d'un bout à l'autre de la rue où il avait assailli la servante.

Le Pape se montra plus sévère encore envers le fils d'un avocat de Pérouse. Ce jeune homme, épris d'une demoiselle que sa mère hésitait à lui donner, se permit de lever son voile et de l'embrasser, afin de contraindre la mère à procéder au mariage : après un premier refus, cette femme consentit à ce genre de réparation : mais Sixte-Quint n'accepta pas l'arrangement ; il condamna le jeune amoureux à cinq ans de galères.

Il y a donc toujours, à côté de l'Europe chrétienne, un foyer romain qui conserve les vices, les passions du paganisme. Ce foyer brise son enveloppe au seizième siècle et répand en France, en Angleterre, en Espagne, ce mélange de sensualisme et d'audace qui était resté inconnu au moyen âge. Les Italiennes avaient commencé de donner des leçons de cette science nouvelle aux chevaliers français conduits en Italie par Charles VIII, Louis XII, François Ier. Les femmes de la suite de Catherine de Médicis vinrent perfectionner en France ce genre d'étude ; elles enseignèrent aux femmes du nord à ne plus se contenter d'aimer pour l'amour lui-même, pour la renommée, pour la gloire; mais à prendre les apparences de la tendresse, afin de dominer les hommes, et de leur donner la fausse monnaie de la galanterie licencieuse en échange du pouvoir.

Cette éducation fit de rapides progrès ; bientôt les femmes du nord n'eurent plus aucune pitié pour l'inconstance des hommes quand cela compromettait leur domination. Elles ne comprirent plus la tendresse qui n'aboutissait pas à des succès de richesse ou d'autorité. Elles mirent le calcul à la place du sentiment, la fougue à la place de la confiance, la jalousie qui se venge à la place de l'amitié qui souffre et qui pardonne.

Cette substitution du sensualisme, intéressé à la courtoisie sentimentale des siècles précédents, eut toutefois d'autres causes que l'influence de Rome. Pour remonter à leur source nous devons jeter un regard sur l'Orient.

La patrie de Nabuchodonosor et de Sémiramis était fatale à tous ceux qui s'y établissaient. Nous avons vu quelles avaient été les conséquences des premières victoires des Romains dans ces contrées. Les Turcs firent à leur tour la même expérience.

On commet une grosse erreur, lorsqu'on attribue à la religion musulmane l'organisation légale de la débauche par la claustration des favorites et des eunuques. Les Arabes, en possession de la polygamie, depuis l'époque des patriarches, ne reçurent du Koran aucun privilége nouveau à cet égard. Nous avons fait connaître plus haut tout ce qu'ils montraient primitivement de réserve et de modération dans l'usage de la pluralité des femmes; ils le combinaient avec la chasteté de l'époque des patriarches, avec le courage et la grandeur d'âme des beaux temps de la Grèce et de Rome, de plus, avec le respect du sexe et une courtoisie généreuse, inconnus jusqu'alors.

Neuf siècles plus tard, quelle complète transformation!... La galanterie chevaleresque des kalifes d'Espagne n'est plus qu'un triste libertinage; la femme que l'Arabe entourait d'une respectueuse tendresse n'est qu'une esclave avilie, méprisée, achetée suivant le tarif d'un immense commerce de chair humaine. Le despotisme du sérail est fondé sur l'abrutissement et la volupté. Cette innovation ne porte pas bonheur à l'islamisme; il lui est bien autrement funeste que les batailles de Poitiers et de Tolosa, d'Ascalon et de Vienne.

Quel événement a produit cette révolution dans les mœurs musulmanes, et a mis cette distance énorme entre les Arabes d'autrefois et les Turcs d'aujourd'hui? leur établissement dans les contrées de l'Orient les plus anciennement civilisées, les plus anciennement corrompues.

Les mahométans n'ont pas imposé leurs mœurs à Constantinople et à Damas ; ils ont au contraire subi l'influence des harems qu'y avaient laissés Salomon et Assuérus, Antiochus et Sardanapale ; les harems ne sont pas d'invention musulmane, mais d'héritage persan, assyrien, juif. Constantinople corrompit les sultans et les derviches, comme Antioche avait corrompu Paul de Samosate et son clergé.

La claustration de la femme devint une impérieuse nécessité pour les Turcs dans ces contrées tout imprégnées de licence. Là où, le sexe respirait la débauche par tous les pores, ils durent rendre sa captivité d'autant plus sévère que l'insubordination du libertinage y était plus à redouter...

Les relations commerciales de Venise et de Gênes avec Constantinople et Corinthe eurent à l'égard de l'Europe les conséquences que l'occupation de l'Orient avait eues à l'égard des Turcs. Avant le seizième siècle l'Occident avait connu la prostituée, mais presque pas la courtisane, fastueuse, riche, insolente. La dépravation embellie de tout le prestige de l'opulence et du luxe, fut une importation à la fois romaine et vénitienne. Les navigateurs italiens trouvèrent en Orient le principe de la volupté organisée, installée dans des palais, entourée de splendeur et de fêtes. La loi chrétienne ne leur permettait pas de l'introduire en Europe, sous la forme du harem, ils transformèrent l'esclave turque en courtisane.

L'histoire nous fait connaître l'époque précise où cette innovation pénétra dans Venise et s'y généralisa..... L'aristocratie de cette république de marchands se croyait tout permis dans le quinzième siècle : telle était son insolence qu'elle prélevait *le droit du seigneur* par le rapt comme elle faisait ses prises maritimes à l'abordage.... La persistance de ce mal, qui loin de diminuer allait toujours empirant, porta le gouvernement à créer des établissements semblables à ceux que Solon avait organisés dans le vieux forum d'Athènes.

Mais pendant que les magistrats s'occupaient de mettre les femmes honnêtes à l'abri des hardiesses d'une jeunesse dissolue, les mœurs, plus fortes que la police, réussissaient beaucoup mieux à leur faciliter les désordres de la galanterie. Deux inventions, futiles en apparence, eurent de grands résultats à cet égard: l'invention de la *venturina* et celle du *masque*.

La venturina était un petit étalage de bijouterie que l'on colportait dans les rues, et sur lequel on pouvait gagner des objets d'une certaine valeur moyennant un billet de loterie. Cette supercherie, toute italienne, procurait aux dames et aux jeunes filles le moyen de recevoir des cadeaux suspects et d'en expliquer l'origine en l'attribuant à la bonne chance de la *venturina*.

Le masque offrait un déguisement fort utile aux coureurs de bonne fortune; l'usage l'avait pris sous sa protection au point d'interdire à qui que ce fût de l'enlever au galant ou au conspirateur sous aucun prétexte : hommes et femmes pouvaient donc se permettre toutes sortes de licence sous la sauve-garde de la *masqueria*, et ils ne faisaient faute d'en profiter. (Venise, Eusebe Salverte, 226.)

L'échange des rendez-vous et des cadeaux, une fois organisé, il n'y avait qu'un pas à faire pour passer de la classe des dames galantes à celle des courtisanes ; Venise, centre bien reconnu de cette industrie, devint en occident ce que Corinthe avait été dans la Grèce.

Voilà comment le sensualisme ambitieux et cruel de l'ancienne Rome, comment la volupté mercenaire de l'orient, pénétrèrent d'Italie en France, et se répandirent dans le reste de l'Europe.

II

LA VÉRITÉ EST TOUTE NUE

Nous ne sommes plus au temps où le chevalier devait exécuter les prouesses les plus périlleuses, sans autre ambition que celle d'obéir et de plaire à sa mie... Le soupirant et sa dame, dans la nouvelle école, sont parfaitement d'accord pour rendre leurs fatigues et leurs soupirs plus fructueux ; le chevalier ne se contente plus d'un regard, d'un baiser platonique, il exige cette récompense suprême qu'on met assez d'empressement à lui accorder, depuis que l'influence de Rome et de Venise l'ont mise à la mode ; la femme ambitionne autre chose que des sonnets et des preuves de courtoisie ; elle réclame des jouissances et du pouvoir. Les prodiges de continence du roi Edwars, de la reine Edith, ceux de la prévôte d'Aquilée, ne provoqueraient plus que des éclats de rire ; nous faisons une enjambée par dessus les rêveries platoniques des *fidèles d'amour*, pour remonter au positivisme d'Epicure et de Pétrone.

Soyons juste toutefois; la conquête de cette haute faveur si galamment représentée par l'ordre de la Toison d'or (1) conserve le privilége d'exalter les poëtes et les chevaliers; elle inspire aux uns des œuvres immortelles, dignes des plus beaux génies de l'antiquité; aux autres des hauts faits belliqueux qui rappellent les luttes chevaleresques du XIVe siècle (2).

---

(1) Il fut institué à Bruges, en 1429, par Philippe-le-Bon, duc de Bourgogne, en l'honneur de sa blonde maîtresse Marie de Crumbrugge.

(2) « Quant à moi, dit Brantôme, je crois que tous ceux qui font quelque beau voyage de guerre, et qui sont parmi les plus chaudes presses de l'ennemy; le cœur leur double et accroît quand ils songent à leur dames, à leurs faveurs qu'ils portent sur eux, et aux caresses et beaux accueils qu'ils recevront d'elles au partir de là s'ils en échappent; et s'ils viennent à mourir, quels regrets elles feront pour l'amour de leur trépas... Enfin pour l'amour de leurs dames, et pour songer à elles, toutes entreprises sont faciles et aisées; tous combats leur sont des tournois, et toute mort leur est un triomphe »(p. 311)....

M. de Bordes avait reçu une *faveur* d'une demoiselle qu'il aimait... A la bataille de Dreux on lui ordonne de faire une charge contre un bataillon de M. de Guise; il jette les yeux sur sa faveur, et s'élance au galop en s'écriant : « Ah, je m'en vais combattre vaillamment pour l'amour de ma maîtresse, ou mourir glorieusement ; » ce qu'il exécuta à la lettre; car il traversa les six premiers rangs, et alla mourir percé de coups au septième (p. 311).

Aussi M. de Bussy, le jeune homme de son temps qui fit le plus valoir les faveurs de ses maîtresses, disait-il, « qu'en tant de combats singuliers, guerres et rencontres générales, où il s'est jamais trouvé... Ce n'était point tant pour service de son prince, ni pour ambition, que pour la seule gloire de complaire à sa dame, » et il avait certes bien raison, ajoute Brantôme, « car toutes les ambitions du monde ne valent

L'Arioste, le plus grand poëte de l'ère chretienne, celui qui a le mieux connu son temps, ne chante pas, dans son *Roland furieux*, l'amour du règne des Carlovingiens qui occupa si peu de place dans le monde; mais celui de la Renaissance qui se mêle à tout et envahit tout. Les personnages de ce poëme tournent, soupirent, battent des flancs autour d'Angélique, mettent tout à feu et à sang pour décider la grave question de savoir qui la possédera. « Sexe enchanteur, fiers paladins, amours, combats, galanterie, c'est vous que je chante : » dit le poëte dans ses premiers vers, et il se montre jusqu'au bout fidèle à son exorde (1).

Pendant que l'amour occupe la scène entière, la beauté physique reprend une importance que l'invasion des Barbares avait fort compromise : on s'étudie à l'analyser, à l'approfondir, à la comprendre.

Dès la fin du quinzième siècle, Laurent de Médicis définissait l'amour « un *appétit très-vif de la beauté*; il élevait, il ennoblissait l'esprit, disait-il, il excitait les hommes à s'occuper de choses graves, importantes, et à faire passer dans *les faits* les vertus qui ne sont encore en nous qu'à l'état de *puissance*. »

Ce culte de la femme belle ne restait pas l'apanage exclusif des hautes classes ; il pénétrait dans tous

---

pas tant que l'amour et la bienveillance d'une belle et honnête dame et maîtresse (p. 312). »

(1) Boyardè, le précurseur de l'Arioste dans l'épopée amoureuse, avait publié avant lui l'*Orlando innamorato* sans pouvoir l'achever. Nicolas Agostini de Venise voulut le compléter ; Francesco Berni fit comme lui, et y réussit beaucoup mieux, malgré le mélange de bouffonnerie licencieuse qu'il y introduisit : il fonda un genre qui porta son nom.

les rangs de la population. Laurent de Médicis rapporte que la mort d'une dame de Florence avait excité un deuil universel.

« Telle était sa beauté, dit-il, que jamais rien de semblable n'avait paru sous le ciel; aussi tous les Florentins d'esprit pleurèrent-ils ce malheur public en vers et en prose. » Laurent, voulant mêler ses larmes aux leurs, publia quatre sonnets sur cette beauté enlevée par la mort.

Toulouse consacra le même enthousiasme, dans le seizième siècle, à la *belle Paule*, merveille si grande, qu'il y avait émeute de peuple sous ses fenêtres pour l'admirer. La municipalité, prenant à cœur les désirs des Toulousains, obligea la célèbre dame à se montrer à sa fenêtre à certains jours, et à certaine heure, afin de procurer à ses nombreux admirateurs l'occasion de la contempler.

La beauté physique tend donc, au début de la Renaissance, à se détacher de la beauté morale et à captiver par la seule harmonie des formes et des couleurs. L'amour prend les goûts plastiques; l'esthétique est son étude fondamentale.

Du temps de Michel-Ange, cette beauté extérieure conduit encore à la beauté de l'âme, et même à la beauté divine, comme elle y conduisait sous Platon (1).

---

(1) « Amour, dis-moi par grâce si mes yeux voient véritablement la beauté que j'admire, dit Michel-Ange, ou si j'ai cette beauté au fond de mon cœur? De quelque côté que je me tourne, son visage m'apparaît de plus en plus beau; tu dois le savoir, puisque tu t'approches avec elle pour m'enlever toute paix, ce qui me rend furieux... bien que je ne lui de-

Mais on ne resta pas longtemps dans les bornes de cette chaste contemplation. Bientôt il n'y eut sorte de descriptions indiscrètes, que les écrivains ne se permissent à l'endroit de leurs héroïnes ou de leurs propres maîtresses ; il ne les désignent plus timidement sous des noms allégoriques de fleurs et d'oiseaux : mais sous leurs noms réels, sous leurs traits véritables. Dante n'avait nommé Béatrix qu'après sa mort, quand son admiration ne pouvait faire jaillir sur elle la tache la plus légère. Après lui, les poëtes croient honorer les femmes qu'ils aiment, en divulguant toutes leurs beautés ; ils les décrivent avec une netteté d'expression inouïe, ils rougiraient de ne pas tout raconter dans le style le plus clair. *La vérité est toute nue*, dit

---

mande pas même un soupir, pas même une chaude pensée d'amour.—La beauté que tu vois, répond l'amour, est bien réellement la sienne; mais elle augmente en passant dans un lieu meilleur, c'est-à-dire en pénétrant dans ton âme, en traversant tes yeux; là, elle se fait divine, honnête et belle, comme si elle voulait s'assimiler à une chose immortelle : c'est cette beauté et non la première qui se montre à tes yeux. - L'amour du beau, poursuit Michel-Ange, celui qui me guide dans le culte des beaux arts, me fut donné en naissant, comme témoignage de ma vocation. Celui qui se fait une autre opinion commet une erreur. C'est ce culte seul de la beauté qui m'élève à cette hauteur et me décide à sculpter et à peindre... »

« Mes yeux, admirateurs des belles choses, dit-il ailleurs, et mon âme, désireuse de faire son salut, n'ont d'autre but que de s'élever vers le ciel et d'atteindre le paradis... Des plus hautes étoiles descend une splendeur qui attire tous mes désirs, et ce désir s'appelle *amour*. Tout noble cœur ne reçoit de sages conseils que d'un beau visage qui l'enflamme d'amour et imprime son image dans ses yeux. »

la philosophie, *le langage a été donné à l'homme pour tout dire,* ajoute la rhétorique (1).

L'Arioste, dans son x⁰ chant, prend des hardiesses, qu'Horace et Ovide eux-mêmes ne se seraient jamais permises; il nous montre Angélique exposée au monstre marin, dans un état de nudité que l'on ne trouve que dans la Vénus de Médicis, ou chez nos premiers pères (2). Il se réserve même d'aller plus loin en-

---

(1) Quoi de plus coloré que le portrait d'Armide dans le quatrième chant de *la Jérusalem.* Le poëte nous montre sa chevelure blond doré s'échappant à travers son voile, brillant comme le soleil entre les nuages; son regard, caché sous ses paupières, contient des trésors d'amour. Nous voyons la couleur rose colorer son visage, et la rose elle-même s'épanouir dans tout son éclat sur ses lèvres amoureuses... L'auteur conduit même notre regard indiscret sur ce beau sein où s'allume le feu d'amour; nous en découvrons une partie, nous cherchons à voir ce que le voile couvre.

..... Ma s'agli occhi il varco chiude
l'amoroso pensier gia non arresta ;
Che non ben pago di bellezza esterna
Negli occulti segreti anco s'interna,
. . . .
Per entro il chiuso manto osa il pensiero
Si penetrar nella vietata parte ;
Ivi si spazia, ivi contempla il vero
Di tanti meraviglie, a parte a parte,
Poscia al desio le narra, et le descrive ;
E ne fa le sue fiamme in lui piu vive.

(2) ... « Elle n'a pas un seul voile qui puisse couvrir les lis et les roses vermeilles placés à propos dans les endroits où leur éclat peut embellir un si beau corps. Roger eut pu, dans le premier coup d'œil, la prendre pour une belle statue d'albâtre ou de marbre, s'il n'eût pas aperçu les larmes qui baignaient les lis et les roses si fraîches de ses joues et les

core, quand Sacripant célèbrera les merveilles de la virginité (1).

L'art ne le cède en rien à la littérature; au contraire, les artistes renchérissent sur les licences des poëtes. Certains poussent l'audace jusqu'à peindre et à sculpter leurs maîtresses et celles des grands seigneurs, sous le costume léger de l'Angélique de l'Arioste; François Ier et son complice le Primatice, furent les inventeurs de ce genre débraillé, auquel Diane de Poitiers fournit complaisamment des modèles.

Ce principe de la *vérité mise à nu* s'étend et se généralise. Peintres et sculpteurs s'attachent à l'étude

---

charmantes extrémités de son beau sein, et si ses cheveux blonds n'eussent pas été agités par le zéphyr... »

(1) La jeune vierge est semblable à la naissante rose qui brille et se repose sur la branche d'épine qui la nourrit. Tant que le troupeau et son berger n'en approchent pas, le zéphyr agréable, les pleurs de l'aurore, l'eau qui baigne le pied du rosier, la terre même qui le porte, tout contribue à lui conserver son éclat et sa fraîcheur : la jeunesse brillante de l'un et de l'autre sexe l'admire et la désire ; l'un veut en parer son sein, l'autre veut la placer sur sa coiffure ; mais bientôt elle perd tous ses avantages, lorsqu'on l'enlève de la branche verte et pliante dont les petits dards n'ont pu la défendre. La jeune fille, semblable à cette fleur, doit donc bien se garder de se laisser enlever la rose qu'elle a reçue de la nature. Un seul amant qu'elle a la faiblesse de rendre heureux lui fait perdre le cœur de tous les autres : heureuse encore de rester aimée par celui qui lui ravit tous les trésors de son sein. »

Dès qu'Angélique rencontre Sacripant, son premier soin est de lui dire que « Roland l'a défendue de la mort, du déshonneur et de mille accidents fâcheux, et l'assure que, par le secours de ce brave paladin, cette fleur précieuse dont sa mère et la nature avaient paré ses charmes s'était conservée dans sa pureté intacte. »

de la forme avec un attrait porté jusqu'à l'exagération. La peinture qui passe pour la meilleure est celle qui pousse le plus au relief... même dans les œuvres de sainteté, l'artiste s'acharne à faire saillir la gorge, les hanches, toutes les parties du corps sous les vêtements des vierges et des martyres ; il fend les robes, prodigue les nudités, et donne à la matière des palpitations lascives et provoquantes.

Chez les grands maîtres des écoles italienne et espagnole, cette recherche du proéminent est atténuée par l'étude profonde de la pensée religieuse. La foi inspire de toute sa puissance les vierges de Raphaël et de del Sarto, les saints de Léonard et du Titien ; leur beauté physique n'évoque aucune idée de sensualisme ; mais la plupart des artistes tombent, sans compensation, dans la première erreur, et ne cultivent le beau physique, qu'au préjudice du beau moral.

Avant de donner à l'image de marbre ou de toile le sentiment de la tendresse, du bonheur pur, ils lui imposent la sensation de l'ivresse, l'appétit du plaisir ; ils veulent que la chaleur du coloris, l'harmonie et l'ampleur des muscles frappent le spectateur, que le relief des formes le saisissent par tous les pores. Rien ne caractérise plus nettement la différence qui sépare la *dame*, la *mie* du moyen âge, de la *maîtresse* de la renaissance, que ces tendances de la littérature et de l'art. La dame était recherchée pour son courage, sa courtoisie, sa générosité ; la maîtresse est appréciée pour la blancheur de son galbe, la cambrure de son torse, la vivacité de son regard ; le cœur est devenu peu de chose, le corps est tout, il dirige et domine en maître.

Il n'est pas jusqu'à la dévotion, à l'ascétisme qui,

ne cèdent à ce besoin de mettre la vérité à nu, d'exprimer tout ce qu'on pense dans les termes les plus transparents. Les Espagnols produisent de véritables tours de force dans cette confusion de l'illuminisme et de la volupté. Cette volupté, ils la détournent, il est vrai, de ses besoins physiques par l'ardeur de la prière ;..... mais elle n'agit pas moins sur le cœur et sur la raison, où elle produit souvent les plus étranges désordres.

Tout le monde connaît le fameux cri d'amour de sainte Thérèse : *Je meurs de ne pouvoir mourir !* C'est bien pour le Christ, son bien-aimé céleste, que la glose a été faite ; mais si le nom du Christ était effacé du texte, à quelle pensée le lecteur n'aurait-il pas le droit de s'arrêter (1).

Aimer, voilà toute la philosophie, toute la religion de Thérèse. « La voie de la perfection lui semble la plus facile de toutes, dit-elle, parce que c'est la vertu qui y conduit et que *la vertu c'est l'amour.* » Si elle

---

(1) « Je vis sans vivre en moi, et j'aspire à une existence si élevée, que *je meurs de ne pouvoir mourir.*

« Cette divine union d'amour avec laquelle je vis fait que mon cœur reste libre, bien que je sois prisonnière de Dieu ; mais cela me cause une telle émotion de me voir prisonnière en Dieu, que je meurs de ne pouvoir mourir.

« Que ces troubles, que cette prison et que ces fers qui enferment mon âme sont pénibles ! L'espoir seul d'en sortir me cause une douleur si vive, que je meurs de ne pouvoir mourir.

O vie ! que puis-je donner à mon Dieu qui vit en moi, si ce n'est de te perdre, ô vie, pour en goûter une plus douce en lui. Je veux l'obtenir en mourant ; car tout ce que je désire dépend tellement de lui, que je meurs de ne pouvoir mourir... »

plaint les damnés et les démons, « c'est qu'ils sont attachés au plus terrible des supplices : *celui de ne pouvoir aimer.* » Personne ne comprend aussi bien qu'elle le courage des martyrs. « Il lui semble qu'elle mourrait comme ils sont morts, parce qu'elle aime comme ils aimaient... » Du reste, jamais le vers du poëte latin : « *Mens blanda in corpore blando.* » ne fut mieux justifié. Thérèse était belle !... harmonie de traits, douceur de regard et de langage, tout en elle portait à l'admiration, à l'amour, et sa gloire fut d'être une sainte sans avoir été une Madeleine.

Saint Jean de la Croix, réformateur des Carmes et contemporain de sainte Thérèse, poussa les choses plus loin encore. A qui peut s'adresser ce cantique non moins étrange que hardi (1)?

« Pendant une nuit obscure, embrasée par l'anxiété d'amour. O heureuse aventure ! je m'échappai de la maison sans être aperçue, partout régnait le repos.

« Dans cette nuit favorable, en secret, je n'étais vue de personne, ne voyais rien moi-même, et n'étais guidée par d'autre lumière que par celle qui brûlait en moi.

« Mais cette lumière me guidait avec plus de certitude que celle du milieu du jour, là où m'attendait celui que je connaissais bien, et dans le lieu où ne paraissait personne.

« O nuit qui m'as guidée ! ô nuit plus aimable que l'aurore, ô nuit qui as uni le bien aimé avec l'aimée qui s'est transformée en celui qu'elle aime !

« Sur mon sein fleuri qui se conservait pur pour lui

---

(1) Sainte Thérèse mourut en 1582, saint Jean de la Croix en 1591.

seul, là il dormait tranquille ; je le caressais (regalava) et lui donnais de l'air avec un éventail de cèdre.

« Quand le vent de la fenêtre venait et éparpillait ses cheveux, il me frappait le cou avec sa douce main et je tombais toute pasmée (*y todos mi sentidos suspendia*).

« Immobile, je m'oubliais, je penchai le visage sur le bien-aimé laissant toute pensée oubliée entre les lys. »

N'est-ce pas une jeune fille qui se glisse la nuit près de son amant, dans les bras duquel elle va sacrifier la pudeur qu'elle lui a réservée ?.. non saint Jean intitule cela : *Le cantique de la nuit obscure de l'âme*. Mais le titre ne fait rien à l'affaire, et le texte reste une des plus voluptueuses chansons d'amour qu'on ait osé composer.

Quand on songe que des milliers de cantiques spirituels ont vécu sur ces allusions voluptueuses et ces équivoques, depuis saint Jean de la Croix jusqu'à la sœur Nativité (1), on est amené à faire de profondes réflexions sur cette puissance universelle, irrésistible de l'amour, qui s'impose aux âmes les plus saintes, et les oblige à donner la couleur des passions terrestres à l'image qu'elles se font des délices du ciel.

Ne rions pas de ces célèbres illuminés : sachons les plaindre au contraire tout en les admirant. Saint Jean de la Croix et sainte Thérèse sont deux malades d'a-

---

(1) Son histoire en quatre volumes, traduite de l'anglais, et publiée récemment en France, dépasse tout ce qu'on pouvait attendre de l'audace du cynisme quand il prend les formes d'un quiétisme illuminé.

mour, plus que cela de volupté ; ils ont reçu la flamme qui brûla jadis Phèdre et Sapho, Didon et Madelaine. Supposez qu'ils fussent descendus sur la terre avant l'arrivée du Christ, ils auraient été des héros d'amour païen, vivant à la fois par le cœur et par les sens... mais le Christ a fait entendre sa parole ; elle vibre avec un tel éclat aux oreilles de ces grands amoureux, qu'ils ont peur de leurs transports ; ils s'effraient de la route vers laquelle le cœur et les sens les poussent, ils rompent héroïquement avec le monde, ils se jettent dans un cloître, ils s'engloutissent en Dieu, le sein tout gonflé de soupirs et de regrets lascifs. Seulement ils font subir une déviation à ces désirs ; au lieu de les adresser à la créature, ils les offrent au créateur ; mais ils ont soin de donner à cette aspiration vers Dieu le nom de la passion terrestre : ils l'appellent *amour* et emploient pour la définir le style des poëtes érotiques. Substituons le mot *amant* au mot *Christ*, le mot *maîtresse* à celui d'*âme* ou de *foi* nous aurons des épithalames dignes de Salomon et de Sapho.

Quittons les poëtes d'Italie et les illuminés d'Espagne : remontons vers le Nord, chez les peuples qui n'ont pas tout à fait dépouillé la grossièreté germanique. Chez eux, le style devient plus rugueux ; il se salit, il prend la brutalité pour de la transparence ; il jette au loin l'harmonie qui ménageait les oreilles du lecteur et décorait la vérité de couleurs brillantes avant de l'exposer aux regards ; le français met toutes les choses à nu, belles ou vilaines. Les citations textuelles deviennent difficiles, car les grands auteurs de ce temps licencieux se nomment Brantôme, Rabelais, Villon, et les grandes œuvres sont les *Cent nouvelles nouvelles*, de Louis XI et *l'Heptaméron de la reine de Navarre.*

Ronsard, lui-même, ne craint pas de quitter le lyrisme de la grande poésie, pour s'esbatre dans les *gayetés* des buissons et des ruelles, et peindre des tableaux champêtres qu'Ovide ou Tibulle n'auraient pas osé signer. Parfois, cependant, ce libertinage montre une sorte de franchise naïve qui lui fait pardonner son cynisme : on dirait un grand enfant sans malice, dont on ne relève pas les expressions indécentes parce qu'il n'en connaît pas la portée. Grâces à cette tolérance, qui n'en a pas moins son péril, ce style grossier devient en usage même chez les gens dont les mœurs n'ont rien de commun avec ce débraillé de la conversation. On se tromperait fort, en effet, si l'on considérait les auteurs de ces récits décolletés comme des libertins capables de commettre les infâmies qu'ils racontent si plaisamment et leurs auditeurs pour des gens disposés à leur servir de complice. La plupart de ces conteurs sont de dignes concitoyens de Duranti, de de Thou, de Montaigne et de Bacon ; ils voient peu d'inconvénients à répéter devant leurs femmes et leurs filles des récits que nous ne raconterions pas devant les nôtres.

Marguerite de Navarre, elle-même, joint, à une excessive tolérance de langage, une conduite aussi convenable que celle de son frère était dissolue : en lisant son *Heptaméron*, on la prendrait pour une joyeuse élève des courtisanes de Venise ; elle n'est en réalité qu'une héritière des plus honnêtes châtelaines de l'époque chevaleresque ; elle fait de louables efforts pour ramener les chevaliers à la galanterie de Dante et de Pétrarque : elle organise dans son palais l'imitation des cours d'amour, se plaît à traiter, avec les dames, les seigneurs de sa suite et ses *valets de chambre pensionnaires*, des sujets de galanterie raffinée et de *gai-sa-*

voir amoureux, à la façon des chevaliers sauvages de Provence et des *fidèles d'amour* d'Italie. Elle voudrait rétablir les anciennes amitiés de la chevalerie, les unions de sentiments dégagées de sensualisme qu'elle désigne sous le nom d'alliance de sœur et de frère. Elle désire qu'on puisse *s'aimer* et se le dire en vers et en prose, sans encourir le blâme des honnêtes gens..... Lorsque Brantôme assure « qu'en fait de joyeusetés et de galanterie elle montrait qu'elle en savait plus que son pain quotidien, » cela doit s'entendre de ses profondes connaissances en l'art d'aimer des troubadours, et nullement en celui des gentilshommes de Rome et de Venise..... Elle se chargea de donner un bon démenti à ceux qui lui prêtaient des habitudes aussi décolletées que le style de ses contes. L'amiral de Bonivet se disait fort amoureux d'elle : il s'enhardit à pénétrer un soir dans sa chambre à la faveur d'une trape. Le voilà près du lit de la princesse : mais il n'y reçut pas l'accueil qu'il espérait. Marguerite repoussa ses tentatives en véritable et vigoureuse Lucrèce, et le contraignit à battre en retraite, « le visage tout sanglant desgratignures et morsures qu'elle lui avait faites. »

Marguerite est donc une femme d'esprit, agréable et enjouée, qui voudrait réveiller l'ancienne galanterie chevaleresque : elle cultive la littérature légère en admiratrice de Bocace, ne se scandalise pas trop des petites fredaines que la Renaissance a mises à la mode, mais elle observe dans sa conduite la réserve d'une femme honnête, délicate, et ne commet d'autres fautes que celle d'employer le style libertin de son temps à calomnier le clergé catholique dans le but de frayer la voie à la Réforme. A cet égard, elle répète chez nous la triste mission que David Lindsay s'était donnée en Angleterre, en secondant par ses grossières satires, contre le clergé, les efforts du réformateur Knox (1553). Il y a plus ; les récits grivois, le style cynique, sont des formes littéraires généralement admises ; la philosophie elle-même les adopte et nous voyons de véritables traités de morale et de politique revêtir l'enveloppe des contes les plus licencieux : ceci nous ramène un peu à l'école grecque d'Athénée, de Lucien, d'Alexis et d'Aristippe.

III

LE LIBERTINAGE PHILOSOPHIQUE

Rabelais est le chef bien reconnu de ces étranges moralistes qui saupoudrent leur nourriture morale de débauche et de volupté, afin de mieux engager le public blasé à y porter les lèvres.

Marguerite de Navarre, cherchait dans les gayetées de l'*Heptaméron* une enveloppe propre à faire goûter au public des préceptes de sagesse ; ce côté philosophique place ses contes bien au dessus des *Cent nouvelles nouvelles* de Louis XI. Tout le mérite de ces dernières consistait dans certaine finesse du récit : c'était arlequin ou polichinelle racontant des aventures scandaleuses pour faire rire des soldats et des bateliers au cabaret.

Chez Marguerite, l'épisode d'allure assez légère n'est qu'un thême destiné à donner l'attrait du sourire à des études de sentiments; la narration se termine toujours par une discussion philosophique échangée entre les assistants ; ils dissertent sur l'amour, sur le courage, sur la vertu, comme Dante et Pétrarque le faisaient dans leurs *sonnets* et les Troubadours dans leurs *tensons*; ainsi la troisième *journée* est consacrée « à parler des dames qui en leur amitié n'ont cherché nulle fin que l'honnesteté. »

Dans la XXIIme nouvelle, sœur Marie Heroët, poursuivie par un suborneur très-entreprenant, « remporte la victoire avec la grâce de Dieu, sur ses fortes tentations (1). »

La XVIIIme nouvelle a pour but de faire ressortir la délicatesse d'un amour fidèle qui triomphe de toutes les séductions et de tous les obstacles; elle débute par un éloge de l'éducation et du savoir, « par quoy la vertu et l'honneur se doivent acquérir entre les vertueux hommes..... » Elle parle ensuite « de la honte, (ou pudeur) qui accompagne les dames, le plus qu'elle peut et qui les garde (empêche) quelque temps de montrer leur volonté (complaisance). » Elle ajoute à l'éloge de la continence, que celui « qui peut être chaste et patient avec la beauté, l'amour et

---

(1) « Pensez, mesdames, ajoute Marguerite, que, sans la grâce de Dieu, il n'y a homme où l'on doibve croire nul bien ; ne si forte tentation dont avecque luy l'on n'emporte victoire, comme vous povez veoir par la confusion de celluy qu'on estimait juste, et par l'exaltation de celle qu'on voulait faire trouver pécheresse et méchante ; en cela est vérifié le dire de Notre-Seigneur : Qui se exaltera sera humilié, et qui se humiliera sera exalté. »

le loisir des femmes, sera assez vertueux pour vaincre tous les diables. »

La IXme est un modèle d'amour chaste et dévoué, un véritable chef-d'œuvre de douce morale et de style. Pauline, demoiselle d'honneur chez la duchesse de Mantoue, aime un jeune écuyer du marquis ; mais les parents combattent l'amour de ce Roméo et de cette Juliette, dans le but de les marier plus richement l'un et l'autre à des personnes de haute condition. Après avoir tenté vainement d'amener la duchesse et le marquis à consentir à son mariage avec Pauline, l'écuyer perdit toute espérance ; il abandonna le monde et se fit cordelier (1).

---

(1) « Non que je ne sçaiche très-bien, dit-il, qu'en tout estat l'homme se peult sauver ; mais pour avoir plus de loisir de contempler la bonté divine, laquelle j'espère aura pitié des fautes de ma jeunesse, et changera mon cœur, pour autant aimer les choses spirituelles qu'il a fait les temporelles ; et si Dieu me fait la grâce de pouvoir gaigner la sienne, mon labeur sera incessamment employé à prier Dieu pour vous, vous suppliant, par ceste amour tant ferme et loyale qui a esté entre nous deux, avoir mémoire de moy en vos oraisons et prier Nostre-Seigneur qu'il me donne autant de constance en ne vous voyant point qu'il m'a donné de contentement en vous regardant. Et pour ce que j'ay toute ma vie espéré avoir de vous par mariage ce que l'honneur et la conscience permettent, je me suis contenté d'espérance ; mais maintenant que je la perds et que je ne puis jamais avoir de vous le traictement qui appartient à un mary, au moins pour dire adieu, je vous supplie me traiter en frère et que je vous puisse baiser. » La pauvre Pauline qui toujours luy avoit esté rigoureuse, cognaissant l'extrémité de sa douleur et l'hosnêteté de sa requeste que, en tel désespoir, se contentait d'une chose si raisonnable, sans luy répondre aultre chose, luy va jecter ses bras au col, pleurant avec une si

Pauline se rendit un jour à l'église du couvent, et l'aperçut servant la messe sous l'habit monastique. Il passa devant elle les yeux baissés ; « quand Pauline le vit en tel habillement, où sa beauté et grâce étaient plutôt augmentées que diminuées ; elle fut si esmue et troublée, que, pour couvrir la cause de la douleur qui lui venait au visage, se prit à tousser ; et son pauvre serviteur qui entendait mieux ce son-là que celuy des cloches de son monastère, n'osa tourner sa teste : Mais en passant devant elle, ne peut garder ses œuils qu'ils ne prissent le chemin que si longtemps ils avaient tenuts, et, en regardant piteusement Pauline, fut si saisi du feu qu'il pensait quasy esteint, qu'en le voulant plus couvrir qu'il ne pouvait, tomba tout de son haut à terre devant elle. »

Pauline, convaincue désormais « que le changement d'habit ne lui avait pas changé le cœur, » entre en religion à son tour et se retire dans le couvent de Sainte-Claire.

Marguerité, formée à l'école de Pétrarque et de Laurent de Médicis, est loin de considérer l'amour et la beauté comme funestes au sentiment religieux.

« Encore ai-je une opinion, fait-elle dire à Parlamente, que jamais homme n'aymera parfaitement Dieu, qu'il n'ait parfaitement aimé quelque créature en ce monde ; » elle appelle « parfaits amants ceux qui

---

grande véhémence que la parole, la voix et la force lui faillirent, et se laissa tomber entre ses bras esvanouye ; dont la pitié qu'il en eut, avec l'amour et la tristesse, luy en feirent faire autant, tant que l'une de ses compagnes les voyant tomber l'un d'un côté, l'autre de l'autre, appella du secours, qui, à force de remèdes, les fait revenir... »

cherchent en ce qu'ils aiment, quelque perfection soit beaulté, ou bonne grâce; toujours tendant à la vertu; et qui ont le cœur si haut et si honneste; qu'ils ne veulent, pour mourir mettre leur fin aux choses basses que l'honneur et la conscience réprouvent; car l'âme qui n'est créée que pour retourner à son souverain bien, ne fait tant qu'elle est dedans le corps, que désirer de revenir à Dieu. »

N'est-ce pas là de la philosophie, et de la plus élevée, de la plus noble? N'avons-nous pas raison de dire que la joyeuseté du conte n'est pour Marguerite qu'une forme à la mode, destinée à populariser, dans de meilleures conditions, tout ce que sa belle âme possède de sagesse.

La leçon morale se montre jusque dans les nouvelles les plus grivoises, « et puis qu'amour sait tromper les trompeurs, dit-elle dans sa XXVme (*Les fredaines d'un jeune prince*), nous autres simples et ignorants le devons bien craindre. »

Malgré le cynisme de la XVIme, dans laquelle les deux cordeliers de Niort mènent une conduite si peu édifiante avec la batelière du port de Coulon, Marguerite n'arrive pas moins à une conclusion louable. Si une simple batelière, ignorante et grossière, dit-elle, a pu si bien venger sa vertu, que ne devraient pas faire les dames qui ont eu sous les yeux les plus beaux exemples et ont formé leur cœur et leur esprit aux lectures pieuses et aux sermons? La vertu n'est-elle pas surtout admirable chez les pauvres femmes à l'esprit inculte, qui abandonnent l'église et le prêche pour gagner leur vie et « qui si fort pressées gardent soigneusement leur chasteté : c'est là où on congnoist la vertu qui est naisvement dedans le cœur ; car où le sens et la force de l'homme est estimée moindre ; c'est où l'esprit de Dieu fait de plus grandes œuvres. »

Brantôme à son tour, sous une forme plus grossière, laisse percer, dans ses *Dames galantes,* le désir d'apprendre à ses contemporains le moyen d'éviter les passions en leur en démasquant tous les périls... Cette école de moralistes est dangereuse assurément ; nous l'avons dit en parlant du théâtre de Hroswita, elle n'en a pas moins des précédents sérieux, chez les auteurs ecclésiastiques les plus graves sans en excepter les Pères de l'Eglise et les prophètes.

Dans le premier discours, Brantôme exprime énergiquement combien sont coupables ces maris qui, après avoir poussé leurs femmes à l'infidélité par leurs excitations ou leur exemple, emploient l'assassinat et l'empoisonnement à les punir de fautes dont ils sont eux-mêmes responsables (1).

---

(1) « Quelle raison y a-t-il, ni quelle puissance a-t-il le mary, si grande qu'il doive et puisse tuer sa femme, veu qu'il ne l'a point de Dieu ny de sa loy, ny de son saint Evangile, si non de la répudier seulement ? Il ne s'y parle point de meurtre, de sang, de mort, de tourments, de poison ny de cruautez... Ah ! que Notre-Seigneur Jésus-Christ nous a bien remontré qu'il y avoit de grands abus en ces façons de faire et en ces meurtres, et qu'il ne les approuvoit guières, lorsqu'on lui amena cette pauvre femme accusée d'adultère pour jeter sa sentence de punition ; il leur dit en escrivant en terre de son doigt : Celui de vous autres qui sera le plus net et le plus simple qu'il prenne la première pierre et commence à la lapider. Ce que nul n'osa faire, se sentant atteint par telle sage et douce répréhension... Notre Créateur nous apprenoit à tous de n'estre si légers à condamner et faire mourir les personnes, mesme sur ce sujet. Cognaissant les fragilités de notre nature et l'abus que plusieurs commettent, car tel fait mourir sa femme, qui est plus adultère

Dans le sixième, il blâme les hommes qui se permettent de médire des femmes honnêtes, et conseille aux plus hardis d'éviter la médisance et la calomnie envers un sexe qui n'a pas les moyens de se défendre. Il termine son livre par l'éloge des dames qui considèrent avant toute chose la bravoure et les nobles sentiments de ceux qu'elles veulent aimer, et donne la même approbation aux hommes qui recherchent les femmes énergiques et vertueuses.

Le théâtre, qui ne se contente pas de raconter les faits, qui en place sous les yeux la reproduction la plus exacte, ne fut ni moins indiscret ni moins audacieux que la nouvelle et le roman : et, cependant, l'indécence de ses tableaux n'était pas étrangère au désir de corriger les mœurs et de les améliorer. La prétention de pousser l'homme à la vertu en lui dévoilant toutes les horreurs du libertinage éclata particulièrement dans une œuvre scandaleusement célèbre : la *Célestine* de Ferdinand de Rojas, comédie espagnole du seizième siècle ; les faits l'établissent plus clairement que ne pourraient le faire nos assertions.

Le sieur de Lavardins, gentilhomme tourangeau et philosophe sévère, avait découvert cette pièce en Italie : il la porte en France et en confie la traduction à son fils Jacques. Celui-ci consacre plusieurs années à mettre en français les abominations de cette intrigante tellement dissolue qu'on la surnommait la *Scelestina*. Arrivé au terme de son travail, Jacques le communi-

---

qu'elle, et tels les font mourir bien souvent innocentes, se faschant d'elles pour en prendre d'autres nouvelles ; et combien y en a-t-il ? Saint Augustin dit que l'homme adultère est aussi punissable que la femme. » (P. 16.)

que à ses enfants, comme s'il se fût agi de la découverte du *De officiis* de Cicéron, ou d'une œuvre de Sénèque. Ce n'est pas tout : un jeune magistrat, nous dit M. Emile Chasles dans son excellent travail sur *la comédie au seizième siècle*, fut frappé de la portée morale que ses contemporains attribuaient à la Célestine : il se mit à composer une excellente comédie en prose et y mêla des traits de caractère empruntés à l'œuvre espagnole ; mais il mourut jeune. On ne parlait plus de sa comédie, lorsque trois ans après sa mort, en 1584, un de ses héritiers s'avisa de l'imprimer et de la dédier à *un magistrat* (1).

Nul n'ignore d'ailleurs quelle brutalité de pensée, quelle grossièreté d'expressions et de gestes, se permettaient les comédiens d'Espagne et d'Italie : nous nous garderions de donner des citations, les convenances modernes ne nous le permettent pas ; nous nous borne-

---

(1) Cette pièce, dont le cynisme dépasse tout ce que l'homme a osé mettre sur la scène, eut une vogue plus grande que Don Quichotte : elle donna naissance à une foule d'imitations qui égalèrent son audace. Le seizième siècle fut inondé de Célestines : *La grande comédie de la seconde Célestine*, par Salazar ; l'*Ecole de Célestine, ou l'Hidalgo supposé*, par Sala Barbadillo, parurent accompagnées d'une licence ecclésiastique, déclarant qu'elles n'avaient rien de contraire à la religion et aux bonnes mœurs. Barbadillo joignit même à sa comédie un ouvrage de piété appelé : *Triomphes et miracles de la bienheureuse sœur Juana de la Cruz*. Juan Herrera publia l'*Ingénieuse Hélène, fille de Célestine*. Andres Parra : l'*Ecole de Célestine* et *Des lamentations licencieuses sur le sommeil du monde*. (*Comedia tradada por via filosofia moral.*) Gaspard, un des plus grands admirateurs de cette comédie, lui rendit meilleure justice, il la traduisit à la suite des *Ragionamenti* de l'Aretin. (De Puybusque, t. I, p. 180, 345, 480.)

rons à dire que l'audace de Plaute était dépassée de beaucoup... La comédie n'avait rien gagné à devenir chrétienne ; elle offrait le cynisme que Sénèque et les Pères de l'Église reprochaient aux histrions et aux mimes des théâtres de Rome.

Ce triste résultat ne doit pas nous surprendre outre mesure : le théâtre du seizième siècle n'était pas une résurrection complète du théâtre grec et romain des beaux temps de la littérature classique ; mais une suite des pantomimes jouées par ces jongleurs et ces courtisanes qui n'avaient cessé d'exploiter les vices et la curiosité publique depuis les Grecs jusqu'aux Romains, depuis les Romains jusqu'aux troubadours.

La Renaissance essaya de ramener le *mystère* et la *farce* aux formes du théâtre antique ; mais elle ne put tout d'abord dégager l'art nouveau des lazis de mauvais goût et des grossièretés obscènes des tréteaux.

Larivey, principal introducteur du théâtre italien en France, à la fin du seizième siècle, en était offusqué. Malgré la puissance de l'habitude, il sentit le besoin de supprimer les scènes les plus licencieuses des pièces qu'il imitait. Il adoucit les passages les plus graveleux ; et Dieu sait tout ce que ses comédies contiennent encore d'inadmissible.

Ne nous montrons pas trop sévère, à l'égard de ces premiers essais de réforme ; la comédie revient peu à peu à la devise *Castigat ridendo mores* : elle s'y montrera de plus en plus fidèle.

Le scénario, presque aussi uniforme que celui du théâtre romain, roule sur la punition des vieillards qui usurpent les prérogatives des jeunes gens, et veulent empêcher ces derniers d'avoir les goûts de leur âge : cet acharnement à prendre les pères pour les souffre-douleurs de valets fripons et d'enfants peu respectueux, serait d'une moralité très-suspecte, si l'on ne connaissait les circonstances qui l'ont amené.

La Renaissance, avons-nous dit, produisit ce résultat immense de substituer l'indépendance de la pensée, la franchise de l'expression aux craintes, aux mystères, aux terreurs de l'époque féodale... Or, dans la révolution qui s'est opérée du quatorzième au seizième siècle, le père de famille avare, jaloux, soupçonneux, sans entrailles, est une transformation du tyran féodal... Le hobereau ambitieux et oppresseur s'est fait petit bourgeois, sous la forme de l'usurier, du fesse-mathieu ; son ancienne ambition d'agrandissement territorial est devenue de l'avarice.

Géronte et Cassandre n'ont plus de fief à défendre, mais de l'argent à garder ; ils n'ont plus de donjon pour y enfermer leur Isabelle et leur femme ; mais une maison où ils sauront les retenir sous clef. Quant aux amours de leurs enfants, ils prétendent les faire servir à augmenter leur trésor et nullement à satisfaire la tendresse et la générosité naturelles à leur âge.

Les jeunes gens ne persistent pas moins à prendre le modèle de leur amour dans celui d'Aucassin et de Nicolette, de Pauline et de l'écuyer de Mantoue ; les poëtes dramatiques entreprennent de leur assurer l'appui du public ; ils n'ont pas de peine à y réussir... Les moyens de succès mis en œuvre par l'escouade des Scapins et des Célestine, des roués et des intrigantes sont peu édifiants ; mais le but poursuivi, la victoire remportée sont avouables. Le bon sens du spectateur, le libre arbitre chrétien protestent contre l'oppression de ces vieillards qui devraient transmettre à leurs enfants l'expérience du bien et qui ne leur donnent au contraire que des leçons d'insensibilité, d'égoïsme et d'injustice. Dans le théâtre antique l'intention n'était pas aussi nettement définie ; aussi les jeunes gens ne parvenaient-ils à mettre dans l'intérêt de leur jeunesse et de leur amour que des valets corrompus, des esclaves et des *meretrix* ; le théâtre du seizième siècle entra d'un pas plus ferme dans une voie moralisante. Il rangea certains prud'hommes du côté des valets, pour faire donner aux Géronte des conseils de sagesse (1).

Quoiqu'il en soit, la leçon est presque toujours brutale, violente, mais la grossièreté du châtiment est une question de mode qui passe, le but atteint est une question de morale qui reste.

Il est donc établi que certains philosophes et auteurs dramatiques cachaient sous leur débraillé libertin des projets de réforme fort louables. Toutefois leur procédé n'était pas sans péril ; en prodiguant l'empoisonnement du vice, pour se procurer l'occasion d'administrer le contre-poison de leur éloquence, ils ne songeaient pas que la dose de talent dont ils disposaient n'était pas assez efficace pour arrêter les progrès du mal, et qu'il est toujours préférable de laisser les gens en bonne santé, que de les rendre malades pour se ménager la satisfaction de les guérir.

Ainsi, durant tout le seizième siècle, l'amour a hardiment répudié les craintes, les hésitations pudiques du moyen âge ; il a montré l'emportement des passions

---

(1) Tel est Marc-Antonio dans *les Esprits de Larivey*. Il engage son frère Aridosio à ne pas vouloir contraindre ses enfants à se montrer avares et insensibles comme lui ; il voudrait qu'il eût de l'indulgence pour les escapades de la jeunesse.

fortes, qui, loin de se cacher, mettent certaine gloire à se produire au grand jour. L'amour est devenu un phénomène de tempérament, et nullement une affaire de cœur ou une question de goût; il s'est fait un style d'une netteté singulière, inouie; la grammaire elle-même est devenue libertine, elle vulgarise si bien la langue voluptueuse, que tous les mouvements de l'esprit humain, philosophie, poésie, art, extase religieux même, empruntent le style érotique.

L'Europe hérite de toute la violence des passions du paganisme, l'homme s'exalte dans la dissolution comme dans les questions de foi et de politique.

C'est en vain que le mari organise la surveillance autour de sa femme, qu'il se tient prêt à la tuer avec son complice, dès qu'il se croit trompé; les rendez-vous se multiplient en raison des dangers qu'ils occasionnent ; on dirait qu'à *s'aimer sans péril on est heureux sans gloire...* L'homme du seizième siècle veut de la renommée, du bruit avant tout; les rencontres d'amour prennent une certaine allure de duel et de combat, l'amant s'y rend l'épée à la main, avec plus de vanité que de tendresse.

Les préceptes de l'Evangile, que l'on répète souvent, ne causent pas le plus léger embarras de conscience; l'exactitude à entendre la messe, à confesser ses péchés à mesure qu'on les commet, le zèle à suivre les cérémonies rachète amplement tous les crimes. La dévotion est une monnaie courante qui paye comptant entre les mains de Dieu le nouveau tarif de l'adultère et du meurtre, comme l'écu d'or le faisait sous la loi salique.

S'il reste quelques souvenirs d'une morale différente, ils sont obscurément relégués dans la bourgeoisie, dans la noblesse de robe ; c'est là que l'amour, nous l'avons déjà dit, s'est conservé dans de très-bonnes conditions durant le cours du moyen âge.

IV

LA RÉACTION PASTORALE DE LOUIS XIII

Henri IV, né dans l'époque de galanterie audacieuse que nous venons de parcourir, imposa le premier temps d'arrêt au libertinage et au cynisme... S'il fut tout aussi vert galant que François I*er*, il cessa du moins de conquérir les femmes par l'intimidation ; le cœur de l'amant de Fleurette et de Corizandre ne battait guère plus tendrement que celui de l'amant de Diane de Poitiers ; mais au lieu de renverser les obstacles à la manière brutale d'un baron féodal, Henri employa la ruse gasconne à les tourner, et s'il n'eût pas le dévouement du véritable amoureux, il montra la bonté, le sans-façon de l'homme d'esprit, la galanterie éminemment française du *bon enfant*.

Elisabeth inaugura la même réaction en Angleterre, mais la *Reine vierge* trancha beaucoup plus dans le vif que le passionné Henri. Le Bourbon ménagea une simple transition entre l'amour violent des Valois et la galanterie pastorale de Louis XIII. Elisabeth rompit brusquement avec l'orgie licencieuse et sanguinaire des règnes d'Henri VIII et de Marie, elle imposa brusquement, à une nation fatiguée, la tendresse et la rêverie sentimentale. Douée d'un cœur aimant, impressionable, elle se défia de lui, en souvenir des excès que l'amour avait produits chez ses prédécesseurs; elle repoussa énergiquement les hardiesses du comte d'Essex, et se contenta de l'aimer un peu de cœur. Elle mourut sans avoir donné prise au moindre reproche de galanterie compromettante, à une époque où les aventures scandaleuses étaient familières à toutes les cours.

La civilisation n'eut pas à regretter l'exemple donné par la grande reine ; son siècle fut celui de la poésie, élevée, élégante, chaste. Soixante-quatorze poëtes de mérite illustrèrent son règne, sans compter les jeunes seigneur que la mode astreignait à faire des vers à leurs dames, comme en faisaient les anciens chevaliers provençaux.....

Elisabeth mourut en 1603; Henri IV en 1610. Le XVIIme siècle débutait par conséquent sous des auspices assez favorables... Les sujets, toujours attentifs à imiter les souverains, ne se firent faute de répondre au signal qui partait du Louvre et de Windsor ; tout le monde comprit qu'il était temps de mettre un terme au cynisme.

Les Français, désireux de plaire à leur roi, n'étaient pas d'ailleurs obligés de renoncer à leurs maîtresses ; ils pouvaient continuer à s'en donner un assez bon nombre ; seulement les maris cessaient de tuer impunément leurs femmes infidèles ; les amants étaient moins prompts à poignarder leurs amies inconstantes; les femmes mettaient plus de façon à se défaire par le poison des jaloux qui les surveillaient ; quand les deux sexes étaient en lutte, ils se contentaient de s'appliquer réciproquement la loi du talion.

La réaction ne devait pas s'arrêter là ; le règne de Louis XIII entreprit et eut la gloire de réaliser une des plus surprenantes révolutions littéraires et morales des temps modernes. Le mérite n'en remonta pas jusqu'au roi lui-même ; il était trop indifférent aux choses d'amour pour se préoccuper de la grande question, de savoir si cette passion devait partir du corps, du cœur, ou de la tête. Il laissa ses sujets débattre le procès, et lui donner une issue à laquelle on ne pouvait guère s'attendre.

Les premières âmes honnêtes, qui s'effrayèrent du déchaînement des passions brutales, comprirent toute la difficulté qu'elles auraient à calmer la fougue des vieux ligueurs et de leurs fils, tant qu'ils continueraient à porter la cuirasse au dos, le casque sur la tête, l'estoc à la ceinture... Comment pouvait-on espérer leur apprendre à roucouler de tendres suppliques, à exhaler de doux soupirs, aux pieds de leur *mie,* tant qu'ils auraient l'habitude de rugir contre Rome ou contre Genève, de mettre tout à feu et à sang pour le grand débat du culte des images, de la liturgie latine et de la liturgie vulgaire?

Les régénérateurs du sentiment résolurent de se défaire de tous les ligueurs, de tous les protestants acharnés, de la race entière des hommes bardés de fer. Ils voulaient procurer à l'amour des sujets d'une nature toute particulière, ne ressemblant à rien de ce qu'on avait vu précédemment sur la terre, et créés tout exprès pour élever à sa plus haute splendeur une religion nouvelle ; celle-ci était facile, pleine de douceur et de mansuétude ; elle laissait, à part, celle de Rome et de Genève et devait réunir tous les dissidents sous son giron parfumé de roses.

C'était la religion pastorale des Tirsis et des Mélibée.

Il ne pouvait s'agir, on le pense bien, d'exterminer tous les fils des politiques et des ligueurs, et de faire apporter d'un monde inconnu les nouveaux sujets de l'amour tendre : on devait simplement transformer les fougueux matamores du règne des Valois, en petits bergers doucereux et timides... Quelles magiciennes osèrent entreprendre cette métamorphose ? Trois grâces, trois Circé ; Julie Savelli, aimable et séduisante italienne ; sa fille, Catherine Vivonne, marquise de Rambouillet, spirituelle comme une conteuse du Décameron, et sa fille Julie Dagennes, qui exerça l'autorité du bel esprit de 1629 à 1648. Toutes ces femmes professaient une galanterie honnête et chaste qu'Elisabeth aurait trouvée de son goût. Catherine de Vivonne, notamment, porta la précaution jusqu'à éviter la cour un peu dangereuse de Henri IV, pour se contenter de l'adoration exclusivement poétique de Marini et de Malherbes, alors très-âgé.

Au signal de ces reines du goût et des grands sentiments, la jeune noblesse revêt le justaucorps de soie et les petits souliers, la culotte de satin, le chaperon rose, prend une musette au lieu de bouclier, une houlette à la place de l'estoc, et se met à conduire des moutons, à élever des oiseaux, à tresser des guirlandes.

Une fois ce changement de costume opéré, les résultats coulent de source. Ce peuple de bergers ne cherche plus à exterminer des dissidents, mais à conquérir des bergères... Il ne disserte plus sur le dogme religieux, mais sur l'amour : il ne pousse plus des cris de guerre et des menaces de mort, mais de tendres soupirs et d'aimables reproches.

La révolution littéraire marche de front avec celle du caractère. Le cynisme de Brantôme et de Rabelais tombe dans le discrédit... Par malheur on ne se contente pas de revenir au style honnête, pudique ; les Français ne peuvent résister à l'attrait de la réaction ; ils courent sans cesse d'une exagération à une autre. Après avoir tout dit en termes d'une crudité brutale, ils s'imposent la loi de ne pas employer un mot qui ne soit une allégorie, une métaphore. La chasteté minaudière de l'expression renchérit sur celle du sentiment. Aux hommes tout de chair et de muscles du seizième siècle, succèdent des hommes tout d'âme qui semblent n'avoir pas de corps ; on dirait de purs esprits. Tous les amants sont des Dante ; toutes les amantes veulent être des Béatrix. La Société galante revient à l'époque la plus épurée du moyen-âge, à celle où les *servants d'amours* se payaient de soupirs, et se seraient crus déshonorés s'ils avaient demandé autre chose.

Le chevalier Marini, appelé au Louvre par Marie de Médicis, a puissamment concouru à la mise en vogue de ces passions inoffensives qui se nourrissent d'exclamations et de madrigaux ; ses *Rime amorose* et son poëme *d'Adonis* ont popularisé les mignardises efféminées, les passions à l'eau de rose qui ne peuvent vivre que dans les alcôves de satin et les buissons de myrthe (1).

---

(1) L'afféterie du sentiment n'était pas de date toute récente en Italie : ce pays ne s'en était jamais complètement débarrassé depuis l'époque des *fidèles d'amour ;* on trouvait toujours un reste de la *Vita nuova* au fond de la poésie de ses plus grands maîtres. Les héros du Tasse échangent parfois des *concetti* dans les moments difficiles où l'homme est le moins disposé à faire de l'esprit. « Voilà donc les chaînes qui devaient nous unir pendant notre vie, voilà les feux qui,

L'hôtel de Rambouillet saisit avec enthousiasme la pâture appétissante qui lui arrivait de l'autre côté des monts. Il ne se trouve plus un seul homme assez insensible aux douceurs champêtres, pour ne pas se pâmer d'aise au murmure des cascades, au gazouillement des oiseaux et des bergères, au bêlement des agneaux.

Les Condé, les Conti, les Larochefoucauld, les Bussy, les Grammont, les Montausier se pressent autour des *précieuses*, comme on les appelait à la ville, des *chères*, comme elles s'appelaient elles-mêmes ; ils cueillent des fleurs pour elles, riment des madrigaux et parviennent, à force de se nourrir de bel esprit et de psycologie sentimentale, à calmer les ardeurs fièvreuses que leurs aïeux avaient montrées dans nos tristes guerres civiles.

Là où François Ier aurait tiré l'épée ou mis ses gantelets pour exiger de force, là où le roi de Navarre aurait fait le diable à quatre pour s'introduire dans l'alcôve ; car ces monarques marchaient toujours droit au but ; on n'ose se permettre d'autre hardiesse que celle d'offrir à Mlle de Rambouillet, le jour de sa fête, cette fameuse *Guirlande de Julie* qui mit le monde galant en révolution (1).

---

du moins je l'espérais, devaient brûler nos cœurs d'une ardeur égale... » s'écrie Olinde, quand il est attaché sur le bûcher avec Sophronie.

(1) Chaque feuillet d'un double cahier de vélin était orné d'une fleur peinte par Robert et accompagnée de madrigaux composés par les poëtes les plus célèbres. Pierre Corneille, chargé de faire parler le lys, terminait sa strophe en disant « qu'il mettait toute gloire au-dessous de celle de couronner Julie ; nul autre bonheur sur la terre ne lui paraissait comparable à celui-là. »

La chevalerie d'esprit se substitue à l'ancienne chevalerie d'armes; la lutte de sentimentalité remplace celle des tournois. L'assaut des bouts rimés succède à celui des lances.

Les précieuses et leurs respectueux admirateurs affectaient les passions les plus extravagantes ; les romans de la chevalerie étaient remis en honneur par l'*Amadis de Gaule*, la *Clélie*, l'*Histoire de Timarète et celle de Berelise;* tous les efforts de l'imagination, ayant pour but d'éloigner l'âme des impressions naturelles, de lui faire trouver *le fin des choses, le grand fin, le fin du fin,* passaient pour des traits de génie.

L'hôtel de Rambouillet se flattait d'apprendre à aimer comme on n'avait jamais su le faire, à le dire comme on ne l'avait jamais essayé; il prétendait escalader un ciel jusqu'alors inconnu, et pour y parvenir, il essayait de construire une autre tour de Babel, non pas avec des pierres et du ciment mais avec des pointes d'esprit et des paradoxes. Cette fois encore l'entreprise échoua par la confusion des langues ; après avoir fait de bonnes choses on voulut exagérer l'exagération elle-même, et l'on arriva à ne plus se comprendre (1).

Dans leur parti pris de tout faire au rebours des habitudes du siècle précédent, les *chères* vont jusqu'à

---

(1) « Ces gens-là, disait Labruyère, laissaient au vulgaire l'art de parler d'une manière intelligible ; une chose dite entre eux peu clairement en entraînait une autre plus obscure, sur laquelle on renchérissait par de vraies énigmes, toujours suivies de longs applaudissements. Par tout ce qu'ils appelaient délicatesse, sentiment et finesse d'expression, ils étaient enfin parvenus à n'être plus entendus et à ne s'entendre pas eux-mêmes... »

bouleverser les usages les plus logiques ; au lieu de se coucher après avoir congédié *la compagnie,* elles se mettent au lit pour la recevoir... étendues dans leur alcôve, où les dames de Brantôme et de l'*Heptaméron* ne donnaient audience qu'à leur amant, les *chères* recoivent les abbés, les gens de cour, qui connaissent *le fin du fin ;* elles se font aider dans ces réceptions par *de grands introducteurs des ruelles* (tels que l'abbé Bellebat et M. Dubuisson), par un jeune homme de confiance, honoré du titre *d'alcoviste* et un *poëte-carabin* chargé de célébrer en vers leurs *grâces* et leurs *attraits.*

Cette singularité froisse nos idées de convenance ; on ne peut s'empêcher toutefois d'y voir une recherche d'une certaine portée. Ces femmes sont pénétrées de la toute puissance du sentiment chaste, comme les premiers chrétiens l'étaient de la toute puissance de la foi : elles se plaisent à lutter contre les sens sur le théâtre même où ils ont coutume de régner en maîtres ; elles les défient, les provoquent ; la présence des beaux jeunes seigneurs, des gentils abbés à côté de leur lit, nous rappelle la lutte étrange de la prévôte d'Aquilée.

Dans ces petites académies de ruelle on discourt à perte de vue sur cette fameuse carte du Tendre la plus étonnante invention galante de cette époque de tours de force (1).

---

(1) Scudéri en était l'auteur et l'avait publié dans sa *Clélie*... L'itinéraire fait aboutir par trois routes différentes : à *Tendre-sur-Inclination,* à *Tendre-sur-Estime,* à *Tendre-sur-Reconnaissance.*

Comme *Tendre-sur-Inclination* est d'un accès très-facile, et que le fleuve, très-rapide en cet endroit, vous apporte au but tout seul et sans détour, Clélie n'avait mis aucun village

On commente l'*Astrée* de M. Durfé, pour y découvrir incessamment de nouveaux prodiges de délicatesse et d'allégorie. La rhétorique du roman de la Rose est dépassée ; l'*Astrée* devient le code, l'évangile galant de tout ce qui se vante de bien penser et de bien dire.

La métamorphose d'une nation batailleuse en cénacle de bergers doucereux est accomplie : les bords du Lignon dans le Forest sont le paradis terrestre de cette humanité refaite à neuf. On n'y voit que des bergers vêtus de soie, des bergères couvertes de dentelles, tous aimables, compatissants et langoureux ; ils conduisent leurs brebis, coiffent leurs moutons préférés de rubans en signe de joie, les dépouillent de cet enjolivement en signe de tristesse. Rien de timide et

---

sur le parcours, tout temps de repos et d'arrêt étant inutile.

Mais *Tendre-sur-Estime* n'est pas si facilement abordable, aussi existe-t-il plusieurs villages, plusieurs auberges sur la route. De *Nouvelle-Amitié*, on passe successivement par *Grand-Esprit*, *Jolis-Vers*, *Billets-Galants*, *Billets-Doux*, *Sincérité*, *Grand-Cœur*, *Probité*, *Générosité*, *Respect*, *Exactitude* ; par *Bonté*, enfin, espèce de faubourg de *Tendre*.

Si l'on remonte à la bifurcation de *Nouvelle-Amitié*, pour diriger son voyage vers *Tendre-sur-Reconnaissance*, on traverse les étapes de *Complaisance*, de *Soumission*, de *Petits-Soins*, d'*Assiduité*, d'*Empressement*, de *Grands-Services*, de *Sensibilité*, de *Tendresse*, d'*Obéissance* et de *Constante-Amitié*.

Mais le chemin n'est pas si nettement tracé qu'on ne puisse s'y perdre. Si, arrivé à la station de *Grand-Esprit*, on prend à droite la route de *Négligence*, elle vous conduit à *Inégalité*, puis à *Tiédeur*, à *Légèreté*, on arrive à *Oubli*, au lieu d'aboutir à *Tendre*, et l'on tombe dans le lac d'*Indifférence*.

Si, de *Grand-Esprit*, on appuye à gauche, on s'égare dans les mauvais villages, dans les coupe-gorge d'*Indiscrétion*, de *Perfidie*, d'*Orgueil*, de *Médisance*, de *Méchanceté*, et l'on aboutit à la *Mer d'Inimitié*, où tous les vaisseaux font naufrage. (*Clélie*, l. II.)

de chaste comme ces adorateurs du pur sentiment ; ils ne songent qu'à des attachements fraternels et ne semblent pas se douter qu'il en existe d'une autre espèce ; la moindre réprimande, la plus légère bouderie les met au désespoir. L'*Astrée* débute par le suicide de Céladon, qui se jette dans le Lignon pour avoir entendu sa bergère chérie lui dire avec un petit courroux tout pastoral : « Perfide, était-ce trop peu pour vous de me manquer de foi sans chercher encore à me tromper si lâchement. Osez-vous bien soutenir mes regards, après l'injure que vous m'avez faite ? et ne rougissez-vous point d'une si noire dissimulation. Va, perfide, va, traître, en imposer, si tu veux à quelque autre bergère, et ne pense plus m'en imposer à moi qui ne suis que trop instruite de tes perfidies. »

Après ce coup de foudre qui nous paraîtrait aujourd'hui très-anodin, le tendre Céladon pense qu'il ne lui reste qu'à mourir. Il presse sur son cœur l'anneau, le ruban de son amante et s'écrie : « Sois témoin que plutôt que de rompre les nœuds qui me lient à ma bergère, j'ai mieux aimé perdre la vie... Quand je serai mort, le hasard t'offrira peut-être aux yeux de l'inhumaine, et lorsqu'elle te verra dans mes bras, tu lui attesteras tout ensemble et la force de mon amour et l'excès de son ingratitude... » Puis il se jette à l'eau.

Tout le reste de l'œuvre est à l'avenant ; ce ne sont que nymphes dansant dans le hameau, amants condamnés par leurs amies à parcourir l'Europe, pour savoir s'il existe des femmes qui les égalent en beauté. Nous sommes revenus au régime des chevaliers errants ; encore ces grands amoureux n'ont-ils, au lieu de palefrois et d'écuyers, que des moutons et des chiens fidèles.

Tous les personnages sont des modèles de vertu, de grâce et de tendresse. Le seul défaut qui se permette de les déparer, c'est qu'ils sont plus ou moins inconstants, volages. Nous ne parlons pas de leur idolâtrie ; ils ont à cœur d'éviter les embarras de la foi chrétienne, qui venaient d'occasionner tant de troubles dans les ménages, tant de guerres dans les états, au siècle précédent ; aussi la nouvelle société pastorale ne s'occupe-t-elle plus d'évangile ; elle n'a d'autres dieux que les faciles habitants de l'ancien Olympe... Les bergers offrent leurs sacrifices *sur l'autel des divinités,* invoquent les nymphes ou les druides et s'aiment à la façon de Daphnis et de Chloé sans trop s'occuper de mariage... Cette poétique indifférence en matière de religion n'offusque personne, pas même les évêques qui trouvent l'*Astrée* le chef-d'œuvre de l'intelligence humaine (1).

Comment se scandaliser ! les aventures d'amour y sont racontées avec tant de discrétion et de mystère ! tous ces héros sont des personnage de l'époque ; on les connaît ; mais les plus galantes allégories les cachent sous un voile pudique... Les choses n'y sont pas

---

(1) « Mgr Camus, évêque de Belley, rapporte M. Huet, avait fait, dans son grand *Traité de l'esprit de François de Sales,* l'éloge de M. Durfé et de son roman avec une telle effusion de louanges qu'il paraît bien que son estime allait au-delà de ses paroles... » Durfé, qui ne pêchait pas, dit-on, par un excès de modestie, disait que saint François de Salles, en écrivant sa *Philotée*, le président Favre de Chambéry, en écrivant le *Code Fabrien*, lui-même en écrivant l'*Astrée*, avaient également travaillé pour l'éternité : que le livre de l'évêque était celui des dévots ; celui de M. Favre, le livre des magistrats, et l'*Astrée* le livre des courtisans... Et tout le monde était de cet avis.

plus désignées par leur nom que les individus : le mariage s'appelle *la fontaine de la vérité d'amour* : et, chose étrange ! sa pureté a pour symbole *les licornes*.

Dans la *Clélie* de Scudéri, les terribles Romains de l'époque héroïque subissent une transformation analogue à celle que les *précieuses* ont fait éprouver aux guerriers de la Ligue et de la Fronde : ils ne sont plus que de timides bergers ; Rome est une académie de bel esprit où l'on parle la langue de M. de Balzac et de Voiture, de la façon suivante :

> L'amour est un mal agréable
> Dont mon cœur ne saurait guérir,
> Mais quand il serait guérissable
> Il est bien plus doux de mourir (1).

La passion des héros de romans les plus célèbres ne va pas au delà de ces antithèses raffinées. Elle n'est qu'une gymnastique de phraséologie, une combinaison d'ingrédients moraux falsifiés et mis en fusion dans l'appareil du bel esprit.

L'association de l'hôtel de Rambouillet n'étend pas

---

(1) Une lettre d'Aderbal, amoureux de Clélie, peut être considérée comme le chef d'œuvre des mièvreries ridicules qu'on était parvenu à mettre à la place des sentiments vrais. Aderbal, rival d'Aronce, adresse cette lettre à Clélie par l'entremise de Célère. Mais Célère est ami d'Aronce, et comme cette circonstance pourrait le gêner dans l'accomplissement de cette commission, Aderbal cherche à le mettre à l'aise, en le priant de faire une chose qu'il désire beaucoup ne pouvoir être jamais faite : celle de ne remettre la lettre à Clélie que lorsqu'elle aura rendu Aronce complétement heureux ; alors son malheur à lui, pauvre délaissé, sera si grand, que le monde entier le plaindra ; Aronce lui-même aura compassion de sa misère, et ne pourra songer à quereller Célère d'avoir remis à Clélie une lettre qui ne peut plus, hélas ! avoir d'objet.

moins son influence sur Paris et sur la France entière.
Tous ceux qui tiennent à s'élever au-dessus du *commun* se nourrissent de style et de sentiments artificiels ;
il faut que tout soit pensé, dit, fait, au rebours des
règles ordinaires pour être admis par le cénacle des
précieuses (1)... le bon sens en est cruellement froissé.
Soyons justes toutefois ; la morale a peu de choses à y
reprendre, et l'on est porté à excuser ces extravagances de la forme en considération de la pureté des
intentions et de l'utilité des résultats. Sans vouloir faire
des aimables *chères*, de leurs *alcovistes* et de leurs
carabins-poëtes, de petits saints qui ne savent plus pécher ; on ne peut se dispenser de constater leur grande
supériorité morale sur les filles d'honneur de Catherine
de Médicis et les mignons des Valois. A force d'élever
en principe le pur sentiment du cœur, à force de rougir au moindre mot sensuel, on a mis en honneur
une réserve inconnue aux contemporains de Villon.
Chacun y regarde à deux fois avant de pousser une
intrigue à ses dernières conséquences, et la jeunesse
hésite avant de sortir du cercle de l'admiration sentimentale et poétique. Bussy-Rabutin lui-même, amoureux pour la première fois, à vingt ans (on était en 1638),
« s'était formé une idée si grande du respect que l'on
devait aux dames qu'il se croyait tenu d'acquérir et
de mériter leurs bontés en passant de longues années
à ne faire autre chose que soupirer, pleurer, prier,
écrire. » Une veuve plus aguerrie et de l'ancienne école,
celle là, fut obligée de le tirer de cette erreur en lui
disant un jour avec impatience : « Mon Dieu, mon

---

(1) Voir le piquant tableau de la bourgeoisie précieuse
dans la maison de Luce. (*Histoire de Francion*, p. 225 et suiv.)

pauvre amy, que vous êtes timide pour un homme de guerre. »

Le plus grave défaut des *Précieuses*, à notre avis, fut, après avoir expulsé l'amour du seul règne des sens, où l'avait renfermé le seizième siècle, de ne pas le rétablir simplement dans le cœur... A force de chercher *le fin du fin*, elles finirent par composer un sentiment bâtard dont le siége était tout entier dans la tête.

L'Angleterre ne le cédait guère à la France à cet endroit. Le poëme de Philippe Sydney, *The Arcadia*, rappelait les tendres sentiments de l'*Astrée*. Edouard Verre, bien que moins fade que l'auteur de *Cyrus*, se montrait on ne peut plus doucereux dans *sa naissance du désir*. Spencer les dépassa tous dans son *Calendrier du berger* et dans sa *Reine des fées* (1).

Etouffés dans cette atmosphère conventionelle, la plupart des tragiques français ne purent s'élever au dessus de cette sentimentalité cérébrale ; minutieusement attachés *au précieux* dans la forme, ils ne surent pas

---

(1) Ce dernier ouvrage, une des plus vastes conceptions de l'esprit humain, car il ne formait pas moins de douze poëmes complets, réunissait les qualités et les défauts du roman de *la Rose* et de l'*Astrée*, du *Roland furieux* et de l'*Adonis*. Ces tours de force de l'allégorie étaient insaisissables à ce point que l'auteur sentit le besoin d'en donner *la clef*. Le merveilleux des romans chevaleresques s'y mêlait à la sensibilité de la pastorale ; on n'y voyait que géants et dragons, bergers et déesses, nymphes et sylphes, fées et jeunes princes, attentifs à s'aimer et à se le dire selon les règles des bienséances et du bon ton.

comprendre le noble et le grand dans le fond (1). Corneille seul répudia les défauts des *Précieuses* tout en conservant leurs qualités : et ce fut en cherchant le *fin du fin*, le *beau du beau*, qu'il parvint à composer le *Cid* et ses premiers chefs-d'œuvre. Jamais l'adage, *du ridicule au sublime il n'y a qu'un pas,* ne fut mieux justifié. Le *Cid* fut un tour de force sentimental, tel que les cherchaient Durfé et Scudéri : mais ces derniers les exécutaient à faux : Corneille au contraire en découvrit l'art véritable.

Personne avant ce jour n'avait pensé que l'amour pût atteindre à cet héroïsme. Notre Cid ressemble très-peu à celui du *romancero ;* c'est un Cid tout Français, tout Louis XIII; il élève la tendresse, la générosité, le respect et le courage à leur plus haute puissance. Les deux amants sont à l'amource que les martyrs étaient à la foi; leur cœur est absorbé par la pensée unique de se confondre à l'objet aimé : leur passion est la plus complète que la poésie ait su former, parce qu'elle réunit toutes les conditions que nous avons rencontrées éparses dans l'histoire : ils s'adorent d'un premier amour; leur attachement s'est développé à travers la lutte et les obstacles; ils se sont unis avec l'indépendance et la fierté de chrétiens qui ne reconnaissent au-dessus de leur libre arbitre d'autre pouvoir que celui de Dieu.

---

(1) Dans la pièce de *Pyrame,* Viaud faisait dire à Thisbé :
    Il m'est ici permis de te nommer, Pyrame,
    Il m'est ici permis de t'appeler mon âme !
    Mon âme ! Qu'ai-je dit ? c'est fort mal discourir,
    Car l'âme nous fait vivre, et tu me fais mourir ;
    Il est vrai que la mort que ton amour me livre
    Est aussi seulement ce que j'appelle vivre.

Cet amour ne comprend ni l'égoïsme ni l'inconstance ; il sait qu'aimer c'est abdiquer sa personnalité ; c'est la transporter tout entière dans la personne qu'on aime ; c'est opérer une transmigration d'âme, supprimer l'une au bénéfice de l'autre.

Voilà ce que produisit l'éducation de l'hôtel de Rambouillet ; après de tels résultats de fond, comment ne pas lui pardonner quelques ridicules dans la forme ?

L'Espagne se trouvait depuis longtemps dans la voie que venaient de nous ouvrir les règnes d'Henri IV et de Louis XIII ; aussi eût-elle la gloire de diriger notre instruction morale et littéraire et de nous envoyer ses qualités et ses défauts..... Plus ferme, plus tenace que nous dans tous ses principes, cette nation ne marchait pas de réaction en réaction. Le caractère et les mœurs qu'elle avait reçus des Arabes, et qui formèrent la chevalerie du moyen âge, elle ne les avait pas abandonnés comme la France et l'Italie, au seizième siècle ; elle n'avait pas eu la terrible époque des guerres religieuses et des déchirements politiques. Inébranlable en son unité catholique, elle repoussa le retour des mœurs licencieuses et cruelles du paganisme que Rome et l'Italie nous avait envoyées, elle resta fidèle à sa galanterie chevaleresque. Le chapitre que nous avons consacré à l'amour violent du seizième siècle ne la regarde pas ; nous la retrouvons à cette époque ce qu'elle était du temps des troubadours avec quelques progrès, quelqu'exagération de plus dans la noblesse et la générosité des sentiments, dans l'affectation de la délicatesse, dans l'enflure du style.

Deux femmes auteurs furent les *chères* de l'hôtel de Rambouillet espagnol : Mariana Caravajal et Maria de Rayas..... Leur muse s'égara dans les nuages les plus épais de la métaphysique galante. On n'avait jamais vu, dit M. de Puybusque, même au déclin des troubadours, l'accent des passions si amolli, l'honneur si lymphatique, et l'amour si nerveux. » (T. I, p. 314.)

Luis de Gongora, mort en 1627, éleva jusqu'a *l'empirée* le précieux, le figuré, le guindé du Marini. ses *Soledades* et son *Polyphême* firent école; tous les Espagnols devinrent des *cultoristes,* partisans du style prétentieux, ou des *conceptistes,* admirateurs de toutes les extravagances de langage et de pensées, qui éloignaient du bon sens et de la nature des choses.

Le style et la passion ne sont pas moins alambiqués sur le théâtre espagnol; les *gongoristes* occupent la scène pendant plus d'un siècle et imposent à tous leurs personnages des noms platement allégoriques (1).

Quelle preuve plus concluante donnerons-nous de la ressemblance de la galanterie espagnole avec celle des Scudéri et des Durfé que les satires de Cervantes, placées dans la bouche de Don Quichotte, l'enthousiaste amoureux de Dulcinée!

Mais à travers ces extravagances, l'Espagne produisait aussi des Rotrou, si ce n'est des Corneille.

---

(1) Torres Naharro avait été le précurseur de Gongora; ce créateur du théâtre espagnol fait aimer la jeune *Phœbée* par le jeune *Hyménée*. Un valet de cette pièce croit atteindre le sublime du sentiment en disant à la femme qu'il aime : « Je meurs pour cela même que vous ne m'entendez pas, vous qui vous entendez si bien à me faire mourir. » Naharro publia son théâtre en 1517.

Guilhem de Castro avait fourni plus d'une scène à notre Cid, et prouvé qu'on n'avait jamais cessé, de l'autre côté des Pyrénées, d'aimer selon les lois chevaleresques.

Le règne de l'amour maniéré ne fut pas de longue durée en France ; bien qu'arrivé plus tard qu'en Italie et en Espagne, il y disparut beaucoup plus tôt. Nous pouvons commettre des fautes, mais nous savons nous en repentir.

Deux réformateurs redoutables nous débarrassèrent de l'afféterie sentimentale : l'esprit gaulois plein de malice et de bon sens de certains conteurs, de Charles Sorel par exemple, et le génie du règne de Louis XIV, dernière expression de la netteté dans la grandeur et de la simplicité dans la force.

Charles Sorel, dans son *Histoire comique de Francion*, fut le Rabelais du dix-septième siècle (1) ; doué de l'esprit d'observation le plus fin, le plus malicieux, il fit feu de toutes pièces contre le monde tout conven-

---

(1) « Nous avons assez d'histoires tragiques qui ne font que nous attrister, dit-il dans sa préface, il en faut maintenant voir une qui soit toute comique et qui puisse apporter de la délectation aux esprits les plus ennuyés. Mais néanmoins, elle doit encore avoir quelque chose d'utile, et toutes les fourbes que l'on y trouvera apprendront à se garantir de semblables, et les malheurs, que l'on verra être arrivés à ceux qui ont mal vécu, seront capables de nous détourner des vices ; ceux qui ont le jugement bon en sauront bien faire leur profit ; car il y a ici quantité de propos sérieux mêlés parmi les choses facétieuses, et il y a quelques remontrances qui, encore qu'elles soient courtes, ne laisseront pas de toucher vivement les âmes, pourvu qu'elles y soient disposées. »

tionnel de l'*Astrée*, et ramena les lecteurs dans la vie réelle des poëtes et des cabaretiers, des libertins et des niais, des voleurs et des chevaliers d'industrie ; il adopta pour moyen de démonstration la philosophie comique du seizième siècle, et revint au style de Brantôme, légèrement épuré. Son roman comique fut un conte de la reine de Navarre, prenant les développements de l'épopée....., ses intentions morales étaient si honnêtes, il espérait si naïvement retirer l'enseignement de la vertu de ce tissu d'intrigues honteuses, qu'il intitula d'abord son œuvre : *Histoire comique de Francion, fléau des vicieux. Francion* était le tableau de la société moyenne et basse, telle qu'elle était restée à la suite du seizième siècle. Ses personnages populaires se traînaient sans scrupule dans la boue des cabarets, dans la galanterie grossière et sans masque des mignons. Le monde de l'hôtel de Rambouillet, au contraire, était l'aristocratie de sentiment et d'esprit, qui avait su se dégager de ce milieu ; et certes, en voyant dans *Francion* ce qui restait encore de la licence du siècle précédent, on pardonne facilement aux *précieuses* leur spiritualisme recherché et leur enfantillage pastoral..... Des bergers doucereux et mignards qui pleurent pour un rien, se suicident pour un reproche, sont mille fois préférables à des estafiers qui ne se suicident jamais, qui tuent, à tort et à travers, tout ce qui les gêne ou leur résiste, et se font un dogme du libertinage le plus éhonté.

Charles Sorel réveilla donc la lutte entre ces deux sociétés ; celle dont il défendait la naïveté franche et toute populaire, avait pour elle le nombre ; *les précieuses* et *les alcovistes* n'avaient pour eux, au contraire, que certaines gens de qualité. La nation en corps les condamnait sur les apparences, sans tenir compte des services sérieux qu'ils avaient rendus à la paix publique et aux mœurs. Renversés par la réaction, ils allaient peut-être céder la place aux mignons d'autrefois, aux maîtresses sans peur, mais non pas sans reproche. Déjà la langue en révolte semblait revenir, des mièvreries de l'*Astrée* et de *Clélie,* à la netteté brutale de *Gargantua* et des *Dames galantes; Francion* donnait le signal de ce retour..... Les hommes de génie intervinrent, Molière et Boileau, Racine et La Fontaine, Labruyère et Saint-Simon, se rendirent les juges du débat; ils condamnèrent les précieuses à abandonner le style prétentieux et les sentiments guindés; ils condamnèrent Charles Sorel et les chroniqueurs à renoncer à la brutalité des mœurs et du langage ; mais ils respectèrent, dans les premières, la recherche de la perfection du bien et de beau ; dans les seconds, le culte du simple, du naturel, du vrai; et de ce merveilleux compromis sortit le grand siècle de Louis XIV.

V

LE BEAU, LE VRAI, LE BIEN.

Les grands hommes de cette époque, Louis XIV à leur tête, eurent cela de remarquable, qu'ils surent profiter des exagérations commises avant eux, et n'emprunter aux siècles précédents, que ce qu'ils avaient eu de bon et de beau. Ils inventèrent peu;

mais ils trièrent, ils choisirent avec un tact admirable ; ils perfectionnèrent comme on n'avait jamais perfectionné.

Louis XIV avait reçu du ciel l'orgueil et le tempérament de François Ier ; au lieu de prendre ce roi et même Henri IV pour modèle, il eut le bon esprit de ne vouloir dans ses débuts qu'un maître en amour, son cœur ; et pour guide, quelques souvenirs de l'hôtel de Rambouillet.

L'amour vrai, si maltraité des deux côtés opposés par le cynisme du seizième siècle et la sentimentalité du règne de Louis XIII, rentrait enfin dans le palais du Louvre, où il avait été si mal compris ; il y rentrait, sincère, généreux sans timidité et résolu sans violence. Il ne prétendait s'imposer que par ses grandes qualités, séduire que par ses allures élégantes. Il unissait la décence à la noblesse, il n'avait plus le fanatisme de la chevalerie ; mais il en avait l'élévation ; il ordonnait de grandes actions à ceux qui voulaient le servir et non point des extravagances sans résultat. Il exigeait de la délicatesse et non les mignardises futiles du pays du Tendre ; il voulait que le cœur se montrât épris, dévoué, mais sans oublier qu'il était dans un corps. Il mettait enfin la bonté, l'amabilité de la femme au-dessus de la beauté, employait un style clair et net dans les choses de sentiment, et ne se permettait des métaphores que dans l'expression des penchants et des désirs corporels que les convenances ordonnent de voiler.

Louis XIV, qui donnait le ton en toutes choses, fut le premier à mettre les principes nouveaux en pratique ; bien que le plus bel homme de son temps et en position de choisir, il ne s'attacha pas, comme ses prédécesseurs, aux femmes les plus séduisantes et les plus belles, à ces statues de chair irréprochables comme forme, et qui font dire à la foule : heureux ceux qui en ont la possession ! Jeune et par conséquent sincère, il aima dans le silence, pour lui-même, et non pas au grand jour et par ostentation. Une de ses premières inclinations fut « Mlle Mancini, laide, grosse, petite, ayant l'air d'une cabaretière, dit Bussy-Rabutin, mais de l'esprit comme un ange, ce qui faisait qu'en l'entendant on oubliait qu'elle était laide. »

Lavallière elle-même « est d'une taille médiocre, fort menue ; elle ne marche pas de bon air à cause qu'elle boîte ; elle est blonde et blanche, marquée de la petite vérole, les yeux bruns, les regards en sont languissants, et quelquefois aussi sont-ils pleins de feu, de joie et d'esprit : la bouche grande, assez vermeille, les dents pas belles, point de gorge, les bras plats, qui font assez mal juger du reste de son corps. » Mais à côté de ces imperfections physiques « son esprit est brillant, beaucoup de vivacité et de feu ; elle dit les choses plaisamment ; elle a beaucoup de solidité et même du savoir... elle a le cœur grand, ferme et généreux, désintéressé et tendre... elle est sincère et fidèle ; éloignée de toute coquetterie, et plus capable que personne au monde d'un grand attachement. (Bussy-Rabutin.)

En considérant l'âme, l'esprit, et non point les qualités du corps, Louis XIV rétablit l'amour sérieux et délicat sur ce trône où depuis longtemps n'avait paru que l'intrigue et le libertinage sans pudeur. Il ne se borna pas à courtiser, il aima ; il aima, jusqu'à la fin du règne de la malheureuse Lavallière, comme jamais roi de France n'avait aimé.

Lorsque le cardinal Mazarin le sépara de Mlle Mancini, « il pleura, cria, se jeta aux genoux du cardinal pour le supplier de ne pas interrompre son amour et faillit à mourir de chagrin, » dit Bussy-Rabutin. Quant à Lavallière, on sait toutes les preuves de tendresse qu'il prodigua à cette maîtresse, la plus pardonnable qu'un prince ait jamais eue.

L'amour français est essentiellement communicatif ; nous ajouterons même bavard. Les grands esprits du règne de Louis XIV entreprirent de corriger ce défaut, de lui faire perdre ses habitudes d'indiscrétion et d'audace. Ennemis du cynisme rabelaisien tout autant que de l'affection de Gongora et de Marini, ils employèrent un procédé fort ingénieux pour analyser les passions avec détail, leur rendre toute leur puissance sans tomber dans les écarts de ces tristes chefs d'écoles... Pour cela, ils ne s'attachent pas à la description poétique, voluptueuse, des beautés extérieures de la femme; mais à l'analyse de celles de son esprit et de son caractère. Ils explorent son cœur ; ils le fouillent dans tous ses replis, et peignent ses passions avec une éloquence inconnue à l'antiquité. Le christianisme seul pouvait inspirer ainsi l'homme, traitant la femme comme son égale en droit, et sa supérieure par le respect qui lui est dû. Le cœur prend donc une éclatante revanche sur l'amour tout corporel de la Renaissance, sur l'amour bel-esprit du commencement du dix-septième siècle. Les conséquences des instincts moins platoniques arrivent ou n'arrivent pas ; poëtes et chroniqueurs ne s'en mettent en peine qu'incidemment; les personnages s'aiment, s'admirent, ils se le disent en vers et en prose; tout l'intérêt est là. On ne commet pas l'indiscrétion de les suivre dans l'intimité des allées mystérieuses ou des boudoirs, où ils désirent n'être point vus.

Grâce au procédé littéraire, qui consiste à dire ce qui se passe dans la partie intellectuelle de l'homme, à taire ce qui s'agite dans ses sens, on parvient à dévoiler les passions les plus violentes, à peindre les désordres les plus effrayants, sans avoir à souiller l'imagination par les tableaux familiers aux conteurs du seizième siècle. Racine met sur la scène *Phèdre et Esther* avec une chasteté qui lui donne accès dans les maisons d'éducation; il place dans la bouche d'*Hermione* et de *Pyrrhus*, d'*Achille* et des fils de *Mithridate* un langage dont la retenue fait ressortir plus vivement la fougue qui fermente en eux.

Corneille a commencé l'expérience de ces moyens dramatiques dans les rôles de *Chimène* et de *Camille*, de *Sévère* et de *Rodogune*, de *l'Infante*, de *Médée* et de *Pulchérie*, c'est aux passions, célébrées par ces grands poëtes surtout, que nous pouvons appliquer ce que nous disions de Dante à l'occasion de l'épisode de *Francesca*. « Cette pudeur, cette réserve de langage, augmentent, non-seulement le charme du récit, mais la puissance de la passion. Le poëte se borne à mettre le lecteur sur la voie et lui laisse le soin de s'identifier lui-même avec les troubles, le délire de ces cœurs placés tout ouverts devant lui... Sa curiosité, cherchant à découvrir ce qui se passe, trouve mille fois plus de mystères, ressent mille fois plus d'émotion que tous les développements indiscrets du poëte n'auraient pu lui en révéler.

Ces types des diverses modifications que l'amour peut présenter, n'étaient pas nés tout d'une pièce dans l'imagination de Corneille et de Racine : leur génie en avait reçu le germe de la Grèce, de Rome, de l'Espagne, et plus encore de la société qu'ils avaient sous les yeux; société d'élite, issue de la révolution morale et littéraire que nous avons racontée.

Les grands seigneurs et les grandes dames, les guerriers et les philosophes du dix-septième siècle, n'étaient pas sans défaut assurément, mais leur caractère était sans bassesse; ils avaient conservé la franchise des hommes du seizième siècle et ne s'étaient défait que de leur violence et de leur brutalité. Si quelqu'un se sentait atteint secrètement d'une ignoble ou lâche pensée, il la cachait, l'étouffait et cherchait à l'expier comme un crime. On pouvait faillir, mais on ne se complaisait pas dans sa déchéance : on ne se traînait pas dans la poussière où l'on était tombé; on la secouait résolûment, on s'en relevait et les regrets avaient quelque chose de grand qui faisait oublier la chute.

C'est là le secret de ces hommes du dix-septième siècle qui nous paraissent si grands ; ils le transmettent entier, aux auteurs qui les prennent pour modèle de leurs personnages. Au spectacle de la fierté, de la franchise, de la vertu contemporaine, le théâtre épure, ennoblit les grandes personnifications de l'amour que l'histoire lui avait transmises à l'état embryonaire. Nous avons montré ce qu'étaient *Andromaque, Cornélie, Phèdre, Médée, Chimène* dans la Grèce, à Rome, et dans l'Espagne du treizième siècle, que l'on examine ce qu'elles sont devenues entre les mains de Corneille, de Racine et sous l'influence du public qui les écoute ; on comprendra le progrès immense que l'amour a réalisé, on reconnaîtra qu'il ne s'était jamais élevé si haut.

L'histoire, la chronique surtout, qui se nourrissent

avec prédilection de malheurs publics et de scandales, nous donnent souvent des idées fausses sur les époques qu'elles exposent à nos yeux. En recherchant l'intérêt du récit et les vives couleurs du tableau dans les crimes des grands et les plaintes des peuples, elles laissent dans l'ombre les vertus modestes, les affections sincères qui ne veulent pas se montrer au premier plan ; c'est là cependant qu'il faudrait pénétrer pour trouver les amours vrais, les dévoûments profonds. Nous avons tenté de le faire dans le cours de ce travail, autant que nous le permettaient les documents toujours incomplets à cet égard, c'est au siècle de Louis XIII et de Louis XIV surtout que nous voudrions appliquer ces réserves.

Pauline, Cornélie, sont les personnifications de ces femmes d'élite qui se soustrayaient aux hommages de leurs contemporains, se retiraient dans le cloître, après certains orages de la vie, et parvenaient à aimer le Créateur, autant qu'elles avaient aimé la créature (1), de ces veuves qui restaient fidèles aux proscrits, suivaient les exilés dans leur retraite, sans rien perdre de leur tendresse et de leur fermeté.

Andromaque, Pulchérie, nous révèlent les vertus domestiques, les dévoûments sublimes de ces dames sans renommée dans l'histoire, qui furent des anges pour leurs enfants, pour leurs maris, avant d'être des saintes dans le ciel. C'est dans Larochefoucault, dans Labruyère, dans Mme de Sévigné et les chroniqueurs du temps que l'on trouverait çà et là les notes né-

---

(1) Voir l'histoire des Carmélites de la rue Saint-Jacques dans *Madame de Longueville,* par M. Cousin.

cessaires à la publication de cette *biographie des honnêtes gens, des honnêtes femmes*, qui n'a jamais été écrite et qui vaudrait bien cependant celle de ces milliers de coquines et de fripons qui ont trouvé tant d'historiens.

Nos poëtes recomposèrent dans leur personnages-types, l'histoire générale de la probité, de l'amour ardent et sans bassesse de nos ancêtres ; voilà pourquoi ils nous inspirent une si grande sympathie. Ils nous saisissent par la partie la plus intime de notre être, parce que nous y reconnaissons, malgré nous, ces nobles aïeules dont nous ayons appris à vénérer le souvenirs.

Si la maîtresse joue un rôle important à cette époque, elle n'en reste pas moins une exception. L'épouse possède d'une manière bien autrement générale l'autorité conjugale, le respect public. Elle est au haut de l'échelle sociale ; la maîtresse n'est pour les rois et les grands seigneurs qu'une distraction, un égarement; les mœurs peuvent la tolérer, mais à la condition qu'elle n'étendra une fâcheuse influence, ni sur le gouvernement, ni sur l'urbanité, ni sur la morale publique ; et que l'amant rachètera ses faiblesses à force de nobles sentiments et de services publics.

Les favorites du dix-septième siècle ont compris la nouvelle situation qui leur est faite ; elles en acceptent les conséquences, elles renoncent à l'autorité violente, au despotisme redouté que montrèrent les intrigantes, les *complices* de l'empire romain et de nos guerres civiles ; elles répudient le rôle dégradant, voluptueux, des époques de décadence : elles se bornent à briller par l'élégance, par l'esprit et les grandes manières.

On sent partout, même dans la galanterie, les suites de l'éducation de l'hôtel de Rambouillet et de Port-Royal. Ce n'est point parmi les maîtresses, mais parmi les femmes et les jeunes filles chastement passionnées que les poëtes vont prendre leurs héroïnes. Cette purification de l'amour n'est pas spéciale à la France; l'Angleterre continue à éprouver les heureux effets de la réaction d'Elisabeth. Shakespeare, égalant à la fois Corneille, Racine, et peut-être Molière, consacre la meilleure part de son génie à créer ces types sublimes de *Juliette*, d'*Ophélia*, de *Desdemone*, que l'on ne peut entendre nommer sans ressentir des frémissements de tendresse et d'admiration.

L'Espagne, tout en marchant sur une voie analogue, reste un peu en arrière, et par côté. Ses plus grands poëtes dramatiques, Lopez de Vega, Calderon, ne sont que faiblement inspirés par cette passion d'amour que les Français et les Anglais, ont portée à un si haut degré.

Pourquoi cette infériorité chez un peuple qui avait reçu des Arabes de si précieuses leçons de tendresse et de courtoisie? C'est que deux passions plus fortes y arrêtèrent le développement de l'amour, précisément à une époque où il prenait sa plus grande extension sur les autres points de l'Europe. Ces passions furent le point d'honneur et la foi. Ce n'est pas que ces deux sentiments soient incompatibles avec l'amour; Corneille a surabondamment prouvé dans le *Cid* et dans *Polyeucte* qu'ils peuvent lui donner, au contraire, une impulsion merveilleuse. Mais il faut pour cela qu'il y ait union de ces divers mobiles et non point absorption des uns par les autres. Ce fut cette union, ce mélange en proportions égales, que Corneille sut admirablement réaliser. C'est lui qui faisait dire à Polyeucte :

> . . . . Je vous aime
> Beaucoup moins que mon Dieu, mais bien plus que moi-même.
> . . . .
> C'est peu d'aller au ciel, je veux vous y conduire.

Lopez en sacrifiant tout au point d'honneur, à l'orgueil castillan, Calderon en immolant tous les sentiments humains au triomphe de la foi catholique, réduisirent l'amour au rôle de moyen dramatique complémentaire ; ils en firent un simple comparse là où nos poëtes le traitaient toujours en premier sujet, en héros.

Le théâtre fut incontestablement la grande puissance littéraire du dix-septième siècle ; l'amour en était le fondement et la clef de voûte ; tout le monde le comprenait ; on ne négligea aucun moyen de l'épurer, de l'élever à sa perfection la plus haute.

Réduit, à la fin de l'empire romain, au rôle de divertissement, de passe-temps peu moral ; borné pendant le moyen âge à celui de panorama religieux, de mise en scène édifiante (1), il n'avait essayé de reprendre la devise, *Castigat ridendo mores*, qu'au seizième siècle, mais la tentative n'avait eu que de très-faibles résultats. Il était urgent de le pousser plus résolument dans la bonne voie.

---

(1) Il ne perdit jamais ce caractère en Espagne. « Les *Autos sacramentales*, dit M. de Puybusque en parlant de Calderon, sont devenus, sous sa plume, des ouvrages si moraux et si orthodoxes que, pendant plus de trente années, le clergé de Madrid, de Séville, de Tolède et de Grenade n'a cessé de lui en demander pour les solennités de la Fête-Dieu. »

La première épuration que lui imposèrent les deux Corneille, Molière et Racine fut de lui enlever toute la bohême de l'ancien répertoire ; *Arlequin* et *Pierrot, Colombine* et *la Cantatrice, Pantalon* et *la Ballerine, Scaramouche, Brighella,* et *le Capitan.* Ces débris des caractères et des mœurs du prolétariat romain avaient traversé victorieusement une quinzaine de siècles sans rien perdre de leurs défauts primitifs et de leurs singularités païennes. C'était toujours les anciens parasites, les fripons et les oisifs qui exploitaient la table des patriciens, les intrigues, les fredaines des petits maîtres assez riches pour payer des complices. Ils étaient passés, avec ce bagage d'instincts et de ressources frauduleux, du paganisme dans la société chrétienne ; ils vivaient au cœur de celle-ci, sans lui avoir emprunté un seul de ses sentiments, une seule de ses vertus. Que l'on sonde les âmes de ces fous très-intelligents, de ces sots pleins de finesse, de ces va-nu-pieds qui nous amusent, on n'y trouvera que gourmandise et paresse, malice et libertinage, scepticisme et méchanceté ; pas une passion un peu noble, pas un mouvement de courage, de patriotisme, de tendresse qui fasse oublier leur sensualisme ; pas une larme d'amour ou de douleur qui vienne prouver qu'ils ont un cœur. Il était difficile de charpenter des pièces de sentiment avec de pareils personnages. Le seul amour auquel ils pouvaient aboutir était celui de l'intrigue sans scrupule et sans façon, le véritable amour de Polichinelle. Les petits bourgeois qui complétaient cette société étrange n'étaient guère plus forts sur la matière ; *Cassandre* et *Horatio, Isabelle* et *Léandre, le Docteur* et *Lelio,* ne descendaient pas à coup sûr des *fidèles d'amour* du moyen-âge ; mais très-probablement des trafiquants et des chevaliers *Trosuli* de Corinthe et de Rome. Si nous retirions de toutes ces âmes triviales la petite passion *d'Isabelle* pour *Horatio* et la préférence marquée de *Lelio* pour *Isabelle* il ne nous resterait que de l'avarice et de la jalousie, de la fatuité et du fanfaronage, du mensonge et de la poltronerie.

Vue à travers ces types de la comédie ancienne, la société du quinzième et du seizième siècle n'offre qu'une galerie de carricatures, fort divertissantes assurément ; mais qui donne une idée singulièrement triviale et fausse de cette bourgeoisie des Valois qui s'était montrée si sérieuse et si ferme durant nos troubles civils.

Les auteurs du XVIIme siècle, secondés par un public intelligent, admirateurs des amours vrais et sérieux et non de tours de passe-passe de ruelle, se fatiguèrent de l'éternelle gaité des *Pasquins* et des *Covielle*, des inépuisables espiégleries des mauvais plaisants : ils essayèrent de remplacer ces types, trop vieux de plusieurs siècles, par des personnages contemporains faciles à reconnaître, et plus sympathiques au public.

Les *valets* héritèrent de l'espièglerie enjouée de la ruse pleine de bon sens d'*Arlequin*, de *Pierrot*, de *Brighella* destitués de leurs fonctions,.... ils laissèrent au coin de la borne le cynisme du discours, le masque, et les oripaux d'un autre monde. Personne ne daigna les ramasser. *Colombine*, la rusée soubrette, resta à peu près ce qu'elle était en devenant *Marinette*, *Toinette* et *Dorine* ; mais *Géronte* et *Cassandre* furent complétement métamorphosés ; ils devinrent

Crysale, *Orgon*, *Alceste*, *Cléante*:.... aucun personnage n'éprouva une rénovation plus entière qu'*Isabelle* la jeune amoureuse... ce fut une véritable transfiguration. Elle ne conserva aucune des minauderies, des petits semblants d'amour qu'elle n'avait cessé de montrer depuis Ménandre jusqu'à Plaute, depuis Térence jusqu'à Molière. Ce n'est pas assez que la comédie l'élève à la hauteur de Marianne de *Tartufe*, d'Elise de *l'Avare*, d'Henriette des *Femmes savantes*, de *Psyché* et de tous les types gracieux de la jeune fille qui ressent les premières impressions de l'amour : nous sommes initiés aux développements de sa passion bien au-delà de cette première jeunesse toute parfumée de rêverie, et de petits désespoirs, de jalousies enfantines, et de dépits. Nous la voyons aux prises avec les impressions de l'âge mûr dans *Célimène*, dans *Elvire*. l'ancienne comédie avait un si petite dose de sentiment à son service, qu'elle le réservait exclusivement aux *Isabelle* de seize à vingt ans ; après cette époque la femme était hors d'âge : son cœur n'était plus accessible qu'au ridicule ; son existence était une carricature.

La comédie du dix-septième siècle s'aperçut que les femmes conservaient un cœur beaucoup plus longtemps que cela ; qu'elles pouvaient encore aimer et être aimées à trente ans, à trente cinq, à quarante, sans être complétement absurdes.

La poésie dramatique comprit que l'amour ne pouvait obtenir tous ses développements, et atteindre au sublime s'il restait dans le cercle des incidents vulgaires, des petites contrariétés de la comédie qui ne manquent jamais d'aboutir au mariage ; elle lança les amants à travers les obstacles, les dangers qui trempent les cœurs et ennoblissent les passions. Ainsi fut créée cette galerie de grandes amoureuses tragiques dont nous avons déjà nommé les plus célèbres.

Le théâtre ne pouvait donner à l'amour un caractère universel, une importance qu'il n'avait jamais eue dans l'antiquité qu'à la condition de trouver dans les contemporains le modèle des sentiments qu'il retraçait, et dans l'esprit national la sympathie qui fonde la renommée et les succès durables. Rappeler le rôle que l'amour joua dans le théâtre du dix-septième siècle, c'est dire, par conséquent, ce qu'il était réellement dans la société : répéter que la poésie ne l'avait jamais élevé aussi haut, c'est établir qu'il n'avait pas encore été aussi grand parmi les hommes. Son règne, et, si nous osions employer le mot, sa splendeur, s'étendait de la cour jusqu'aux classes moyennes et embrassait la nation tout entière.

VI

L'AMBITION ET L'AMOUR.

L'amour conserva cette grande position jusqu'à la répudiation de la malheureuse Lavallière.

Ce petit événement de boudoir eut d'immenses résultats ; il provoqua parmi les gens de cour une réaction aussi rapide que déplorable.

En sacrifiant Lavallière, femme tout âme et tout cœur, à Mme de Montespan, femme d'ambition et d'intrigue, Louis XIV remit en vogue l'orgueil et l'égoïsme ;

et comme tous les sujets calquaient leurs sentiments sur ceux du monarque, les trahisons d'amour, par intérêt et par calcul, remplirent la fin du dix-septième siècle.

L'amour vrai se trouvait gravement contesté, compromis dans l'aristocratie; il dut battre en retraite et se retrancher dans la petite noblesse et la bourgeoisie; mais là il fit bonne contenance et organisa une résistance d'autant plus vigoureuse qu'elle devait repousser les attaques incessantes des hautes classes. Dans cette campagne de la licence nouvelle contre l'honnêteté vieille, les poëtes et les littérateurs formèrent deux partis : les uns restèrent fidèles à l'amour noble et vrai, les autres devinrent les complices du libertinage.

La situation était donc semblable à ce qu'elle avait été sous Aristophane et Sophocle ; nous ne tarderons pas à connaître les tristes conséquences de la lutte : voyons d'abord la réaction licencieuse se préparer et se développer dans les faits.

L'ambition n'est qu'une modification de l'égoïsme. Le même sentiment, qui porte les rois à tout sacrifier à leur personne, à dire *l'Etat c'est moi*, engage les sujets à prétendre à des honneurs, à des emplois toujours plus élevés. Ils prennent la devise de Fouquet : *Où ne monterai-je pas?* ou celle d'Erasme : *Cedo nulli*. Aussitôt que *le maître* a donné l'exemple de l'inconstance égoïste, grands seigneurs et nobles dames se fatiguent de montrer la générosité du *Cid*, l'abnégation de *Chimène*, ils reviennent à des combinaisons plus lucratives.

Si le fond des caractères du seizième siècle fut l'indépendance individuelle et l'esprit de vengeance, le fond de ceux du dix-septième était l'ambition... L'amour en subit la triste conséquence : les Lavallière ne se retrouvent plus, les Maintenon encombrent tous les sentiers : les deux sexes n'aiment plus pour les douceurs de l'amour lui-même, mais pour réussir.

Ce mobile de l'ambition et de l'orgueil exerce sur les femmes surtout une influence irrésistible, et produit deux résultats diamétralement opposés, quoiqu'ils partent du même principe; il étouffe l'amour chez les unes, il l'exalte, l'exaspère chez les autres... Les femmes des premiers siècles chrétiens se réfugiaient dans les cloîtres par ferveur religieuse, ou pour se soustraire aux violences des envahisseurs et au joug d'un mari tyrannique; celles du dix-septième siècle s'y retirent par vanité. Les filles de grande naissance et de grande vertu, habituées à vivre en princesses dans le château de *leurs aïeux*, voyant leur frère ainé absorber l'héritage de la famille, comprennent que la modestie de leur dot ne leur permet pas d'entrer dans des maisons égales à celles où elles sont nées (1); elles se révoltent à la pensée d'un mariage qui les feraient descendre; l'orgueil de race les absorbe à tel point que l'amour ne trouve plus d'aliment dans leur cœur. Tout prétendant qui n'est pas aussi grand seigneur que leur père n'obtient que leur dédain, et comme les ducs et les marquis furent toujours assez rares, elles vont chercher dans le cloître un palais, un train de maison qui ne soient pas trop indigne de leur naissance. Mlle de Fontaine, abbesse et fondatrice des

---

(1) Dans l'*Isardo Curcio* de Calderon, le père de Julia, don Curcio, le dit nettement à sa fille. Sa fortune est considérablement diminuée, et il l'engage à prendre le voile, afin que son frère conserve tous les biens de la famille et qu'il puisse soutenir convenablement l'honneur de son nom.

Carmélites de Paris, le disait nettement à ses religieuses sorties presque toutes des grandes familles de France :

« Oui, nous sommes de très-bonne maison : nous sommes filles de roi, sœurs de roi, épouses de roi, car nous sommes filles du père Éternel, sœurs de Jésus-Christ, épouses du Saint-Esprit; voilà notre maison, nous n'en avons plus d'autres. » (Cousin, Mme *de Longueville*, 92.)

Quand l'orgueil les a décidées à entrer en religion, tout ce qui leur reste d'amour dans le cœur les pousse chez les Carmélites. Pourquoi cette préférence? c'est que les sœurs du Carmel sont les filles de sainte Thérèse, la femme qui sut aimer le plus ardemment; et qui donna au mysticisme religieux le langage de la tendresse et quelquefois de la volupté terrestre.

Pauvres victimes de l'organisation sociale, elles espèrent trouver dans ce souvenir une dernière illusion de cœur ! Là sont réfugiées aussi de grandes dames, maltraitées par la fortune, ou par l'amour : elles y apportent des récits d'un monde agité; les jeunes filles sont bien aises de nourrir leur imagination de ce tableau *de malheur* qu'elles ne doivent *hélas!* éprouver jamais. Ne dit-on pas cependant que les seigneurs, de la plus grande noblesse, viennent quelquefois au parloir demander des sœurs du Carmel, presque toutes d'une grande beauté, d'une distinction remarquable? On a vu des mariages succéder à ces visites périodiques, à ces honnêtes rendez-vous.

Les demoiselles plus aguerries, chez lesquelles la pudeur ne gêne pas les projets d'ambition, ne cherchent pas la résignation dans le cloître; elles aiment mieux poursuivre, à travers les antichambres, les hasards de la galanterie. Elles entrent dans les rangs des filles d'honneur, cette pépinière de belles intrigantes, et atteignent, à l'aide des petits manéges de la séduction, la position de reines ou de princesses de la main gauche, quand le mariage n'a pu leur donner celle de duchesses de la main droite.

Rappeler ici toutes les femmes qui cherchèrent les faveurs royales par simple ambition, serait refaire la liste entière des maîtresses du grand roi..... Ce qui rend leurs tentatives plus redoutables, c'est qu'elles appartiennent aux classes élevées et qu'elles ont été dressées de bonne heure au grand art *de réussir*. La pompe, la dignité, l'éclat extérieur, mis à la mode par la dynastie, ont de grandes exigences ; la naissance est une condition exigée de tout ce qui prétend briller, même par la galanterie. Dans la Grèce, le talent et la beauté suffisaient... à Rome il ne fallait que de l'audace et de l'intrigue : la France du dix-septième siècle se montre plus exigeante. Si Vénus se présentait à Versailles, elle ne serait reçue qu'à la condition d'établir trois quartiers de noblesse.

Ceci constituait une révolution en amour, et cette révolution réagissait sur la politique, elle aggravait la scission qui séparait le peuple et l'aristocratie.

De tous les temps l'amour s'était donné pour mission de favoriser les principes d'égalité, de liberté, de libre arbitre : il avait bien souvent renversé les obstacles qui séparaient la royauté du peuple et du tiers-état. Charles VI retrouvait quelques éclairs de lucidité auprès de la simple paysanne Odette. Louis XI oubliait son ombrageuse tyrannie dans la société des fermières de Plessis-les-Tours. On sait dans quelle classe de sujettes François Ier allait chercher ses favorites de passage. Henri IV avait toutes sortes de bonté pour la petite béarnaise Fleurette et la meunière du pays d'Albret.

Une simple fille des champs était donc quelque chose puisque les rois consentaient à baisser les yeux sur elle : la distance n'était donc pas si infranchissable entre les serfs de la glèbe et les souverains, puisque ceux-ci daignaient admettre leurs filles et leurs sœurs dans les palais.

L'inexorable loi de l'étiquette fit disparaître sous Louis XIV toutes ces illusions d'égalité. L'aristocratie n'avait été jusqu'alors *qu'une classe;* les lois du rang, la règle de préséance en firent une caste... Soyons juste toutefois, cette rigueur des distinctions sociales eut tout d'abord des résultats moraux assez avantageux.

Les maîtresses grandes dames, généralement instruites, intelligentes, n'avaient pas l'avidité pécuniaire des favorites et des courtisanes de bas étage : la monnaie qui payait leurs bonnes grâces était des palais et des châteaux, des carosses et des fêtes : le peuple contribuable avait le mauvais goût de trouver ces récompenses d'un prix très-élevé : elles avaient toutefois l'avantage d'entretenir des habitudes de dignité, de distinction, et de préserver la société de la basse avarice, de la corruption honteuse que traînent à leur suite les concubines grossières et à bon marché. La bonne naissance, l'éducation des maîtresses royales, donnaient aux désordres de cette époque une sorte de convenance, et de grandeur qui les plaçaient bien au-dessus de la licence des autres temps.

Le besoin de s'élever étant la préoccupation incessante de ces maîtresses grandes dames, il arrivait cependant que cette soif de réussir leur conseillait des actions assez opposées aux lois de la délicatesse et de la probité, et comme on ne pouvait plaire au roi, et respecter les lois suprêmes *de la cour* sans sauver les apparences, on prit le parti de se cacher et d'avoir deux parts bien distinctes dans la vie : la part qu'on faisait au monde officiel, à l'histoire qui fonde la réputation ; celle qu'on accordait aux faiblesses, aux mauvaises passions qui procurent des bénéfices et font vivre.

Le culte des convenances, le respect du sexe, voilà les premiers devoirs de la société bien née. Louis XIV lui-même, dit Saint-Simon, « n'a jamais passé devant la moindre coiffée, sans soulever son chapeau, je dis aux femmes de chambre, et qu'il connaissait pour telles... » Plus de philosophie rabelaisienne, plus de théâtre libertin à la manière de la Célestine. Tout ce qui devra paraître aux yeux, attitude, toilette, discours, littérature, sera noble, grand, viril et décent. On marchera la tête haute, le buste bien planté ; on parlera net et franc. On se montrera chrétien et catholique en tout. La religion dépouillée des formes superstitieuses, qui l'avaient souillée pendant le moyen âge, reprendra la dignité grave et simple des apôtres. C'en est fait de la licence dévote des anciens fabliaux et du libertinage philosophique du seizième siècle. On pourrait croire, d'après ce qui paraît aux yeux, que le monde revient à l'art d'aimer de saint Grégoire de Nazianze. Son poëme à Olympias est le code avoué de tous les époux. On n'édite plus les contes de Marguerite et de Bocace ; il faut toute la naïve étourderie du bon Lafontaine pour oser mettre en vers des gayetés qui ne sont plus de mise parmi les gens comme il faut.

Toutefois, si l'on se montre sévère au grand jour, on se permet quelque licence en cachette. Ces livres décolletés, qu'on n'ose plus lire à la suite de ses heures, des tragédies de Racine, ou des œuvres de Bossuet, on les feuillette en petit comité, entre gens intimes qui ne se trahiront pas. Quand les grands seigneurs et les grandes dames sont fatiguées de leur manteau de gala, ils prennent la jaquette et le jupon court, et se glissent dans les petits cabarets de la banlieue sociale ; et là, ils retrouvent les mauvais sujets des *Dames galantes* et de *Francion*. Mais ils y vont sans être vus, sans y porter leurs titres, sans traîner leur manteau de cour dans la lie populaire.

Cette phase mystérieuse de la vie, on parviendrait à la cacher, grâces au grand appareil de vertu dont on s'affuble, si les chroniqueurs de l'école de Labruyère, de Mme de Sévigné, de Saint-Simon et de Bussy-Rabutin n'avaient l'indiscrétion de soulever le voile et de divulguer ce qu'ils ont vu. Les premiers ne fouillent pas les secrets de la ville et de la cour avec l'insolence de Brantôme ; mais Bussy-Rabutin essaye de ressusciter la hardiesse du chroniqueur gascon en modifiant un peu le style. Et remarquons bien la différence de leur destinée. Brantôme publiait ses médisances au grand jour, Bussy est obligé de se cacher pour mettre les siennes au net ; il les compose par esprit de vengeance personnelle, se borne à les soumettre manuscrites à quelques intimes : elles ne pénètrent dans le public qu'à l'aide d'une indiscrétion de la marquise de Beaume, une de ses amies anciennes et qu'il avait abandonnée. Aussitôt grande colère à la cour contre l'audace du conteur, grande indignation de Mme de Sévigné sa parente, irritation extrême de messieurs de Condé, de Turenne, de Larochefoucault, de Louvois, du prince de Marcillac, ce qui conduit Bussy à la Bastille (17 avril 1661).

Voilà ce qu'il en coûte de publier, sous Louis XIV, des indiscrétions bien moins audacieuses que celles dont les Valois ne faisaient que s'amuser et que rire : et cependant les femmes que Bussy-Rabutin stygmatise dans ses *Amours des Gaules* (1) ne sont autres que Mme Dolonne et sa sœur Madeleine d'Argennes. Labrugère ne les traitait guère mieux sous les noms de *Claudie* et de *Messaline*. Le débordement de leur vie, était si grand, dit Saint-Simon, « qu'aucune femme, même des plus décriées pour la galanterie, n'osait les voir ni paraître avec elles. »

Tel est donc le principe en honneur sous Louis XIV. On peut se permettre bien des choses, tenir assez peu de compte des vertus recommandées par l'Evangile, l'histoire du grand roi est là pour le prouver; mais ceci est une question de libre arbitre à débattre à huis-clos avec son confesseur, la mansuétude des Jésuites est arrivée tout à point pour faciliter ces arrangements de conscience, et cette question de for

---

(1) Le séjour de la Bastille ne put corriger ce partisan de la *vérité mise à nud* : au sortir de prison, il reprit le cours de ses vengeances en réunissant dans son château le portrait de toutes ses maîtresses et amies, qu'il accompagna d'inscriptions d'une perfidie toute saint-simonienne : Mme de la Beaume y était « *la plus jolie maîtresse du monde et la plus aimable, si elle n'eût été la plus infidèle.* Mme de Monglas avait, « *par son inconstance, remis en honneur la matrone d'Ephèse et les femmes d'Astolphe et de Joconde.* Mme de Sévigné, sa parente, était « *une femme d'un génie extraordinaire et d'une solide vertu, compatibles avec beaucoup d'agrément*; mais tout cela reste dans son salon et ne se publie pas à des milliers d'exemplaires dans le monde.

intérieur est dérobée aux regards des hommes. Tout ce qui paraît au dehors doit être irréprochablement honnête et vertueux de forme ; on n'avoue qu'une galanterie chaste, éprise des seules perfections du cœur ; ce qui s'ensuit de moins platonique reste soigneusement caché. Les peintres sont tenus d'observer la même réserve ; ils mettent tout leur talent à peindre les belles maîtresses des rois et des princes ; mais comme baronnes et marquises seulement, et rien, dans leur attitude ou leur costume, ne désigne la profession qu'elles ont adoptée. Le Primatrice ne trouverait plus de Diane disposée à se livrer à toute l'audace d'un pinceau sans pudeur.

Deux femmes résument, au plus haut degré, ce culte extrême des grandes apparences : elles excellent à mettre les vertus au premier rang, à reléguer au dernier les petits défauts et les grands vices. Ces femmes sont Mme de Montausier et Mme de Maintenon. La première, autrefois Mlle de Rambouillet, avait porté la sévérité envers ses adorateurs jusqu'à mépriser le mariage à la façon de l'Armande des *Femmes savantes*. Une fois installée à Versailles, l'air de la cour exerça une singulière influence sur sa morale ; elle se montra la plus ardente à favoriser les amours de Lavallière et de Louis XIV, sans quitter pour cela les dehors de la plus rigide vertu.

L'amour intrigant et ambitieux ne se contente pas de prendre le masque, il devient compassé, prétentieux et d'une piété excessive. Mme de Maintenon inaugure et porte à de hautes perfections cette galanterie vêtue de noir. D'une régularité parfaite en ses devoirs, elle surveille de près la sagesse de ses filles d'honneur, et grâce à sa vigilance, leur bataillon ne fournit plus de Lavallière et de Fontanges.

L'amour ne trouve pas son compte à cette sévérité, et comme il faut qu'il ait toujours, son contingent d'affaire et de triomphes, il a recours à des supercheries qui lui ont réussi plus d'une fois. Il réveille le mysticisme de sainte Thérèse et de saint Jean de la Croix, et lui donne une extension qui étonnerait fort ces héros de l'extase. Molinos rénouvelle le quiétisme, le développe, lui inspire une audace inconnue. Il endort, il éteint la volonté humaine, au point d'établir entre l'âme et le corps, pendant la vie, une scission conventionnelle, analogue à celle qui existe en réalité après la mort.

Quand les martyrs étaient parvenus à mourir et à se soustraire ainsi aux attaques des mauvaises pensées, des coupables sensations physiques, ils bénissaient Dieu d'avoir enlevé leur âme près de lui; ils ne daignaient plus s'occuper du cadavre laissé gîsant dans le cirque ; ils laissaient leurs bourreaux commettre, sur cette chair inerte, toutes les abominations qu'ils pouvaient inventer.

Molinos rêva le renouvellement de ce phénomène du vivant même de l'homme ; il entreprit la séparation de l'âme et du corps par la seule action de sa volonté ou, pour mieux dire, par l'assoupissement de la volonté..... Cette âme alors, s'endormant en Dieu, laissait son corps à distance, oubliait qu'elle y avait été réunie, et ne se préoccupait pas plus de continence ou de vertu, que les saints qui vivent au Ciel....

On devine les conséquenses très-commodes qui découlaient de cette doctrine. Ce corps, qui n'était pas moins dispos pour être artificiellement séparé de l'âme, pouvait se donner toutes sortes de jouissances, se livrer à tous les excès, sans que Dieu, qui n'a pas à s'occuper de notre poussière, pût y trouver rien à dire ; car l'âme qui relève seule de son tribunal déclinait toute responsabilité en répondant : *Ce corps, je ne le connais pas.*

Ce n'était plus sainte Thérèse, détachant de la terre, pour les élever vers Dieu, toutes les pensées, tous les penchants d'amour que la nature la plus tendre avait mis en elle, et parvenant à rester chaste et pure, au milieu des assauts voluptueux le plus caractérisés ; c'était l'habile et astucieux libertin qui se débarrassait de la présence gênante de l'âme, pour se livrer sans frein à tous ses désirs lascifs..... Il endormait la conscience, ce surveillant céleste, comme le suborneur endort la mère, qui fait bonne garde près de sa fille, afin de s'emparer de cette pauvre naïve, et de l'entraîner où bon lui semble.

Telle n'était pas certainement l'intention de Molinos, ni celle de Mme de Guyon ; l'erreur de Fénelon, leur innocent complice, en est la meilleure garantie, mais leur étrange raisonnement n'aboutissait pas moins à détacher l'âme du corps, par l'opération de l'oraison et de l'illuminisme, et une fois la séparation faite, à quels excès ce corps ne devait-il pas s'abandonner..... Ce n'était pas l'amour d'Andromaque ou de Chimène qui aurait profité de ce résultat ; c'était le grossier libertinage des Maillotins et des Anabaptistes.

Les Chroniques familières, les Mémoires ont tellement divulgué les habitudes galantes du dix-septième siècle, que nous avons pu nous borner à résumer en traits rapides les modifications principales qu'elles avaient présentées. Nous avons d'aussi bonnes raisons pour traiter celles du dix-huitième siècle de la même manière.

Les petits écrivains indiscrets, les poëtes familiers ont suffisamment popularisé les souvenirs intimes de cette époque; ces écrits, tout étincelants de l'esprit français, sont lus, commentés, connus à fond; il serait donc superflu de puiser des citations dans leurs livres. Un mot propre, une date suffiront pour rappeler les faits, les caractères, les particularités nécessaires à l'intelligence de notre récit.

Sous Louis XIV, l'amour n'avait cessé de marcher le front haut, et d'un pas ferme, drapé dans l'habit de cour, ou dans le costume des divinités païennes de premier ordre. Toutefois, il avait offert deux époques bien caractérisées : celle de l'amour grand, sincère, pur, dans la forme et dans le fond, faisant suite à celui de Louis XIII; celle de l'amour convenable en apparence seulement, vivant d'étiquette, de belles manières; mais n'étant dans la réalité qu'un sentiment égoïste, bien calculé; il ne conduisait qu'à donner bonne figure dans le monde, à satisfaire l'ambition, à faire réussir.

VII

TRANSFORMATION DERNIÈRE

La régence et le règne de Louis XV mirent la dernière main à cette triste métamorphose. Les aventures scandaleuses, mais voilées, de la fin du règne précédent, finirent par jeter l'habit d'apparat, et le vernis qui recouvrait leur caducité morale; il devint à la mode et de bon ton, de se vanter tout haut des licences qu'on ne s'était d'abord permises qu'en cachette; les femmes descendirent du rôle d'héroïnes à celui de soubrettes de comédie italienne, et de *folies* de bal vénitien. Au début du règne de Louis XIV, on fuyait la société des personnes compromises, telles que Mesdames d'Argennes. « Cette mode avait bien changé, » dit Saint-Simon, à la fin de ses Mémoires. Loin d'avoir honte de la société des dames célèbres par leur galanterie, on la recherchait; on se montrait fier de fréquenter cette Mlle de Mailli, si connue par ses allures compromettantes.

Le fier amour du dix-septième siècle avait, à son service, la poésie de Corneille et de Racine; la gaîté philosophique et distinguée de Molière. Ces premiers chefs-d'œuvre de la scène ont cédé la place aux rouerîes de Regnard, tout aussi décolletées que spirituelles; aux minauderies de Marivaux, si fines d'observations, mais d'un sentiment si pâle; aux joyeusetés de Colé et de Vadé... Les conteurs à la mode, Piron, Crébillon fils, Diderot, n'en exceptons pas Voltaire, prennent le style décolleté de Brantôme, et l'on publie des romans parmi lesquels *Candide*, *l'Acajou*, la *Religieuse*, les *Bijoux indiscrets*, le *Sopha*, le *Libertin de qualité*, ne sont pas les plus audacieux. La satire pénétrante mais honnête de Saint-Simon, qui, lui-même, ne brillait guère par le cœur, tombe entre les mains des pamphlétaires de profession, des historiographes cyniques. Le public s'arrache *les nouvelles à la main*, les épigrammes de la collection Bachaumont, les pamphlets de Lebrun et de Delisle.

Les peintres et les sculpteurs du dix-septième siècle ne s'effrayaient pas de la nudité, assurément ; mais leurs personnages étaient des dieux et des déesses, et cette origine surhumaine donnait à la simplicité de leur costume quelque chose de sérieux et de grave, qui les mettait à l'abri des curiosités et des plaisanteries obscènes du public.

Le désir de faire du neuf, de réveiller les appétits blasés, inspire aux artistes du dix-huitième siècle une invention surprenante, et sur laquelle ils fondent, pendant une centaine d'années, leurs principaux succès. Cette invention est celle du retroussé, du coup de vent, des chutes à colin-maillard, et des incidents d'escarpolette. Les gamineries que se permettent dans ce genre, Boucher, Vatteau, Fragonard, Lancret, le *peintre des fêtes galantes*, laissent bien en arrière la nudité simple, calme, naïve, des divinités de Lebrun et de Nicolas Mignard. Leurs baigneuses et leurs bergères ont répudié tout caractère mythologique pour se mettre plus à l'aise, et sont devenues de simples *filles de Paris ;* elles s'exposent volontiers aux regards en déshabillé de bain ou de petit coucher..... Ces prétendues naïades, ces coquettes gardeuses de moutons, au sein découvert, à la robe plus ou moins relevée, sont bien des femmes du temps, de gentilles dames fort en vogue aux petites soirées de Trianon et de Luciennes. Vous reconnaissez ce sourire familier, ce regard peu sévère ; on les rencontre aux fêtes de M. Bertin, *trésorier des parties casuelles,* et à celles de M. de Fronsac ; cette jambe fine, ce petit pied mignon ne dansent-ils pas, aux bals de M. de Lauzun, la célèbre *fricassée,* inventée par M⁽ˡˡᵉ⁾ Guimard?... Les familiarités que l'on se permet envers tout ce monde-là, la curiosité qu'il provoque, détruisent le respect dont on entourait autrefois les hautes classes ; le respect est, en effet, ce qu'on s'efforce le plus de supprimer partout en le rendant ridicule. Ces bergères décoletées et friponnes, ces marquis audacieux et sceptiques, forment une société particulière de bonne naissance, mais débraillée, blasée en tout, épicurienne et lascive, qu'il est bien difficile de ne pas mépriser, et qui se soumet volontiers à ce résultat. Pour elle le corps est tout, et le cœur rien ; elle serait entièrement dégradée s'il ne lui restait une étincelle d'esprit vital ; l'étincelle de l'amabilité française ; mais cet esprit ne lance jamais ses éclairs vers le cœur pour le réveiller ; il les dirige tous vers le corps pour y raviver le feu de la passion, et il obtient des prodiges de gaîté pétillante, d'agitation nerveuse, d'espiéglerie pleine de séduction.

Ce culte perfectionné de la matière, cette habileté de la sensation, provoque une afféterie semblable à celle que l'hôtel de Rambouillet consacrait à l'étude et à la perfection du sentiment et de l'intelligence. Les *chères* passaient l'amour et l'esprit à l'alambic du précieux, du raffiné, pour en extraire la quintescence de l'art d'aimer ; à force d'entasser perfection sur perfection, elles finissaient par n'avoir plus rien de naturel et de raisonnable.

Les marquis et les dames galantes de Louis XV soumirent l'art de jouir de la vie, aux mêmes procédés de perfectionnement ; ils cherchèrent le *fin* du *fin* du plaisir et du goût, comme on avait cherché celui du *bel esprit* et du *tendre,* mais en courant après, la gaîté sans étiquette, la folie sans retenue, on provoqua une insurrection générale contre tout ce qui tenait à la vérité honnête, à la simplicité vraie, et l'on arriva au triomphe du licencieux et du mensonge en toute chose. Jeunes gens et jeunes femmes crurent corriger la nature, et lui donner des leçons, en empruntant les cheveux blancs de la vieillesse; ils imposèrent à l'amour le langage blasé de la décrépitude, comme les chères lui prêtaient la naïveté excessive de l'enfance. La coiffure des femmes prit l'aspect gigantesque d'un monument, leur taille eut la ténuité de celle de la guêpe : les robes à panier conduisirent à l'invention des mongolfières. L'art de composer le visage fut poussé à ses dernières limites; on ne se borna pas à rétablir les couleurs que l'âge enlevait, à combler les rides qu'il avait creusées ; les plus jeunes et les plus frais minois se fabriquèrent un masque tout conventionnel, à l'aide de mouches de veines bleues, de lèvres pourpres, de paupières impossibles ; les traits devinrent dignes du cœur falsifié, gâté, desséché, auquel ils servaient d'enseigne. On laissait bien loin les prodiges atteints par les Égyptiens et par *les beaux* de l'époque d'Auguste, dans le domaine de l'artifice.

Dans cette mise au rebours de tout ce qui est simple et logique, l'épée prend la finesse de l'aiguille et n'est plus qu'un hochet, un signe de qualité. Les femmes ne filent plus, mais elles font des vers, et portent la houlette; les capitaines s'illustrent à faire des madrigaux, des bouts rimés, à broder tout accroupis sur des tabourets aux genoux des dames à la mode. Ces enfantillages de salon n'ont pas la naïveté de l'enfance mais le débraillé d'une vieillesse épuisée, qui ne sait plus à quel expédient avoir recours pour réveiller une vie qui s'éteint.

Il est parfaitement admis dans le meilleur monde de prendre les allures sans façon, le costume agaçant des filles de Paris, de s'abandonner à l'ivresse des laquais et au grand jeu des coureurs de *brelan*. Un ou deux jours d'orgie par semaine donnent aux hommes bien nés le dernier vernis du savoir vivre : les folies de l'Opéra, des bals masqués et des petites maisons, dépassent tout ce que le règne des courtisanes de Venise et de Rome avait mis à la mode en Italie.

Les marquis, les chambellans, cette foule de beautés peu collet-montés qui constituent la partie mondaine, bruyante, agitée de la noblesse se perd, s'embourbe dans d'incessantes intrigues de ruelle, avec les *demoiselles* de la classe de la *Gradi*, de *la Beaupré* de *la Prairie*. La société française revient à l'époque d'Alcibiade et de Laïs, de Catulle et de Flora. La Dubarry, la modiste et la courtisane, a remplacé Lavallière, et forme le point culminant de cet amour audacieux, sans voile, insolent, qui s'honore de ce qu'il est, prend effrontément enseigne et patente royale.

Le beau seigneur, digne des femmes qu'il fréquente, se montre plus vain d'ajouter une nouvelle conquête à sa liste, qu'il n'est heureux de la conquête elle-même. Tout est parade, gloriole, mise en scène. Pour atteindre aux honneurs de cette publicité de scandale, il n'est sorte d'extravagance qu'on n'invente, et de folie qu'on n'exécute. Pas de dépenses ruineuses, de provocations insensées, de mauvais vers, de lettres folles, qu'on ne se permette. On avait dix victoires, on en compte cent. Si l'on n'est plus don Juan pour tuer des commandeurs, on l'est du moins pour énumérer les victimes qu'on a faites, se vanter des larmes qu'on a arrachées, des séparations déchirantes dont on a ri, des adultères dont on est fier, des roueries ignobles dont on est glorieux.

Cet amour de Lupercale excelle à se débarrasser de tout ce qui gêne sa liberté ; les quartiers de noblesse, exigés autrefois des maîtresses de rois ou de grands seigneurs sont aujourd'hui proscrits, et l'on met autant de soin à ramasser les courtisanes dans les classes grossières qu'on en mettait autrefois à choisir les *mies* ou les *senoras* dans les classes élevées. L'aristocratie donne la chasse avec vigueur à toutes les beautés populaires et met à la mode le mot *s'encanailler* : il devient noble, distingué de se montrer sans scrupule et de se tenir au dessus de tous les préjugés de la pudeur. Les marquis de Molière étaient prétentieux, et un peu sots, ceux de Regnard, de Lesage, de l'abbé Prévost se soûlent, courent les maisons suspectes ; ils s'en vantent, et semblent établir là leur domicile.

Les bergères qui restent à la mode au Parc-aux-Cerfs, dans les bois de Choisy, aux bals de l'Opéra, n'ont rien de commun avec les héroïnes sentimentales des bords du Lignon. Ce sont de rusées *Colombines* ainsi que nous l'avons dit ; et si les jeunes seigneurs aiment tant à les poursuivre à travers les buissons, c'est qu'elles se laissent prendre vite et n'exigent pas les longs mois de soupirs et d'épreuves, que Durfé et Scudéri imposaient à leurs amants. Florian seul a la naïveté de prendre au sérieux les bergères honnêtes filles ; il ajoute à l'*Astrée* le chapitre si connu d'*Estelle* et de *Némorin*.

Jusqu'alors les poëtes de toutes les époques étaient descendus dans les champs parmi les laboureurs pour trouver un amour simple, vrai, et le mettre en opposition avec la licence des châteaux et des grandes villes. Les nouveaux intendants des menus plaisirs ont enlevé ce dernier refuge à l'amour, à la naïveté champêtre; il ne se glissent parmi les bergères, que pour y trouver les satisfactions rapides qui ne réclament pas même la grimace du sentiment, la comédie de la tendresse. Les galants de la nouvelle école détestent d'avoir du respect à montrer, de la contenance à observer ; enfant gâtés de *la Régence*, ils veulent courir au plaisir par le chemin le plus droit sans avoir de surnumérariat à faire, de lenteurs à subir..... Ils ont jeté toutes les convenances aux orties, s'attaquent aux soubrettes, aux *filles de Paris*, déjà si nombreuses, aux demoiselles de théâtre qui conviennent bien mieux à leurs goûts, que ces dames du monde qui auraient l'audace d'exiger d'eux un peu d'amitié, de dévouement et de convenance.

On se tromperait fort, en effet, si l'on prenait les femmes de qualité pour les complices de ces élégants désordres. La grande majorité des comtesses et des baronnes, une minorité respectable de barons et de marquis, se tiennent à l'écart de cette folle gaieté ; ils la regrettent, ils la déplorent. Les dames en éprouvent un mépris d'autant plus vif, qu'elles voient les plus viles créatures pénétrer dans les palais en habits de duchesses de théâtre, et traîner les grands noms et les grands souvenirs de l'aristocratie dans les turpitudes réservées autrefois à *la canaille*.

Malheureusement, cette noblesse d'élite, fidèle aux sentiments profonds, aux dévouements sérieux, se retire dans l'ombre, le silence : ce n'est pas de ces vertus que s'occupe la Renommée ; ce ne sont point des noms honorables que la publicité affiche aux foyers de l'Opéra et de la Comédie française, aux concerts du Jardin des Tuileries.

Les plus hardies friponnes ont des biographies bien plus retentissantes que les irréprochables marquises du faubourg Saint-Germain. L'*histoire* contemporaine semble appartenir tout entière aux insolents et aux fous, aux fripons et à leurs dupes. Que de courtiers et de commissionnaires, que de *Morand*, que de *Lebel* à l'affût de toutes les fantaisies, de tous les complots de cette jeunesse dorée ! que d'intrigants et de bretteurs encouragent les tentatives de ceux qui attaquent et facilitent la défaite de celles qui ne demandent qu'à capituler ! Des milliers de coquins cyniques, de trafiquants expérimentés se groupent, s'entassent autour des écervelés de bonne maison, depuis Versailles jusqu'au fond des provinces les plus éloignées ; ils s'acharnent à aggraver le mal public qui les fait vivre et les engraisse. Ils ne tuent point par vengeance d'amour, comme les estafiers du seizième siècle ; ils n'assassinent guère par jalousie : la mort des amants ne leur procurerait pas d'aussi gros bénéfices que leur existence. Ils aiment mieux voir les transactions succéder aux brouilleries, les traités de paix compléter ceux de commerce. Les *bravi* et les *malandrins* ont déposé le poignard et la dague ; ils n'ont plus pour instruments de succès que les billets doux, les fausses clefs et les pistoles ; mais quels obstacles résisteraient à ces talismans ?... Les *roués* de toutes les catégories l'ont admirablement compris. La volupté seule peut jeter sur l'homme un voile assez épais pour lui enlever la conscience de sa force et le faire renoncer aux précautions de la prudence ; ils se rappellent les paraboles de Samson et de Dalila, d'Hercule et d'Omphale ; ils travaillent à faire de l'aristocratie qui, jusqu'à ce jour, a tout effrayé, tout dominé, un Samson, un lion amoureux, mais amoureux d'une Dalila de leur espèce et qu'ils auront mise dans leur intérêt.

L'amour sérieux de la chevalerie et du commencement du dix-septième siècle, pour les grandes dames, ne pouvait répondre aux besoins de cette conspiration ; car cet amour, loin de paralyser la force de l'aristocratie, la décuplait ; loin d'aveugler sa raison, il exaltait son intelligence. L'ivresse du libertinage, l'appétit de la fille des rues devait produire, au contraire, l'épuisement de toute force, l'abâtardissement de toute pensée grande ; un assoupissement général allait permettre à celui qui versait à boire de glisser sa main dans la bourse de celui qui aurait bu, de lui enlever son or ; et puis des testaments, et puis des titres et des priviléges.

La détestable race des valets et des courtiers, des histrions et des flatteurs, héritiers directs de la dépravation, de la jalousie de la populace romaine, complota donc l'affaiblissement de la noblesse par la dépravation.

L'aristocratie donna tête baissée dans le piége ; elle se mit à la merci des teneurs de brelan et des femmes suspectes, elle renversa elle-même la barrière de *l'étiquette* si soigneusement élevée par Louis XIV entre la royauté sur le qui-vive et le peuple que la Renaissance avait enhardi. Un beau jour, les grands seigneurs se trouvèrent confondus avec le peuple des cabarets et des maisons de plaisir ; ils vécurent un instant bras-dessus bras-dessous avec ces familiers de la guinguette qui les aidaient à corrompre les femmes des uns à acheter les filles des autres.

Le Roi avait ennobli une modiste ; les gens titrés épousèrent des filles de joie ; des laquais devinrent hauts fonctionnaires, des histrions eurent des emplois de confiance, les palais furent envahis par les intendants des menus plaisirs par leur fournisseurs et sous-fournisseurs, leurs valets et leurs sous-valets....

La vaste association des roués a donc complètement réussi ; la majeure partie de la noblesse lui livre elle-même, son honneur et sa fortune, sa gloire passée ses intérêts à venir ; le succès dépasse tellement les prévisions que le résultat final s'en trouve bouleversé.

L'exploitation des vices aristocratiques était trop avantageuse pour que les exploiteurs songeassent à détruire la source de leur opération ; ils voulaient affaiblir, aveugler, avilir, la noblesse ; mais pas du tout la renverser du rang social qu'elle occupait.

Ils oubliaient que d'autres exploiteurs avaient les yeux fixés sur eux ! que cette aristocratie, redoutable et respectée tant qu'elle avait occupé le piédestal, serait trouvée faible, petite, méprisable, aussitôt qu'elle descendrait sur le gazon en deshabillé de fête galante. Le peuple, en la surprenant dans cet oubli d'elle-même, prenait la mesure de ses forces musculaires, de la portée de son esprit ; il reconnaissait que le corps d'un gentil homme était moins robuste que celui d'un roulier ou d'un forgeron : de ce moment, la révolution était faite.

Ce grand événement moral divisa la nation en plusieurs fractions dont il est utile de définir le caractère..... Nous venons de montrer les coquins et les fripons, les courtisanes et les intrigantes, travaillant à la destruction de l'aristocratie en la dégradant.

A côté de cette catégorie de corrupteurs payés, se montre une autre populace tout aussi vile mais moins habile et plus pauvre, la populace des grandes villes... Celle-ci voudrait bien participer à la corruption des nobles, pénétrer dans les orgies de la petite maison, dans les soupers de l'auberge de la *Grande Pinte*; mais elle n'a pas la bonne chance d'y être admise, par la raison qu'il ne saurait y avoir place pour tout le monde...... N'est pas courtisane, premier valet de chambre, *ami du prince*, qui veut. Dans son mécontentement, cette populace, ne trouvant pas à exploiter ses bonnes dispositions, se récrie, devient jalouse, conspire contre les conspirateurs, et se prépare à tout mettre sens dessus dessous, pour forcer les portes du festin, avoir à son tour ses voluptés, ses ivresses, et 93 se prépare avant que 89 ait été exécuté. Fort heureusement, la nation renferme deux fractions autrement nombreuses, importantes; celles-là se trouvent du côté opposé à celle des dépravés triomphants et des dépravés envieux.

La partie honnête et saine du peuple, les artisans, les laboureurs, qui forment les trois quarts de la nation, n'éprouvent aussi que dégoût et colère contre ces hommes qui traînent ou laissent traîner la noblesse, dans la lie du cabaret et le tourbillon du bal masqué; ils s'indignent, menacent, non point pour forcer les portes et entrer à leur tour dans la *grande bande*, mais pour chasser dehors, courtisanes, brelandiers, puis fermer les portes et empêcher qu'ils ne rentrent. Ceux-là sont poussés à donner cette grande leçon par l'instinct moral qui les guide et les traditions religieuses que le goût du jour ne leur a pas encore enlevées.

Ce n'est pas leur faute, s'ils sont restés simples en leurs manières de voir, s'ils agissent comme agissaient leurs pères. Ils croient bonnement que les jeunes filles sont faites pour être aimées d'abord, épousées ensuite, et non pour garnir des salles où l'on s'enivre, entrer dans la vie pour être flétries, et cela sans être jamais aimées, jamais épousées, et quand ils voient des galants suspects rôder autour de leurs maisons ils les chassent à coups d'étrivières.

Paraît enfin la bourgeoisie, classe foncièrement honnête et prévoyante, chez laquelle nous avons vu l'amour sincère et vrai se réfugier antérieurement au moyen âge ; celle-là refléchit de plus haut, médite davantage sur les effets et les causes : elle possède l'enseignement de l'histoire, les traditions chrétiennes raisonnées ; elle a entendu parler Bossuet et Massillon, Arnaud et Pascal ; elle sait où est la vertu et où est le vice : elle sait que la solidité et la splendeur des sociétés sont fondées sur l'amour vrai, naturel, honnête, que la débauche et l'égoïsme, au contraire, conduisent inévitablement les Etats à leur destruction. La bourgeoisie ne s'est jamais follement lancée dans le tourbillon des fêtes ; elle s'est circonscrite dans la vie de famille, dans les distractions littéraires, et les causeries d'intimité.

Elle a ses poëtes aussi, ses philosophes, et s'ils font moins rire que les chansonniers et les pamphlétaires, ils parlent un peu plus au cœur, et conduisent à des joies plus durables par l'amour et par le mariage : cette bonne bourgeoisie répète encore volontiers ce qu'écrivait ce chanoine allemand du quinzième siècle, Albert de Eybe, dans son livre sur le mariage.

« Oh! que le mariage est un joyeux plaisir et une douce chose! Que peut-il y avoir, en effet, de plus agréable et de plus doux que les noms de père, de mère, quand les enfants se suspendent au cou de leurs parents et leur donnent de doux baisers; quand ces deux époux ont un tel amour, une telle amitié l'un pour l'autre, que ce que l'un veut l'autre le veut aussi. Ce que l'un dit à l'autre est tellement secret, qu'il semble qu'il l'ait dit à lui-même. Comme tout est commun entre eux, le bien ainsi que le mal, le bonheur les réjouit doublement, et l'infortune leur est plus facile à supporter. »

C'est là son code à elle, son contrat social, sa grande théorie de la force et du bonheur, de la prospérité et de la gloire. Bernardin de Saint-Pierre le lui a dit, et elle y croit comme à l'immortalité de l'âme.

Ce poëte de la tendresse honnête, de la passion vraie, a écrit son livre de *Paul et Virginie*, tout juste pour apprendre à l'homme qui veut être heureux et fort à débuter dans la vie par la tendresse, par la fusion des cœurs..... C'est lui qui publie la nouvelle de la *Chaumière indienne*, pour avoir l'occasion de dire et de répéter « qu'on n'est heureux qu'avec une bonne femme. »

Greuse est le peintre sentimental, rêveur et tout bourgeois de cet amour dans la famille! Contradiction étrange! Voltaire lui-même, le disciple de Boufiers quand il s'agit d'érotisme, l'auteur de la *Pucelle*, de *Candide*, devient l'élève de Racine, quand il veut peindre l'amour sérieux. Il consacre son théâtre à célébrer, dans les conditions les plus nobles et les plus élevées, cette passion que les hommes de qualité ont honnie, rabaissée, avilie : *Alzire* et *Mérope*, *Tancrède* et *Zaïre* ne sont pas indignes de figurer à côté des grands amoureux du dix-septième siècle.

Il n'est pas jusqu'à Rousseau qui ne prenne place parmi les défenseurs de l'amour sincère et dévoué. Chez lui, la passion n'a rien à débattre, assurément, avec la morale de l'Evangile ou les lois civiles ; mais, en dépit de ses paradoxes dangereux, son respect exagéré des sensations naturelles n'est pas moins une protestation énergique contre les voluptés mercenaires, dégradantes de cette époque. Héloïse a un amour qui part bien du cœur ; il s'en élance avec une fougue étrangère à toute combinaison de vanité, d'avarice. Elle aime à la manière païenne, d'accord ; mais cet amour-là est encore préférable à la dissolution égoïste et froide en vogue parmi ses contemporains.

La France était donc divisée en deux grandes fractions. Le peuple et la bourgeoisie croyaient toujours à l'amour simple et vrai, à la foi conjugale ; une grande partie de la noblesse et la foule des entrepreneurs de libertinage riaient de toutes les sottises de la pudeur... et déjà la France de la bourgeoisie grandissait, et celle de l'aristocratie était en décadence.

Qu'on ne s'étonne pas de la portée que nous attribuons aux désordres de la noblesse, à son scepticisme dans les questions d'amour. Le mépris des affections sincères, des sentiments naturels, fut à toutes les époques l'injure qui souleva le plus profondément les âmes. Les peuples peuvent admettre la controverse, fût-elle assez vive, quand il s'agit de liberté et d'oppression, d'exaction ou d'équité, ils ne la tolèrent jamais dans des matières aussi délicates que le respect de la femme, la sécurité du foyer, l'indépendance des sentiments d'amour. A quoi tinrent deux des plus grandes révolutions du peuple romain? au viol de Lucrèce, à la flétrissure de Virginie.

Les joyeusetés de l'aristocratie ne produisirent pas en France de scandales aussi célèbres, aussi dramatiques; le peuple entier, la nation véritable, ne s'effrayaient pas moins d'une audace libertine, qui ne savait plus rien respecter. On citait par milliers des détournements de mineures, des enlèvements de jeunes filles, secrètement conduites et retenues au Parc-aux-Cerfs, et dans une infinité de refuges analogues. Chaque jour grossissait la liste des aventures scandaleuses : de brillants débauchés gagnaient les femmes et les filles de naissance honnête par l'appât des bijoux; les attiraient dans les maisons suspectes, jetaient ainsi la honte sur les familles irréprochables. Les roués et les fripons applaudissaient à ces prouesses, en augmentaient même et le nombre et l'éclat, par leurs récits exagérés, et la noblesse entière se trouvait injustement compromise par la disposition des uns à se vanter du mal qu'ils ne faisaient pas, par celle des autres à croire à un scandale sans limite,.... on voyait des *Parcs-aux-Cerfs* partout. Faut-il s'étonner si les honnêtes gens rugissaient d'indignation, de colère, si le peuple préparait sa vengeance...

Sous Louis XIV, il y avait eu des désordres assurément; le peuple s'en inquiétait moins parce que grands seigneurs et monarque choisissaient leurs maîtresses parmi les dames de certaine naissance. Le sensualisme était une affaire de palais; l'aristocratie faisait ses affaires de galanterie en famille ; le peuple et la bourgeoisie n'étaient pas condamnés à fournir les favorites flétries, puis abandonnées. Ces voluptés princières étaient d'ailleurs couvertes d'un voile ; on en soupçonnait l'existence, mais on ne les avait pas sous les yeux. Plus tard, toutes les classes de la société s'indignèrent, parce que la licence descendait du palais dans la rue ; c'était dans les rangs les plus modestes que les pourvoyeurs venaient tendre les piéges de la corruption, de la venalité. Louis XIV saluait les simples femmes de chambre par respect pour *la femme*; les marquis de Louis XV courtisaient les simples grisettes, par mépris du peuple et du sexe tout entier.

N'oublions pas cette attitude des classes moyennes, fortes, patriotiques, sincères, en présence d'une noblesse qui s'oublie elle-même, et abdique à la fois sa dignité et son pouvoir. La Régence et Louis XV n'étaient pas arrivés, Dieu merci, au niveau de la décadence romaine. Rome périt par abrutissement, par épuisement général, quand toutes les classes de la nation furent dégradées et corrompues au même degré. La France eut une révolution et non point une destruction parce que la minorité superficielle, élégante de la noblesse, était seule dégénérée, et que l'esprit de licence respectait encore la majeure partie de l'aristocratie, de la bourgeoisie, et du peuple.

Il n'y avait pas corruption sociale, il y avait maladie localisée : par conséquent on pouvait la guérir : malheureusement les remèdes furent étrangement appliqués. Les Français obéissant à ce fatal esprit de réaction exagérée qui leur a fait commettre tant de fautes, ne surent pas s'arrêter aux limites qu'ils s'étaient fixées d'avance : ils ne voulaient chasser que les

Pompadour et les Dubarry, les mangeurs de budgets, les profanateurs de la dignité royale et aristocratique : une fois l'impulsion donnée, ils expulsèrent les plus nobles dames, les plus innocentes ; celles qui avaient été les premières à souffrir des licences qu'on punissait si cruellement.

Bien plus, cette populace, jalouse des désordres que la noblesse se permettait, avide de se gorger à son tour et de luxure et de vin, renversa la bourgeoisie de 89. Marat et Maillard remplacèrent Condorcet et Bailly. Les tricoteuses et les filles du Palais-Royal ouvrirent les bals des fêtes patriotiques et figurèrent aux apothéoses.

Une triste fatalité semble s'attacher aux régénérateurs dont les intentions sont les plus louables, quand ils se montrent trop impatients dans leurs procédés. La bourgeoisie elle-même, arrivée au pouvoir d'où elle a précipité la noblesse, en expiation de ses désordres, s'affuble à la fois de ses dépouilles et de ses vices. De 89 à 96 on avait versé des flots de sang ; avait-on obtenu de grandes améliorations morales ? L'amour des Sans-Culottes était-il plus vrai que celui des petits marquis ? Les incroyables et les muscadins qui faisaient tant de petits vers sur les *amours, sans atours la nature sans parure, la liberté et l'amitié*: aimaient-ils plus sérieusement que les *ci-devants* de la Régence ?

Les classes sociales sont comme les nations... que leur destruction et leur remplacement ait lieu par voie de révolutions ou de guerres civiles, d'invasions ou de conquêtes, les vainqueurs sont toujours exposés à prendre les vices des vaincus en même temps que leur pouvoir et leur richesse. L'amour sérieux, profond, dévoué, professé par la chevalerie du moyen-âge, remis en honneur au dix-septième siècle avait quitté les hautes classes sous la Régence et sous Louis XV; la révolution bourgeoise pleine de bonne volonté de 89, ne put les réinstaller.

C'est en vain que les grands écrivains poëtes et moralistes, essayent de le relever en célébrant dans leurs livres le culte des dévouements profonds, des sympathies héroïques; l'école frondeuse de Bouflers, de Voltaire, poëte léger, retient la nation dans la dégustation de l'esprit, de la saillie, du bon mot.

Résumons, en quelques mots, la situation générale de l'amour en Europe.

« Toute chose dans la nature a ses ennemis, avons-nous dit. L'eau éteint le feu, et chaque plante a son insecte rongeur.... l'esprit dégagé du sentiment n'est chez bien des hommes que la sécheresse du cœur. Cet esprit, qui était aussi celui d'Horace, occupe tout notre dix-huitième siècle. Grâce à lui, l'amour français devient une simple question de vanité, de mode, une occasion de luxe, de confort, de renommée mondaine. Cet amour-là n'aime que les petits intérêts de sa vanité.

Il se fait une vie où tout est plaisir sans peine, volupté sans tribulation... Comme l'association est formée pour l'exploitation du bien-être et non pour la solidarité des épreuves, cet amour se fâche à la première contrariété et rompt le contrat à la première traverse.

En Allemagne, où le dix-huitième siècle a des défauts moins tranchés, la réaction contre le moyen âge procède avec plus de ménagement, l'amour y reste beaucoup plus fidèle à ce qu'il fut autrefois; il se montre moins pressé de faire des révolutions et du scandale. C'est là que Goethe et Schiller composent cette admirable galerie de grands cœurs, dans lesquels le sentiment sérieux proteste contre la galanterie superficielle et les petits jeux d'esprit qui absorbent notre dix-huitième siècle; ils écrivirent *Marie Stuart* et *Don Carlos,* la *Fiancée, Marguerite, Clavigo, Iphigénie, Dorothée,* et jusqu'à cette exagération de *Werther,* qui nous semble entièrement ridicule, à nous Français, peu sensibles aux simples voluptés du cœur; mais qui n'en est pas moins une des plus fidèles expressions de la tendresse d'Outre-Rhin.

Rappelons-nous les manies très-sérieuses de l'hôtel de Rambouillet, cette adoration de l'âme poussée jusqu'à l'exagération, ce sentiment qui se fait maladif à force de vouloir se détacher du corps, et nous aurons l'amour de ces honnêtes rêveurs, qu'on ne peut s'empêcher d'estimer. Véritables *fidèles d'amour,* qui se sont endormis du temps de Dante, de Pétrarque, ils se réveillent dans les idylles de Gesner, les romances de Mozart, et les délicieuses mélodies de Beethoven.

L'amour anglais se rapproche davantage du type de l'amour sérieux et fort, sans qu'il puisse y atteindre toutefois. Il a des élans vigoureux, une persistance louable, un dévouement profond, avec l'avantage incontestable de ne pas être gâté par l'esprit d'Horace. Seulement il vient se heurter contre le principe même qui fait sa force. Impétueux et sincère au début, il cède trop vite à l'orgueil britannique, à la susceptibilité jalouse du libre arbitre... Dès la première épreuve, il se courrouce contre le lien durable qui doit faire sa solidité; le divorce légal, secondant la fierté insulaire, détruit les unions qui paraissaient les plus homogènes et les mieux assorties. Cette disposition nationale se trouve énergiquement reproduite dans la vie passionnée de lord Byron. Le poëte vagabond aima à lui seul aussi fortement qu'une génération entière, il ne put réaliser cependant un amour définitif, un amour complet.

L'Espagnol, cet ami sérieux du passé, se partage avec l'Allemand l'héritage du moyen âge : pendant que l'homme du Nord continue les *servants* et les *fidèles d'amour*, celui du Midi revendique la partie belliqueuse, poétique, exaltée de la chevalerie : il a la galanterie bruyante, exaltée, chatouilleuse des descendants du *Cid*... Il aime assez solidement ; mais il prétend le dire, le prôner. Il en est encore à vouloir faire passer sa dame pour la plus belle ; il est homme à faire de grandes actions, à montrer de grands dévouements pour arriver à ce but. Malheureusement la pétulance de sa passion produit souvent les mêmes conséquences que la fierté de l'Anglais ; l'amant fougueux se croit en droit d'exiger des preuves de tendresse et d'admiration égales à celles qu'il donne ; on ne parvient pas toujours à s'entendre sur la qualité des sentiments échangés, et l'amour sincère, très-puissant pendant quelques années, périt par l'excès de ses prétentions.

Le Français est inconstant par légèreté, par besoin de changement ; l'Anglais, par orgueil, l'Espagnol par exigeance.

L'amour italien fait double emploi avec l'amour français. La légèreté charmante d'Horace et de Catule a laissé son empreinte sur le premier, avant de la graver sur le second. Pendant plusieurs siècles, l'amour transalpin eut cela de particulier qu'il conservait les prétentions mystiques et dévotes de certains fabliaux du treizième et du quatorzième siècle : mais cette enveloppe de pruderie est depuis longtemps passée de mode, et la femme d'Italie ne le cède en rien à la Française dans les allures mondaines de ses attachements.

Nous venons de montrer, dans cette analyse rapide, la connexion intime qui lie les modifications du sentiment d'amour avec les variations politiques et même religieuses... D'où vient que cette passion, la plus essentiellement humaine, marche de front avec les événements, souvent illogiques et hasardeux, qui composent l'histoire proprement dite?... Ces coïncidences ont-elles pour cause l'influence des révolutions sociales et politiques sur l'amour ou l'influence de l'amour sur les révolutions politiques et sociales? La réponse, selon nous, ne saurait être douteuse.

L'amour n'est pas un effet, il est une cause ; l'élévation, des peuples commence par l'élévation de l'amour, comme leur décadence commence par celle de leurs mœurs? Pourrait-il en être différemment ? L'amour est le premier sentiment fort qui se développe dans l'homme. Il a même cela de particulier que l'époque de sa plus grande puissance est l'extrême jeunesse de celui qui le ressent. Nous aimons passionément avant d'attacher de l'importance à la politique, à la science, aux controverses religieuses... L'âme humaine se prépare donc aux sensations, aux passions de la vie, par la sensation, par la passion de l'amour ; n'est-il pas naturel que toutes ses agitations extérieures soient la conséquence de la passion intérieure, de la passion mère, qui a présidé à leur naissance et leur a ouvert la voie.

Le courage, la générosité, le patriotisme, dépendent beaucoup plus qu'on ne pense de l'ardeur et du dévouement qu'on a consacré tout d'abord à l'amour : la lucidité, l'élévation de l'esprit, sont étroitement liées à la grandeur des sentiments qu'on a senti naître, et qu'on a nourris dans son cœur. La chevalerie l'avait compris admirablement. « Attendez toutes sortes de vertus et d'héroïsmes de celui qui sait aimer, disait-elle ; rien n'est impossible à un cœur sincèrement épris. »

Marguerite de Navarre, d'accord sur ce point avec Platon et Michel-Ange, n'avait-elle pas dit : qu'il était difficile d'aimer Dieu sans avoir profondément aimé une créature?

N'attendez rien de bon, dirons-nous à notre tour, de celui qui débute dans la volupté sans avoir ressenti une sincère tendresse ; de celui qui engourdit les facultés de son âme avant de les avoir développées. Peu importe qu'il ait une dose convenable d'intelligence et de savoir ! Celui qui ne chercha jamais dans l'amour qu'une satisfaction passagère des sens, ne verra dans la vie qu'une partie de jeu où l'on espère gagner beaucoup en trichant le plus possible. S'habituer de bonne heure à trahir la femme qu'on avait promis d'aimer, à mépriser celle qu'on semblait honorer de la sympathie la plus intime, c'est se préparer à trahir ses amis, son pays lui-même. L'amant, sans cœur et parjure, aura bien de la peine à ne pas se montrer citoyen lâche et sans foi.

Voilà pourquoi l'homme qui a le ferme projet d'être dévoué à son pays, juste envers ses semblables, tendre envers sa famille, doit se garder de ce sensualisme sans amour, de ces caprices sans participation du cœur, de ces trahisons qu'on est convenu de traiter si légèrement, sous le nom de galanterie à la mode et de bonne fortune. *Il faut que jeunesse se passe*, dites-vous : est-ce donc par l'indélicatesse, les parjures, que vous espérez vous préparer un âge mûr, honnête et honoré... Vous déclarez les dettes de jeu sacrées, et celles d'amour ne seraient qu'objet de dérision et de moquerie ?...

Qu'on y prenne garde ! le dévergondage, quelque forme qu'il adopte, aboutit inévitablement à l'abrutissement des sens, à l'abaissement de l'âme, à la déviation complète du sens moral. C'est un virus qui vous entre dans le cœur comme celui de la peste vous entre dans le corps, puis, quand vous avez besoin d'une âme saine et forte pour remplir les devoirs de l'existence ; vous n'avez plus à votre disposition que des sentiments blasés, habitués à l'égoïsme, aux froids calculs, à la trahison. Vous n'avez pas su aimer l'être que Dieu a créé pour le complément indispensable de votre existence ; vous avez abusé de sa douceur et de sa faiblesse, exploité sa misère ou sa confiance en vous ; et vous voudriez savoir aimer votre pays, vos enfants, vos semblables. Vous n'aimerez qu'une chose, vous-même ; et cette affection sera la mort de toutes les autres... Mauvais amant au début, vous serez fatalement mauvais fils, mauvais époux, mauvais homme, pour dénouement enfin vous chercherez à tromper Dieu lui-même comme vous avez trompé le genre humain.

FIN

TABLE DES MATIÈRES

PREMIÈRE PARTIE

L'AMOUR CHEZ LES GAULOIS ET CHEZ LES CHRÉTIENS

I. L'Amour gaulois	3
II. L'Amour germanique	14
III. L'Amour dans l'Evangile	30
IV. L'Amour chez les premiers chrétiens	45
V. Lutte de l'Amour païen contre l'Amour chrétien	55
VI. L'Amour et la virginité	71

SECONDE PARTIE

L'AMOUR SOUS L'INVASION DES BARBARES

I. Les vainqueurs conquis	93
II. Amour turbulent des Scandinaves	110
III. Alliance de l'Amour romain et de l'amour germanique	119
IV. La dissolution descend dans les basses classes	136

TROISIÈME PARTIE

L'AMOUR SOUS LES TROUBADOURS ET LES TROUVÈRES

I. Origine arabe et romaine de l'amour provençal	189
II. De la galanterie poétique en Provence	208
III. Comment s'y prennent les chevaliers servants pour com-	

battre le mariage.................................... 221
IV. Comment s'y prennent les maris pour combattre l'amour chevaleresque....................................... 227
V. Moyen ingénieux de mettre la pratique d'accord avec la théorie.. 234
VI. Invasion des Troubadours dans le pays des Trouvères.. 248
VII. De l'émancipation des Dames par l'amour belliqueux.. 255
VIII. La galanterie dévote................................ 275
IX. Intervention de la Vierge dans la galanterie dévote.... 287

QUATRIÈME PARTIE

L'AMOUR DEPUIS LA RENAISSANCE

I. Retour à l'amour païen............................. 305
II. La vérité est toute nue............................ 322
III. Le libertinage philosophique....................... 336
IV. La réaction pastorale de Louis XIII................ 343
V. Le beau, le vrai et le bien........................ 367
VI. L'ambition et l'amour............................. 380
VII. Transformation dernière........................... 392

www.ingramcontent.com/pod-product-compliance
Lightning Source LLC
Chambersburg PA
CBHW051835230426
43671CB00008B/969